LA FÓRMULA
DE LA RIQUEZA

La fórmula definitiva
si quieres alcanzar la riqueza

GERARDO VERDUGO

EDITORIAL
SHANTI NILAYA

La Fórmula de la Riqueza
La fórmula definitiva si quieres alcanzar la riqueza

1a edición, 2025 | Editorial Shanti Nilaya®
Diseño editorial: Editorial Shanti Nilaya®

IG: @laformuladelariqueza
FB. @Gerardoverdugoh
Página web: laformuladelariqueza.com

ISBN | 978-1-966206-50-7
eBook ISBN | 978-1-966206-51-4

www.editorial.shantinilaya.life

LA FÓRMULA DE LA RIQUEZA

La fórmula definitiva
si quieres alcanzar la riqueza

EDITORIAL
SHANTI NILAYA

Índice

AGRADECIMIENTOS

Este libro es el resultado de años de aprendizaje, esfuerzo y perseverancia. No solo se trata de conocimientos financieros, sino de un viaje lleno de desafíos, lecciones y momentos de crecimiento personal. Quiero aprovechar este espacio para agradecer profundamente a las personas que han sido parte fundamental de mi camino.

A mi familia, en especial a mis padres, por su amor y su apoyo constante, incluso en los momentos más difíciles. Su confianza en mí fue la base que me permitió seguir adelante cuando todo parecía incierto. A mi hija, Elisa, por recordarme día tras día el verdadero propósito de mi esfuerzo, y por inspirarme a ser mejor, no solo como profesional, sino también como ser humano.

A mis amigos, mentores y colegas que, con su sabiduría y experiencia, me ayudaron a mantener la calma y a aprender de los fracasos, transformándolos en oportunidades de crecimiento. Gracias por su paciencia y por siempre brindarme una perspectiva diferente cuando me encontraba en un punto de bloqueo.

A las personas que no creyeron en mí, también les agradezco, pues su incredulidad fue el motor que me impulsó a demostrarme a mí mismo lo que soy capaz de lograr. Cada obstáculo, cada rechazo, me enseñó que el camino hacia el éxito nunca es lineal, y que las adversidades son solo peldaños en el proceso.

Este libro no solo es mío, es un reflejo de todo el apoyo, amor y lecciones que he recibido a lo largo de los años. Si algo he aprendido en este viaje es que, al final del día, el verdadero valor de cualquier éxito radica en las relaciones que construimos y en las personas que nos acompañan en el proceso. A todos ustedes, mi más sincero agradecimiento. Sin ustedes, este sueño no habría sido posible.

PREFACIO

Cuando empecé mi viaje hacia la riqueza, no lo hice buscando fama ni fortuna, sino el deseo de alcanzar algo más grande: **la libertad**. A lo largo de los años, he aprendido que la verdadera riqueza no solo reside en el dinero que tienes, sino en la libertad de tomar decisiones, en el control de tu tiempo y en la capacidad de vivir la vida que realmente deseas.

Este libro es el resultado de un largo camino de pruebas, fracasos, aprendizajes y, por supuesto, éxitos. A lo largo de mi vida, he pasado por momentos de gran incertidumbre, he cometido errores que me costaron dinero y tiempo, pero también he tenido victorias que me enseñaron lecciones fundamentales. Lo que quiero compartir contigo no son solo estrategias o herramientas financieras; lo que quiero ofrecerte son los principios que me ayudaron a cambiar mi forma de pensar, a modificar mis hábitos y a comprender que, con la mentalidad adecuada y la disciplina correcta, todos podemos alcanzar el éxito.

En *La fórmula de la riqueza*, encontrarás no solo consejos sobre cómo invertir en la bolsa de valores, bienes raíces, o cómo crear empresas. También te hablaré de algo más importante: cómo cambiar tu mentalidad, cómo formar hábitos que te impulsen hacia el éxito y cómo aplicar las herramientas más poderosas del siglo XXI, como la inteligencia artificial, para multiplicar tus oportunidades. No hay secretos mágicos, ni promesas vacías. Todo lo que te comparto aquí proviene de mi experiencia personal, de lo que me funcionó y de lo que no.

Mi propósito con este libro es brindarte el conocimiento y la inspiración necesarios para que puedas acelerar tu proceso hacia la libertad financiera. Este no es solo un manual sobre dinero; es una guía para transformar tu vida, para que puedas tomar el control y diseñar el futuro que mereces.

Si estás dispuesto a poner en práctica lo que aprenderás, estoy seguro de que este libro será un parteaguas en tu vida. La fórmula para crear riqueza no es complicada, pero requiere compromiso, aprendizaje constante y acción. Si lo haces bien, verás cómo se abren nuevas puertas para ti, cómo las oportunidades llegan a tu vida y cómo, con el tiempo, alcanzarás una libertad que nunca imaginaste posible.

Gracias por tomar este libro en tus manos. Ahora comienza el viaje.

SOBRE EL AUTOR

Les resumiré algo de mi vida, ya que sé que para muchos la biografía del autor puede no ser lo más relevante. Lo que realmente buscan es conocimiento poderoso para convertirse en personas de riqueza, y eso es lo que aprenderán.

Desde pequeño, siempre fui un amante de las ventas y los negocios. Vendía de todo, desde galletas en el salón hasta el almuerzo que me mandaba mi madre. A los 8 años, compraba *stickers* en paquete afuera del colegio y los revendía a mis compañeros a un precio superior por *sticker* individual. A los 10 años, me dediqué a escribir pequeños libros originales, de máximo 10 páginas, llenos de historias divertidas o de terror. Los ilustraba a mano y se los vendía a mi tía favorita. Me saltaré algunos años, ya que lo que quiero es darles un resumen de mi vida.

A los 22 años, fui padre joven, lo que me motivó aún más a estudiar algo que me apasionaba: la bolsa de valores. Decidí ingresar a la Bolsa Mexicana de Valores, el único lugar en México en ese entonces donde pensaba que podría aprender de verdad. Allí obtuve diversas certificaciones, entre ellas, la de Asesor en Estrategias de Inversión. También hice un diplomado en Mercados Financieros, lo que me permitió, a esa misma edad, comenzar a trabajar en uno de los bancos más importantes del país. Aprendí todo sobre productos bancarios, tarjetas de crédito, AFORE, pagarés, cuentas bancarias, seguros, fondos de inversión, entre otros.

Después, me uní a una operadora de fondos de inversión como asesor en inversiones, donde promovía fondos y, con el tiempo, llegué a ser el mejor ejecutivo de la empresa. Sin embargo, el trabajo en un banco y una operadora de fondos tenía sus limitaciones, y no me veía como un empleado tradicional promoviendo los productos de otros. A pesar de eso, cada experiencia fue una valiosa lección que me ayudó a descubrir mi verdadera pasión por el mundo financiero.

A los 25 años, me uní a otro banco, pero esta vez en una área distinta: la mesa de derivados, donde aprendí a operar con derivados y divisas. Al mismo tiempo, junto con algunos socios, fundamos una empresa de asesoramiento en inversiones, regulada por la Comisión Nacional Bancaria y de Valores. Aprendimos sobre normatividad, sistemas de prevención de lavado de dinero (PLD), matrices de riesgos, creación de portafolios de inversión, análisis, y muchas otras habilidades necesarias para establecer una empresa de ese tipo.

Nuestro éxito nos permitió dar conferencias en la Bolsa Mexicana de Valores, universidades, escuelas e incluso participar en eventos internacionales sobre gestión patrimonial y *family offices*. Después de tres años de operación, recibimos una oferta para vender la empresa. Una oportunidad que no pudimos rechazar, con la promesa de volver a construir algo similar. Con la venta de la empresa a los 26 años, me incorporé a la casa de bolsa más grande del país, donde trabajé como asesor en estrategias de inversión en banca privada, gestionando portafolios y atendiendo a clientes de alto poder adquisitivo durante tres años.

En 2020, con la llegada de la pandemia de COVID-19, vi una oportunidad única para crear una empresa que comercializara productos de protección ante el COVID, que posteriormente ayudarían a miles de personas. En los primeros tres meses de su creación, logré generar ventas por más de 17 millones de pesos (850 mil USD). Sin embargo, fui víctima de una estafa y perdí todo lo ganado en un par de meses.

Esto me dejó en bancarrota, pero con el poco capital que me quedaba y un préstamo que obtuve, decidí abrir mi propia fábrica de cubrebocas. Aprendí sobre fabricación, materiales, contraté personal al cual tuve que enseñar desde cero y, a su vez, le enseñé a mis nuevos clientes que teníamos un producto de calidad.

En cuestión de meses, el mercado asiático comenzó a inundar el mundo con su producto, lo que me obligó a cambiar rápidamente de rumbo. Comencé a vender guantes de nitrilo y látex con mi propia marca. Fue un éxito total. Las ventas fueron tan grandes que pude recuperar una parte de mi capital perdido. Luego, importé tanques de oxígeno, ya que ese era el producto más demandado en ese momento. Fue el segundo gran éxito, ya que vendimos todo muy rápidamente. Durante toda la pandemia, mantuve la venta de diversos productos, y cuando esta llegó a su fin, era hora de regresar al mundo financiero.

Cuando la pandemia comenzó a ceder, decidí regresar al mundo financiero sin dudarlo. La pausa solo fue temporal. Así fue como creé un fondo de capital privado que, en su primer año, creció de 100 mil pesos (5 mil USD) a 139 millones de pesos (7 millones de USD), convirtiéndose en una de las empresas de mayor crecimiento en la historia del país. Aunque el fondo sigue vigente, hemos enfrentado pérdidas significativas debido a la inestabilidad económica postpandemia, lo que me ha llevado a enfrentar situaciones incómodas tanto con inversionistas como con problemas legales. Sin embargo, sé que no existe éxito sin riesgo ni problemas a resolver, y esos son aprendizajes que compartiré más adelante.

Hoy en día, tengo diversas empresas: fondos privados, sociedades anónimas, una SOFOM (empresa de crédito), recicladoras, una inmobiliaria, negocios digitales, además de múltiples inversiones personales. He creado este libro para que puedan acelerar su proceso hacia la riqueza, si es eso lo que buscan, o al menos para que logren cumplir sus metas financieras. Este es solo un resumen de mi historia, pero aún queda mucho por aprender.

INTRODUCCIÓN

La riqueza no es solo una cuestión de dinero; es una cuestión de mentalidad. Lo que tienes en tu mente, tus hábitos diarios y las decisiones que tomas hoy son los que, tarde o temprano, definirán la calidad de tu vida financiera. Si quieres alcanzar la libertad económica, es necesario primero cambiar tu forma de pensar y aprender a actuar de manera diferente a lo que has hecho hasta ahora.

En este libro, La fórmula de la riqueza, no solo compartiré contigo las estrategias y herramientas que me han permitido alcanzar el éxito financiero, sino que también te guiaré en la transformación de tu mentalidad, la cual es la base fundamental para lograr cualquier meta que te propongas. Porque, al final, es la mentalidad la que dicta los hábitos, y los hábitos son los que construyen el camino hacia la riqueza.

Aquí aprenderás a cambiar tu forma de pensar para convertirte en una persona que ve las oportunidades donde otros ven obstáculos. Te enseñaré cómo adoptar los hábitos de los millonarios, esos que te permiten aprovechar al máximo tu tiempo, tu dinero y tus recursos. Si alguna vez te has sentido atrapado en un ciclo de limitaciones o dudas, este libro será el punto de partida para liberarte y empezar a construir tu futuro financiero.

No importa si aún estás comenzando en este camino o si ya has dado algunos pasos: La fórmula de la riqueza te proporcionará los conocimientos prácticos y las estrategias necesarias para avanzar con confianza. Desde las bases de la educación financiera, como aprender a gestionar el dinero, hasta las tácticas más avanzadas para invertir en la bolsa de valores, bienes raíces, crear empresas rentables o aprovechar las herramientas tecnológicas como la inteligencia artificial para aumentar tu riqueza. Todo está aquí, dispuesto de manera clara y accesible para que puedas tomar acción inmediata.

Descubrirás cómo funciona el mundo de las inversiones, cómo detectar oportunidades en el mercado de valores y bienes raíces, y cómo construir empresas o negocios que generen ingresos pasivos y sostenibles. También te hablaré de la inteligencia artificial y de cómo esta tecnología puede ser una poderosa aliada en tu viaje hacia la riqueza, abriendo puertas a un sinfín de oportunidades que hoy están al alcance de todos, incluso si no eres un experto en tecnología.

Pero, sobre todo, este libro es sobre la acción. Te enseñaré no solo qué hacer, sino cómo hacerlo. Aquí no encontrarás teorías abstractas ni consejos genéricos. Encontrarás estrategias probadas, estudios de caso, y herramientas que he utilizado personalmente, así como los errores que cometí y que quiero que evites. El conocimiento solo es valioso si se pone en práctica, y mi objetivo es ayudarte a transformar ese conocimiento en resultados tangibles.

Si estás listo para dejar de vivir al margen de tus sueños y comenzar a actuar con intención y propósito, este libro es para ti. La fórmula de la riqueza no es solo un conjunto de estrategias; es el manual que te llevará a cambiar tu mentalidad, adoptar nuevos hábitos y tomar las riendas de tu futuro financiero. No importa tu punto de partida: lo importante es que hoy estás dando el primer paso hacia un futuro más próspero, independiente y lleno de oportunidades.

Comencemos este viaje hacia la riqueza juntos. El primer capítulo es solo el comienzo de un camino que cambiará tu vida.

REFLEXIÓN INICIAL

Todos los días me pregunto: ¿Por qué existe tanta pobreza a nivel global? ¿Cómo es posible que algunas personas vivan en la necesidad, mientras que otras se hacen cada vez más ricas? ¿Será porque nacieron con una ventaja económica? Algunos, tal vez. ¿Otros lo lograron por hacer buenos negocios? Puede ser. ¿Será que simplemente tuvieron suerte? Quizás. Sin embargo, después de reflexionar y conversar con varios empresarios e inversionistas, hemos llegado a la conclusión de que esas no son las respuestas que realmente buscamos.

La verdadera respuesta es que las personas, en gran parte, obtienen lo que tienen debido a su forma de ser: sus aptitudes, conocimientos, experiencia, hábitos y, sobre todo, lo que hacen día tras día al levantarse de la cama.

Tras analizar a los mejores inversionistas y empresarios, hemos identificado lo que realmente necesitas aprender para poder ser, o llegar a ser, como ellos. Este libro ha sido escrito con ese propósito, para que puedas aprender a generar riqueza y alcanzar la libertad financiera que tanto deseas. Una vez que logres esa libertad, podrás dedicarte a lo que realmente importa: tu familia, tus propios negocios, viajar, ayudar a la sociedad, o cualquier otro sueño que tengas.

Las posibilidades son infinitas cuando tienes libertad financiera, y este libro ha sido creado con ese objetivo en mente.

Te enseñaremos cómo utilizar el dinero a tu favor, cómo invierten los millonarios, qué herramientas emplean, cómo crean empresas exitosas y, lo más importante, cómo puedes empezar a construir tu propia historia para que el mundo te conozca. "La fórmula de la riqueza" es un libro que todos deberían leer, pues cubre muchos conceptos que no aprenderás en la escuela. Este es un libro diseñado para ayudarte a generar riqueza, algo que las escuelas tradicionalmente no enseñan.

Una cosa te podemos garantizar: al terminar de leer este libro, habrás ahorrado años de estudios tradicionales, con temas que quizás nunca aprenderías en su totalidad. Los errores que cometimos aquellos de nosotros que escribimos este libro serán tu mejor aliado, ya que nuestra intención es que no cometas los mismos errores que nosotros. Y si llegas a cometerlos, al menos tendrás las herramientas necesarias para sobrellevarlos y salir fortalecido para lo que venga en tu vida.

Y hay algo más que podemos garantizarte: no conocemos a nadie que, siguiendo los principios de este libro, no haya alcanzado la riqueza. Tarde o temprano, la riqueza llegará. Cuanto antes empieces a aplicar lo que aquí te decimos, más rápido podrás disfrutar de la libertad financiera. El tiempo es tu mejor aliado, y nunca es tarde para empezar, pero hay una diferencia entre comenzar por cuenta propia y comenzar con las mejores herramientas a tu disposición. Y esas herramientas las tendrás en tus manos a partir de este momento.

Te invitamos a abrir tu mente y a dedicarte realmente a entender y profundizar en cada tema que exploraremos a lo largo de este libro. Si sigues nuestros consejos, lograrás alcanzar la riqueza mucho más rápido de lo que imaginas. No pierdas más tiempo y comienza hoy mismo a aplicar los principios de este libro para transformar tu vida financiera.

1
CAMBIANDO LA MENTALIDAD

Para alcanzar la riqueza, primero tienes que fortalecer y entrenar tu mente. Esto no es complicado, como te lo hacen parecer en diferentes libros o por cientos de gurús financieros que lo presentan de forma muy compleja. Para cambiar tu mentalidad, solo tienes que empezar a pensar como piensa la gente que ha alcanzado la riqueza. En este libro, te explicaré paso a paso cómo debes pensar para convertirte en una persona rica, tanto económica como mentalmente.

El primer paso es saber cómo piensan los ricos. Es importante que aprendas a pensar de esta manera desde hoy en adelante. Este libro se ha escrito a partir de los comentarios y formas de pensar de muchas personas adineradas, incluyendo empresarios, consultores, gurús financieros, entrenadores, deportistas, artistas, entre otros. Toda esta información se ha reunido y se ha creado la fórmula de la riqueza.

Con el tiempo, te darás cuenta de que todas las personas que escriben libros de autoayuda, PNL, negocios, inversiones, etc., llegan al mismo punto: pensar en grande y de una forma diferente para obtener resultados diferentes. Tal vez hayas escuchado esto miles de veces, pero es cierto. Lo importante es que ahora tienes la oportunidad de aprender cómo hacerlo. Una vez que empieces a pensar de manera diferente, todo cambiará. En este libro, te guiaré paso a paso para que puedas aplicar tus nuevos conocimientos y puedas alcanzar lo antes posible la riqueza que tanto deseas.

En este mundo hay dos tipos de personas: las que se quejan todo el tiempo y creen que el mundo y el gobierno conspiran en su contra, y las que se dan cuenta de que tienen el poder de cambiar su vida y su situación financiera. El primer error que cometen las personas es creer que no pueden salir de la pobreza solo por haber nacido en una familia pobre. Si tú crees que tienes que ser pobre de por vida, estás equivocado. Puedes ser quien quieras en esta vida, pero tienes que cambiar tu mentalidad y actuar en consecuencia.

El punto de partida es saber qué tipo de vida quieres llevar y a qué clase social quieres pertenecer. Si quieres ser rico, tienes que pensar, actuar y hacer lo que hacen los ricos. Y no te preocupes si no tienes dinero o conocimientos en inversiones, bienes raíces o negocios. En nuestro libro, "La fórmula de la riqueza", te explicamos cómo los ricos hacen su dinero, qué leen, cuáles son sus hábitos y en qué invierten principalmente su dinero. Te enseñamos cómo puedes captar recursos, qué libros debes leer y cómo invertir de manera segura y rentable.

La fórmula de la riqueza es un libro enfocado en resumir lo que hacen los ricos y cómo puedes hacerlo tú también. Nuestro objetivo es ayudarte a cambiar tu mentalidad y enseñarte los pasos necesarios para alcanzar la riqueza. No tienes que pasar años aprendiendo de manera empírica lo que otros ya saben. Con nuestra guía, puedes acelerar el proceso y empezar a tener éxito en tu vida financiera desde hoy mismo.

Volviendo al tema anterior, todos podemos aprender y ejercer cosas nuevas. Es cierto que hay personas que son mucho más inteligentes que otras y que tienen habilidades sobresalientes en diferentes áreas, como las matemáticas o los deportes. Personalmente, me considero un mal estudiante y nunca se me dieron bien las matemáticas, pero debes entender que saber matemáticas no te hará rico ni mucho menos. Hay muchas otras cosas que tendrás que aprender, pero es un proceso en el que te ayudaremos y guiaremos en esta nueva etapa de tu vida. También es cierto que cambiar este tipo de mentalidad no se logra de la noche a la mañana. Pero te digo algo, sólo con leer este libro, tu perspectiva crecerá y habrás avanzado enormemente. Cada vez estarás más cerca de convertirte en esa gran persona con riqueza humana y económica que deseas ser, ya sea un gran deportista, empresario, escritor o un gran inversor, o incluso todas estas opciones.

Este es solo un ejemplo, pero todo esto requiere mucha fuerza mental. A la hora de querer ser alguien importante, es lo primordial, ya que, si no crees que puedes lograrlo mentalmente, hay una gran posibilidad de que no lo logres.

Entonces, el primer paso es creer que puedes alcanzar la riqueza y la libertad financiera. Después de leer este libro y tomar acción, comenzarás a construir la riqueza y la libertad financiera. Escribí este libro con el objetivo de que cualquier persona sepa que puede lograr lo que sea en esta vida. No es un libro de autoayuda, programación neurolingüística ni una fórmula mágica para vender humo y sueños. Pero sabemos que para empezar y llegar lejos, hay que cambiar la forma de pensar, aprender ciertas habilidades y conocer ciertas materias de diferentes campos. Como ya hemos comentado antes, si millones de personas lo han hecho, tú también puedes hacerlo. Y esto es muy real, ya que hay millones de personas que han cambiado su forma de pensar y han alcanzado la riqueza que todos buscamos. Hay una frase muy valiosa que dice: "Si de todas formas tenemos que pensar, es mejor pensar en grande".

Muchas veces, no logramos alcanzar nuestros objetivos debido a la falta de conocimiento o nos estancamos por falta de información. Es cierto que nadie en el mundo sabe todo, pero la única forma de aprender es haciéndolo y aprendiendo día a día. A menudo, aprender equivocándonos es la mejor forma de hacerlo. Aunque los errores pueden costar tiempo y dinero, también nos dejan algo valioso, el conocimiento de todo lo que hacemos. El error ha sido nuestro mejor aliado, ya que nos enseña qué debemos mejorar y cómo hacerlo. Incluso los grandes inversionistas del mundo han cometido miles de errores y han aprendido de ellos para llegar a donde están hoy en día.

Es importante tener en cuenta que cometer errores nos puede costar mucho, pero todos, sin excepción, cometemos errores. Lo importante es tener una mente fuerte y entrenada para enfrentar cualquier circunstancia y aprender de cada error para hacerlo mejor en la siguiente ocasión. Desafortunadamente, muchas personas tienen una mente débil y el error, en vez de ayudarlos en su crecimiento, los tira al suelo, del cual nunca se levantan. O, peor aún, ya no quieren intentarlo de nuevo por el miedo de cometer otro error costoso. Esto los deja acabados económica y mentalmente. Por eso, es esencial entender que equivocarse es parte del proceso de aprendizaje y no tener miedo de intentarlo una vez más.

Entendemos esa forma de pensar, y es muy común entre todas las personas. Sin embargo, es cierto que si no se levantan e intentan nuevamente iniciar ese proyecto o empresa después de un error o una caída fuerte, nunca podrán alcanzar la libertad financiera y humana que desean.

Es importante recordar que la meta es la libertad en todos los aspectos, y para llegar a ella, es necesario realizar diversas cosas, y lo más común es equivocarse una, otra y otra vez. Pero esto se volverá un hábito y una forma de vida si se tiene la mentalidad de que cada vez que se comete un error, se aprende algo nuevo. Es así como debemos ver las cosas, y no como la mayoría de las personas lo hace.

Es común que los profesores regañen a sus alumnos cuando cometen errores, o que los padres hagan lo mismo con sus hijos. Pero esto no ayuda a crear una mentalidad evolucionada, donde se ve el error como una oportunidad para mejorar. La naturaleza humana es así, pero podemos cambiar nuestra forma de pensar.

Cuando nacemos, no sabemos nada. Aprendemos a caminar, andar en bicicleta y hacer muchas otras cosas a través de errores y caídas. Algunos deciden no volver a intentarlo por miedo a caerse de nuevo, pero otros siguen intentándolo hasta convertirse en expertos en la materia. Todos empezamos cometiendo errores, pero lo importante es cómo los vemos y cómo los utilizamos para mejorar.

Prepararse en varios aspectos antes de emprender cualquier proyecto es esencial, y la forma de pensar es el más importante de todos ellos. Si tienes una mentalidad evolucionada, donde el error es visto como una oportunidad para aprender, podrás lograr cualquier cosa que te propongas.

Como estamos viendo, no es nada difícil cambiar nuestra forma de pensar, y de hecho, esto nos ayudará mucho más a medida que avancemos en este libro y conozcamos nuevas materias. Podrás ver con tus propios ojos cómo tu vida cambia y descubrir que todo es posible. Además, irás cambiando gradualmente tu mentalidad a través de tus acciones cotidianas. Este libro se enfoca en ayudarte en este proceso de transformación, pero no profundizaremos demasiado en el tema, ya que existen libros que se centran exclusivamente en cómo cambiar tu mentalidad. Sin embargo, reconocemos que es esencial mejorar y fortalecer nuestra mente, ya que una mente fuerte nos ayudará a alcanzar lo antes posible la libertad que mencionamos.

Empecemos a ver distintas formas de pensamiento que son muy comunes en nuestros días. Pongamos el ejemplo de Luis. Luis, sabiendo que tiene que mejorar sus ingresos financieros, nunca hace más que ir a trabajar 12 horas en un *call center* de una empresa transportista. Se levanta temprano con la voluntad de ir a trabajar todos los días, a sabiendas de que es muy poco probable que tenga un aumento de salario. Después de años de trabajo, esperando que de la noche a la mañana algo mágico pase sin hacer nada, cree que aparecerá un cheque gigante o una oportunidad que cambiará su situación financiera.

Por otro lado, Jorge, otro amigo mío, se levanta todos los días igual que Luis, pero todos los días por la mañana analiza el precio de las acciones que han estado generando más rendimientos en los últimos días, para así ver en qué acción puede invertir y aprovechar una oportunidad para generar nuevas fuentes de ingresos u obtener ganancias de ello. Revisa la situación global de los mercados financieros, sectores en donde sería mejor invertir, y a qué eventos nuevos asistir para crear relaciones, nuevas amistades, etc.

Este es un ejemplo muy simple de cómo dos personas, levantándose a la misma hora y haciendo la misma distancia a sus respectivas oficinas, hacen cosas totalmente diferentes. El resultado es que Luis lleva años con el mismo ingreso y Jorge ha aumentado su patrimonio 15 veces más. Pero Jorge se capacitó y ha empezado a invertir su dinero de forma inteligente. Lo mejor de este libro es que te enseñaremos cómo revisar oportunidades de inversión y negocios en los tres activos más poderosos para alcanzar la riqueza. El ejemplo anterior fue únicamente para mostrar la mentalidad y hábitos diferentes de ambos. Sin mucho esfuerzo y con un poco más de conocimientos, puedes hacer una inmensa diferencia. Quizás Luis lo hace por falta de conocimientos, pero es solo uno de muchos ejemplos. Algunas personas se levantan para ver terrenos, casas para remodelar y vender, negocios que se traspasan, nuevas empresas que buscan capital para crecer, revisan información a diario en busca de oportunidades para aumentar su patrimonio, etc. Como hemos mencionado anteriormente, solo se trata de cambiar tu forma de pensar y tus hábitos diarios. En los siguientes capítulos, te mostraremos cómo puedes acceder a todas estas oportunidades utilizando los tres activos que te harán financieramente libre.

A Luis, en muchas ocasiones se le ha hablado de todo lo que tratamos en este libro; sin embargo, nunca ha pedido ayuda ni ha tenido la intención de tomar acción para aprender algo que no sabe y que debería de aprender. En cambio, Jorge se informa y asiste a reuniones empresariales, eventos, seminarios, cócteles y eventos sociales con el fin de buscar nuevos negocios, clientes o simplemente ampliar su red de contactos, lo cual es muy importante en la actualidad.

La mayoría de las personas suelen ser como Luis. Se encuentran en su zona de confort y, aunque muchas de ellas no están contentas con sus ingresos ni con su estilo de vida, permanecen allí durante años o incluso toda su vida. Es una realidad lamentable, especialmente sabiendo que hay todo un mundo de oportunidades fuera de su círculo de comodidad. La verdad es que no somos como muchos gurús de finanzas que te dirán que renuncies a tu trabajo o que cortes tu cheque como algunos lo hacen para salir de la zona de confort. Somos más realistas y sabemos que tu trabajo o actividad es importante para ti y para otras personas. No necesitas dejar lo que haces, sino complementarlo con lo que te diremos a lo largo de este libro de manera realista y probada. No decimos que si renuncias y emprendes por tu cuenta no puedas llegar a crear un imperio. Sin embargo, dado el alto grado de fracaso que han tenido los emprendedores, te diremos qué hacer para minimizar el fallo y, en algún momento, poder renunciar para dedicarte al cien por ciento a lo que eres bueno o te hace feliz, llevando una vida llena de abundancia y satisfacción.

Cuando uno comienza y quiere salir de su zona de confort, donde aparentemente se siente estable o seguro, y cree que si se queda ahí no le faltará nada, está equivocado. Tal vez no pueda salir de esa zona por los gastos actuales, deudas pendientes, pagos de un coche o el ahorro para algún viaje.

Lo primero que debería hacerse es aprender a administrar el dinero de manera efectiva, dividiéndolo en diferentes proporciones porcentuales. Sin embargo, eso lo veremos más adelante.

Lo primero siempre es lo más difícil. No sabes cómo empezar, qué hacer, ni cuándo hacerlo. Nosotros aconsejamos que, después de levantarte y prepararte para ir a trabajar, pienses si eso es realmente lo que quieres hacer por el resto de tu vida o por los próximos años. Si no es así y no quieres vivir de esa manera por mucho tiempo más, debes tomar acción y crear un plan de trabajo, estudiar, informarte, leer, detectar nuevas oportunidades de negocio, etc., tal como un plan de vida. Además, es importante decirte y repetirte diariamente: "Yo puedo y cumpliré todos mis objetivos que me proponga".

Para todo esto, hay que trabajar duro y tomar mucha acción. Muchas veces, los planes o proyectos se quedan en la historia porque nunca se tomó acción. Recomendamos realizar una cosa a la vez. Lo primero es saber hacia dónde queremos llegar e imaginar lo que deseamos y en cuánto tiempo queremos lograrlo, para luego tomar acciones en el asunto y crear un plan de vida y acción. Si estás cómodo y conforme con tu situación actual, no tiene sentido que sigas leyendo este libro, ya que está diseñado para cambiar tu situación actual y mejorar tu contexto financiero.

El modo en que debes pensar es como piensan los ricos. Los ricos nunca piensan en el fracaso o en que sus ideas no funcionarán, o que son demasiado tontas para realizarlas, o que no están hechos para crear dinero o abundancia. Todo lo contrario. Los ricos piensan diariamente en nuevas fuentes de ingreso, inversiones, negocios y/o empresas, o en adquirir nuevos activos, ya sean tangibles o intangibles. También piensan en cómo pueden utilizar el dinero de otras personas para beneficiarse a sí mismos. Un ejemplo es el de los bancos. Los bancos usan el dinero ahorrado de las personas para prestarlo y generar altas ganancias por medio de los intereses. No utilizan su propio dinero para generar más dinero, sino que usan el dinero de otras personas; de esta manera, los bancos tienen tanto dinero. Así es como muchos empresarios con diferentes negocios hacen hoy en día. En este libro te enseñaremos cómo puedes crear un negocio similar, tal y como lo hacen los bancos. El secreto está en pensar como ellos, sin importar a qué te dediques. Te mostraremos cómo iniciar cualquier negocio y recaudar capital con esta forma de trabajar, tal y como lo hacemos nosotros actualmente.

Otra cosa que tenemos que decirte y en lo que muchos líderes y gurús financieros se han equivocado es que, si puedes ganar una gran cantidad de dinero siendo empleado, no tienes por qué renunciar a tu trabajo. Sin embargo, debes complementarlo con lo que te decimos para eventualmente dejar de ser empleado y formar tus propios negocios o empresa. Hoy en día, crear una empresa es relativamente fácil. Lo difícil, y por lo que 8 de cada 10 negocios fracasan, es la falta de control, conocimientos e información en el mundo empresarial. Las personas ricas, como hemos mencionado, siempre buscan nuevas formas de generar más dinero, diversificar sus portafolios, invertir en nuevas fuentes de ingresos y proteger sus activos en tiempos de incertidumbre o aprovechar las crisis económicas para adquirir activos a precios bajos y aumentar aún más su patrimonio.

A diferencia de las personas pobres, los ricos buscan constantemente nuevas fuentes de ingresos, inversiones y oportunidades de negocio. En cambio, las personas pobres suelen buscar excusas para justificar por qué no tienen dinero. En momentos de crisis, los ricos aprovechan la oportunidad para invertir y comprar a precios bajos con la finalidad de vender a precios más altos en el futuro. Esta es la filosofía de todo inversionista exitoso. Sin embargo, para aprovechar estas oportunidades es necesario saber cómo, cuándo y dónde invertir, algo que explicaremos más adelante.

Lo que quiero es que cambies tu forma de pensar en este momento. Quiero que pienses como un rico, aunque aún no lo seas. Lo primero es eso, porque si no piensas como ellos, jamás lo serás. Debes empezar a pensar como ellos y no creer que el universo conspira en tu contra o que, por culpa del gobierno, no tienes dinero o no puedes crecer. Tienes que dejar de pensar así, romper esas cadenas en tu cerebro y saber que en todo momento, tanto en buenos como en malos tiempos, puedes sacar provecho de la situación y obtener ganancias.

La mayoría de los ricos han hecho su fortuna en tiempos de crisis, ya que han podido adquirir negocios, empresas, activos, etc. a un costo muy bajo. En tiempos buenos, esos negocios o empresas crecen de tal forma que pueden venderse a un precio mayor. Podrías pensar: "Sí, claro, ellos tienen el dinero para hacer eso, pero yo, que no tengo dinero, ¿cómo puedo comprar empresas en tiempos de escasez o crisis económicas?". En este capítulo solo estamos viendo la forma de pensar. El cómo obtener capital te lo diré en capítulos posteriores. El cómo, cuándo y qué comprar también lo sabrás. Solo queremos que en este capítulo te enfoques y creas que en todo lugar, momento y ocasión hay oportunidades de negocio y se puede obtener mucho dinero. El medio para llegar te lo diremos. Pero el miedo, la forma de pensar, los obstáculos mentales, los paradigmas y todo lo que influya en tu forma de pensar solo podrás cambiarlo tú. Debes tener una mente tan poderosa que ni un comentario, una persona tóxica, un amigo, un familiar o malos momentos te detengan, y que tu mente, por encima de cualquier cosa, diga: "Continuemos a pesar del mal momento que estamos pasando". Todos tienen malos momentos. No existe persona en el mundo que tenga buenos momentos toda su vida, o eso creo yo. Pero solo las mentes poderosas continúan a pesar de esos malos ratos.

Se ha demostrado que la mente humana tiene un gran poder y que puede influir en nuestra salud, éxito y felicidad. Aunque no se puede afirmar que la mente pueda curar enfermedades por sí sola, sí es cierto que la actitud positiva y la visualización pueden ayudar a mejorar la salud y bienestar.

Es importante tener una mente poderosa para lograr nuestros objetivos y metas. Esto implica tener una actitud positiva, creer en uno mismo y en nuestras capacidades, y estar dispuestos a trabajar duro y perseverar a pesar de los obstáculos.

Hay muchos recursos disponibles para fortalecer la mente, como libros, cursos y programas de desarrollo personal. Pero como se menciona en el texto, cada tema puede profundizarse y llevar mucho tiempo para convertirse en un experto en cada materia. Sin embargo, el simple hecho de estar consciente de la importancia de tener una mente poderosa y estar dispuesto a trabajar en ella es un gran paso en la dirección correcta.

Es fundamental creer que uno se merece la riqueza y el éxito para poder alcanzarlos. La falta de confianza y autoestima puede ser un gran obstáculo en el camino hacia la riqueza. Es importante estar dispuestos a trabajar duro y tomar medidas para lograr nuestras metas financieras, como generar ingresos residuales, invertir y buscar oportunidades de negocio. Si creemos que merecemos la riqueza y trabajamos para conseguirla, es mucho más probable que lo logremos.

La visualización

La visualización es una herramienta poderosa para lograr tus metas financieras y personales. Al imaginar y visualizar la riqueza que deseas, tu mente comienza a trabajar en esa dirección y puedes tomar acciones más efectivas para lograrlo. Sin embargo, es importante recordar que la visualización debe ser combinada con acción, ya que solo imaginar y no hacer nada no generará resultados.

Además, es importante visualizar con un contexto diferente al que tienes actualmente. Si sigues visualizando con las mismas creencias limitantes o falta de recursos, seguirás obteniendo los mismos resultados. Por eso, es necesario cambiar tu forma de pensar y de ver la vida, y aprender los conceptos claves y básicos que te permitirán aplicarlos en tu vida diaria para lograr tus objetivos financieros y personales. Este libro te proporcionará los conocimientos necesarios para hacerlo.

2
POR QUÉ VOLVERSE RICO

Es importante tener en cuenta que la riqueza no solo se trata de acumular dinero, sino también de tener una mentalidad y un enfoque de vida que te permita generar más ingresos y hacer crecer tu patrimonio de manera sostenible. Esto implica tener una visión a largo plazo, estar dispuesto a tomar riesgos y aprender de los fracasos, tener disciplina financiera y ser consciente de tus gastos e inversiones.

Además, es importante tener una actitud positiva y proactiva para generar nuevas oportunidades y buscar formas de mejorar constantemente. Esto implica estar dispuesto a salir de tu zona de confort y a aprender habilidades nuevas para adaptarte a un mundo en constante cambio.

En resumen, la riqueza no es solo para unos pocos privilegiados, sino que cualquier persona puede lograrla si tiene la mentalidad y las habilidades necesarias, combinadas con la disciplina, el enfoque y la actitud correcta.

Estoy de acuerdo en que es importante ir obteniendo riqueza poco a poco, y aprender a manejar las diferentes situaciones que se presentan en el camino. No se trata solo de tener dinero, sino de saber cómo manejarlo y hacer que crezca de manera sostenible. Es por eso que es importante adquirir conocimientos en finanzas, negocios y otros temas relacionados.

Además, es cierto que la riqueza conlleva una gran responsabilidad, y que no todos están preparados para asumirla de manera efectiva. Por eso es importante aprender a manejarla antes de tenerla, para estar preparados cuando llegue el momento.

Sin embargo, también es importante recordar que la riqueza no es el único indicador de éxito y felicidad en la vida. Cada persona tiene sus propios objetivos y prioridades, y es importante encontrar un equilibrio entre la búsqueda de la riqueza y otras metas importantes, como la familia, los amigos, la salud y la felicidad personal.

Tenemos que entender que la riqueza no es exclusiva para unos pocos, y que tú también te mereces tener una buena calidad de vida. ¿Por qué solo unos cuantos deberían tener las mejores vacaciones, coches lujosos, acceso a servicios de salud de calidad o una casa hermosa? Todos merecemos lo mismo y es importante que lo veas de esta manera. Debes visualizar que también mereces un coche para ir al trabajo, una casa para tu familia, acceso a servicios de salud y la oportunidad de viajar con tus seres queridos. Esto es precisamente lo que te motivará a volverte rico. Convertirse en financieramente libre no es para malgastar el dinero, sino para disfrutar de una vida libre, haciendo lo que te gusta y dándote los gustos que quieres. Recuerda que solo tienes una vida y es importante aprovecharla al máximo.

Como se mencionó en el capítulo anterior, todo comienza con la mentalidad correcta antes de tomar acciones. Sin acciones, será imposible lograr la riqueza que deseas. Pero no te preocupes, te guiaremos en el camino para ayudarte a alcanzar la vida que deseas. Y lo mejor de todo es que, en la actualidad, cada vez hay más personas que se están volviendo ricas en comparación con años anteriores, debido a los múltiples medios disponibles para lograrlo. Es cierto que también hay más competencia, pero la buena noticia es que todos tenemos acceso a la misma información global a través de Internet. Hoy en día es posible invertir en la bolsa de valores con tan solo 10 dólares, lo cual anteriormente solo era accesible para los ricos. El mercado financiero está disponible para todos, y esto se aplica a diferentes tipos de activos financieros.

Volvernos ricos nos proporcionará la vida que queremos. Como lo hemos dicho, es cierto que tener más dinero conlleva más responsabilidades, pero son responsabilidades que podremos manejar y asumir con todos los años de experiencia que obtendremos después de leer este libro. Es cierto que la riqueza no se construye de la noche a la mañana. Algunas personas lo han logrado, pero también hay personas que lo han perdido todo. Insisto, no está mal querer volverse rico de la noche a la mañana, pero si en algún momento tienes que enfrentar un problema o aprovechar una oportunidad, tal vez no sepas cómo hacerlo. Hoy en día, la forma de ganar mucho dinero ha cambiado. Recordemos que existen cientos de oportunidades diarias que pueden hacerte rico. Solo es cuestión de saber cómo, cuándo y dónde tomar esas oportunidades. Principalmente, serás rico por una razón: para vivir la vida que deseas para ti y tus seres queridos. Quieres que tus hijos vayan a una buena escuela, estudien lo que ellos quieran, y poder apoyar a tus seres queridos. Quieres ser caritativo con fundaciones o con personas necesitadas, y también quieres apoyar con seminarios y cursos para enseñar cómo te convertiste en rico, para que otros puedan hacerlo y mejorar sus vidas. Hay muchas razones por las que debes volverte rico, y una de ellas es que puedes ayudar a más personas de las que imaginas.

Es cierto que incluso si no tienes recursos en este momento, todavía puedes ayudar a otras personas. Tal vez ya lo hagas, o tal vez no, pero si empiezas a ayudar hoy, cuando te vuelvas rico podrás ayudar a miles de personas más. Además, el dinero te volverá de una forma que ni siquiera puedes imaginar.

Muchas personas envidian a las más ricas del mundo porque creen que hicieron su fortuna a costa de traicionar, humillar o pisar a los demás. Algunas personas sí lo hacen, pero muchas de las personas más adineradas son grandes inversores que ayudan con cientos de millones de dólares a quienes más lo necesitan. Además, crean cientos de miles de empleos y activan la economía de muchos países.

También es cierto que muchos empresarios o hombres de negocios no contribuyen a obras benéficas y aun así poseen una gran riqueza, pero no nos enfocaremos en ellos ya que no es hacia donde queremos ir. Si queremos ser ricos y buenas personas, debemos seguir el ejemplo de aquellos que actualmente ayudan a otros y actuar como lo hacen. Lo primero que debemos entender es que siempre habrá alguien mejor y más adinerado que nosotros, más inteligente, con más experiencia, mejor capacitación, con más visión, etc. Pero eso es bueno, ya que cuando sabes que hay miles de personas mejores que tú, significa que tienes mucho que aprender de ellas y, por qué no, seguir de cerca lo que escriben, hacen, leen e invierten para poder seguir sus pasos.

Cada uno tiene su propio camino, pero tener un mentor, aunque no lo conozcas en persona, te ayudará, motivará e impulsará en tu camino hacia la riqueza. Por eso debemos saber muy bien a quién seguimos. Obviamente no vamos a seguir a alguien que no hace nada, que roba, que abusa de los demás, que no tenga ética o que no quiera compartir su información. Lo que buscamos es seguir a esa persona única que nos inspira algo. Puede ser un deportista, inversionista, empresario, artista, etc. También es cierto que hay empresarios y hombres de negocios que no contribuyen a la caridad y aun así tienen mucha riqueza, pero no nos centraremos en ellos, ya que ese no es el camino que queremos seguir.

Si queremos ser ricos y buenas personas, debemos tomar como modelo a aquellos que actualmente ayudan a los demás y seguir su ejemplo. Pero debemos asegurarnos de que cumpla con los estándares correctos, ya que seguir a una gran persona nos ayudará en el camino para llegar a donde están las personas ricas. Esto no lo inventé yo. Los grandes empresarios siempre dicen que siguieron a alguien más, tuvieron un mentor o aprendieron de alguien para llegar a donde están.

Lo repito: el camino no es el mismo para todos, pero seguir a alguien que sea el mejor en su área y que sepamos que hace las cosas bien es una buena forma de avanzar. Lo mejor de todo es que en la actualidad, todas las personas pueden seguir a alguien desde lejos, aunque no sean de su país o vivan cerca de ellos. No tiene por qué ser alguien de nuestra comunidad, amigos o familia. Yo mismo sigo a muchas de las personas más exitosas hoy en día, pero solo a aquellas de las que realmente puedo aprender, que comparten sus conocimientos y que se presentan en conferencias, escriben libros, blogs o tienen páginas web personales.

Nuestra tarea será seguirlos de cerca para que podamos aprender de ellos y formarnos como ellos. Nadie nace siendo una gran persona llena de conocimientos o habilidades. Las grandes mentes en la historia se han formado y han aprendido de otros para convertirse en grandes personas. Esto se debe a que nadie ha crecido solo en una sociedad y siempre ha tenido que aprender de los demás. Así es como puedes mejorar y cambiar la forma en que eres en este momento. Las personas cambian, pero es importante saber a quién seguir para cambiar y mejorar, no para empeorar. Es cierto que si te juntas diariamente con un grupo de delincuentes o personas que hacen daño a otros, lo más probable es que termines haciendo lo mismo. Pero si, en cambio, te relacionas con personas que quieren mejorar su estilo de vida, personas que buscan tener más de lo que tienen, personas que te recomiendan qué estudiar, te cuentan en qué están invirtiendo, qué les está funcionando, qué libros están leyendo, podrás convertirte en uno de ellos. Tu entorno es sumamente importante, ya que te conviertes en lo que te rodea. Si todavía no conoces a personas exitosas, búscalas. De nuevo, en la actualidad hay miles de formas de encontrar personas con tus intereses: en redes sociales, eventos sociales, cócteles, *networking*, grupos, seminarios, etc.

En resumen, puedes encontrar personas que buscan lo mismo que tú. Seguramente se encuentren en una etapa de crecimiento, aprendiendo, cometiendo errores, y lo más probable es que encuentres a muchas personas más avanzadas que tú. Y eso es lo mejor, porque si conoces a estas personas, te pueden ayudar mucho en tu crecimiento personal. Pueden ayudarte a cometer menos errores, ya que ellos los han cometido y podrás aprender de sus errores. Lo mejor que me ha pasado es conocer gente más capacitada y mejor que yo, porque gracias a eso he podido darme cuenta de cuál es mi siguiente paso o qué es lo que tengo que aprender.

Realmente nunca dejamos de aprender, pero lo importante y lo que buscamos es aprender lo esencial para volverse financieramente libre. No necesitamos aprender miles de cosas en un corto plazo, ya que eso es casi imposible. Con el tiempo, iremos aprendiendo muchas cosas, pero lo que necesitamos entender es lo que está sucediendo y saber identificar los procesos que nos llevarán a la riqueza. Normalmente, todos los gurús o entrenadores financieros te dicen lo mismo: "ahorra, invierte y haz negocios". La verdad es que estamos cansados de esta analogía, ya que a pesar de que es cierta, no te dicen cómo hacerlo. Nosotros sí. En capítulos posteriores veremos cómo puedes convertirte en un buen inversionista en diferentes mercados, enseñándote lo que necesitas saber. Pero eso será más adelante. En este momento, es importante enfocarse y tener claro por qué queremos hacernos ricos. Una vida llena de conocimiento, información y libertad es algo que nadie rechazaría, pero para llegar a eso, debemos trabajar en nuestro crecimiento personal. Este libro no solo te dirá qué tienes que hacer, sino también cómo hacerlo, y así es como se aprende.

El 90% de lo que leemos lo olvidamos, tal vez solo el 10% o 15% de todo este libro se te quedará, pero si te enseñamos lo que necesitas saber para volverte rico, todo lo que aprendas lo pondrás en práctica y mejorarás con el tiempo. Para mí, la mejor forma de enseñar es teóricamente pero tomando acción casi de inmediato, ya que es así como yo aprendo y avanzo día a día.

Volviendo a por qué debemos hacernos ricos, es por el simple hecho de que lo merecemos. Repito esto porque es la única verdad. No solo unos pocos deben disfrutar de la riqueza. Me comprometo contigo a que, si quieres ser rico, debes rodearte de personas más avanzadas en este proceso y seguir a aquellas personas que ya lo son, incluso si es a lo lejos. Si no conoces a nadie, sigue a aquellos que ya están disfrutando de la riqueza o únete a nosotros, ya que con gusto podemos iniciar una relación de negocios y ayudarte a conocer gente que busca lo mismo que tú: alcanzar la libertad. Cuando hablo de riqueza, me refiero tanto a la económica como a la emocional y mental. Es un todo acompañado de muchas cosas. Todo está en ti, y con nuestra ayuda, podrás alcanzarlo aún más rápido.

La mayoría de las personas que desean enriquecerse lo hacen por los lujos que pueden adquirir, pero no debemos verlo de esa manera. Si quieres volverte rico, lo primero que debes hacer es pasar por un arduo proceso de mejora personal, lo que incluye nuestra mente, acciones, hábitos, forma de ser con los demás, conocimiento, etc. Si quieres ser rico, debes ayudar a los demás a alcanzar la riqueza también. Este fue uno de los motivos que me llevó a escribir este libro, para que muchas personas puedan aprender lo que los inversionistas y empresarios ya saben, para que puedas alcanzar el mismo objetivo que estamos buscando juntos.

Personalmente, mi objetivo principal para enriquecerme no es para vivir una vida de lujos, sino para poder hacer lo que realmente quiero y vivir libremente, en lugar de simplemente sobrevivir día a día como muchas personas lo hacen. Quiero crear, construir y ayudar a otros a alcanzar sus metas y verlos triunfar. Como mencioné antes, todas las personas aprenden algo nuevo y nunca dejan de crecer, incluso las personas más ricas del mundo continúan trabajando en su crecimiento personal y profesional y creando un sinfín de negocios día a día. Es un hábito que han desarrollado y es lo que queremos que también puedas hacer. Queremos que te conviertas en esa persona que crea negocios, invierta y ayude a la caridad, y que lo hagas sin pensarlo, convirtiéndote en la mejor versión de ti mismo.

Es cierto que trabajar en uno mismo es un proceso constante y que requiere dedicación y compromiso. Es importante no solo enfocarse en desarrollar habilidades y conocimientos en un área específica, sino también en aprender cómo monetizar ese conocimiento y generar ingresos. Muchas veces, las personas tienen habilidades valiosas, pero no saben cómo convertirlas en un negocio rentable. Este libro puede ser una herramienta útil para aprender cómo hacerlo.

Además, es importante tener una motivación más allá de los lujos personales. Una de las razones por las que es valioso volverse rico es tener la capacidad de invertir en proyectos y causas que ayuden a la comunidad. Muchas personas ricas utilizan su capital para crear fundaciones y proyectos que impacten positivamente a la sociedad. Al tener más recursos, se tiene también la responsabilidad de contribuir al bienestar común.

En resumen, el proceso de volverse rico no solo se trata de conseguir lujos personales, sino de trabajar en uno mismo, aprender cómo monetizar habilidades y conocimientos, y tener la capacidad de invertir en proyectos y causas que ayuden a la comunidad.

Hay un gran número de razones para querer volverse rico, desde poder ayudar a los demás y hacer caridad, hasta viajar, crecer, estudiar, dar a tu familia lo que se merecen, y vivir la vida que siempre has querido. Sin embargo, para alcanzar este objetivo, se necesita mucha determinación y una verdadera voluntad de lograrlo. No es un camino fácil, pero si tu determinación es lo suficientemente fuerte y realmente quieres lograrlo, entonces lo conseguirás sin problema alguno.

Cómo se genera la riqueza

Si uno quiere volverse rico, una buena opción podría ser comenzar o unirse a un emprendimiento. Esta ha sido una forma real de volverse rico durante cientos de años. Aunque la palabra "emprendimiento" es relativamente moderna, lo que representa es similar a lo que sucedía en los viajes comerciales de la Edad Media.

Los emprendimientos o *startups* suelen involucrar tecnología, hasta el punto de que la frase "startup de alta tecnología" es casi redundante. Una *startup* es una empresa pequeña que se enfrenta a un desafío tecnológico difícil de resolver. Muchas personas se han vuelto ricas solo sabiendo eso. No es necesario conocer la física para ser un buen inversor, pero estos conocimientos pueden ayudar a entender los principios subyacentes.

¿Por qué una startup tiene que ser pequeña? ¿Es inevitable que una startup deje de ser pequeña cuando crece? ¿Por qué trabajan tan frecuentemente en el desarrollo de nuevas tecnologías? ¿Por qué hay tantas startups vendiendo medicamentos o *software* y no vendiendo aceite de maíz? Estas son preguntas importantes que deben ser consideradas por aquellos interesados en el mundo de los negocios y la tecnología.

El dinero solo no es riqueza

Si uno quiere generar riqueza, esto le ayudará a comprender mejor: la riqueza no es lo mismo que el dinero. La riqueza ha existido desde tiempos inmemoriales en la historia humana, mientras que el dinero es una invención relativamente reciente en comparación. La riqueza son las cosas que deseamos, como comida, ropa, vivienda, transporte, tecnología, entre otras. Uno puede tener riqueza sin tener dinero. Por ejemplo, si tuviera una máquina mágica que pudiera crear cualquier cosa que uno quisiera, no necesitaría dinero. En cambio, si se encuentra en un lugar aislado donde no hay nada que comprar, el dinero no tendría mucho valor.

La riqueza es lo que realmente importa, no el dinero. Entonces, ¿por qué todo el mundo habla de hacer dinero si la riqueza es lo más importante? El dinero es una forma de transferir la riqueza, y en la práctica, son intercambiables. Pero no son lo mismo, y hablar sobre hacer dinero puede hacer que sea más difícil entender cómo ganarlo. El dinero es un efecto secundario de la especialización en una sociedad. En una sociedad especializada, la mayoría de las cosas que uno necesita no se pueden hacer por sí solas. Si uno quiere algo, como una papa, un lápiz o un lugar para vivir, uno tiene que obtenerlo de alguien que le dé un valor agregado.

¿Cómo se llega a la persona que cultiva las papas para que le dé unas cuantas? Dándole algo que él quiera a cambio. Pero uno no puede llegar muy lejos si negocia directamente con las personas que necesitan algo suyo. Si uno es un fabricante de violines, y nadie en su pueblo quiere comprar uno, entonces ¿qué comerá?

A medida que las sociedades se vuelven más especializadas, la solución que encuentran para el intercambio es un proceso de dos pasos. En lugar de intercambiar directamente violines por papas, se cambian por algún metal escaso como la plata, que luego se puede intercambiar por lo que se quiera. El medio de cambio puede ser cualquier cosa poco común y portátil. Históricamente, los metales fueron los más comunes. Sin embargo, recientemente hemos estado usando un medio de cambio llamado dinero, que no existe físicamente, pero que funciona como medio de cambio porque está respaldado por el gobierno.

La ventaja de un medio de intercambio es que hace funcionar el comercio. La desventaja es que tiende a oscurecer lo que realmente significa el comercio. La gente piensa que un negocio es hacer dinero, pero el dinero es solo el estado intermedio para cualquier cosa que la gente quiera. La mayoría de los negocios realmente generan riqueza al hacer algo que la gente quiere.

La falacia del pastel

Un sorprendente número de personas recuerdan desde su niñez que hay una cantidad fija de riqueza en el mundo; esto es cierto por ejemplo para una familia tipo que tiene una cantidad fija de dinero en un momento dado. Cuando se habla de riqueza en este contexto es frecuentemente descripta como un pastel a repartir. "No se puede agrandar el pastel", dicen los políticos. Cuando uno habla de la cantidad de dinero que tiene una familia en su cuenta bancaria, o de la cantidad de dinero de impuestos disponible para el gobierno, esto es cierto. Si una persona toma más, alguien deberá tener menos. De chico uno solía creer que, si un puñado de gente rica tenía todo el dinero, habría menos para los demás. Mucha gente sigue creyendo algo similar en su adultez. Esta falacia usualmente está en el trasfondo cuando uno escucha a alguien diciendo que "X por ciento de la población tienen Y por ciento de la riqueza". Si Ud. planea comenzar un startup, aunque no lo sepa, estará planeando invalidar a la Falacia del pastel. Lo que lleva a errar aquí es la abstracción del dinero. El dinero no es riqueza. Es algo que usamos para movernos alrededor de ella. Entonces, aunque podría ser que en determinado momento (por ejemplo, su familia, este mes) haya una cantidad de dinero disponible para intercambiar con otras personas cosas que uno desea, no hay una cantidad fija de riqueza en el mundo. Uno puede generar más riqueza. La riqueza ha sido creada y destruida (generalmente creada) por toda la historia humana. Suponga que Ud. es dueño de un auto antiguo. En vez de sentarse en él todo el verano, podría gastar tiempo en su restauración para dejarlo totalmente original. Haciendo esto, uno genera riqueza. Si Ud. vende su auto obtendrá más por él. Restaurando su auto, Ud. se hizo más rico. Y no tuvo que hacer a otro más pobre por esto. Es por eso que es obvio que no hay una torta fija.

Probablemente la gente que pueda tomar este tipo de riqueza es aquella que es buena haciendo cosas, los artesanos. Sus objetos hechos a mano se convierten en objetos de tienda. Pero con la industrialización cada vez hay menos y menos artesanos. Uno de los más grandes grupos de este tipo que aún quedan son los programadores de computadora. Un programador se puede sentar enfrente de su computadora y crear riqueza. Una buena pieza de software es, en sí misma, una cosa valiosa. No hay fabricante para complicar las cosas. Aquellos caracteres que el programador tipeó son el producto terminado. Si alguien se sentó y escribió el código de un *web browser* que funciona, el mundo podría ser más rico. Cada persona en una compañía trabaja para crear riqueza, en el sentido de hacer más cosas que la gente quiera. Mucho de los empleados (por ej. los del dpto. de personal) trabajan alejados del que hace los productos. Los programadores no. Ellos literalmente piensan el producto una línea de código a la vez y por esto es más claro para los programadores que la riqueza es algo que se hace, más que algo que se distribuye, como porciones de un pastel, por un papá imaginario.

3
CÓMO OBTENER RIQUEZA

En este capítulo vamos a adentrarnos en el tema que te interesa: cómo obtener riqueza. En capítulos anteriores hemos hablado de la importancia de tener una mentalidad adecuada para abordar este proceso. Ahora, vamos a ver cuáles son los pasos generales que debemos seguir para alcanzar este objetivo. En capítulos posteriores profundizaremos en cada uno de ellos, detallando cómo invertir y obtener rendimientos como lo hacen las personas ricas.

Hay muchas formas de hacer dinero, pero lo importante no es cuánto dinero se gana, sino cómo se invierte según nuestro perfil de inversionista y cuál es la mejor manera de empezar para cada uno de nosotros, ya que las estrategias varían según nuestras necesidades y objetivos personales.

Para obtener riqueza, lo principal es quererla. Si no la deseamos, no podremos obtenerla y verla como algo positivo. Sin embargo, a veces el deseo no es suficiente. El miedo a generar riqueza puede ser un obstáculo en nuestro camino hacia la prosperidad.

Por eso, es importante limpiar nuestra mente y visualizar con claridad lo que queremos. Debemos establecer metas y objetivos nítidos, y es útil plasmarlos por escrito. Una técnica efectiva es escribir nuestras metas en letras grandes y pegarlas en un lugar visible, para recordar constantemente lo que queremos lograr y mantenernos enfocados en nuestro plan para construir riqueza.

¡Empecemos!

Una vez que hayamos escrito lo que queremos y lo hayamos visualizado, debemos determinar cuánto nos costará lograrlo para poder crear un plan de acción que nos lleve a alcanzar nuestra meta. Este plan de acción o estrategia de negocios debe ser cuidadosamente diseñado, y discutiremos cómo hacerlo a lo largo del libro. Sin embargo, debemos tener en cuenta una cosa importante: en todo negocio, todas las partes deben ganar. Si no tienes suficiente capital para iniciar un negocio, puedes ofrecer tus servicios o intercambiar rentabilidad por capital, lo que también veremos en el capítulo sobre cómo recaudar capital.

Ahora bien, hablemos sobre cómo los ricos hacen su riqueza. En primer lugar, ellos saben perfectamente que los lujos vienen después. Utilizan su capital para invertir y crear negocios, algo que la mayoría de las personas no hacen, ya que prefieren gastar su dinero en su estilo de vida de clase media o baja. Los lujos llegarán en su momento y habrá suficiente capital para comprar un muy buen estilo de vida, pero esto solo ocurre después de haber generado varios ingresos residuales a través de negocios, empresas, inversiones, y otras fuentes.

Probablemente has escuchado la frase "los ricos se hacen más ricos y los pobres más pobres". Esto sucede principalmente debido a cómo los ricos invierten o hacen crecer su dinero. Y lo bueno de esto es que hoy en día cualquiera puede convertirse en rico.

Para entender cómo se genera la riqueza, debemos comprender los distintos tipos de ingresos: activo, residual y pasivo.

El ingreso activo se obtiene a través del trabajo directo que realizamos. Por ejemplo, como empleados que trabajamos ciertas horas y recibimos un salario por esas horas trabajadas, o como proveedores de servicios por cuenta propia. Esta forma de ingreso es la más común y requiere de mucho trabajo y dedicación. Además, normalmente está limitada y el día que dejamos de trabajar dejamos de recibir ingresos.

Por otro lado, los ingresos residuales son aquellos que continúan generándose después de que se ha realizado el trabajo. Por ejemplo, las regalías por producciones musicales o libros, los negocios en marcha, las rentas, entre otros. Estos ingresos no requieren que estemos presentes para que se generen. La mayoría de los empresarios continúan obteniendo ingresos residuales sin necesidad de trabajar activamente en su empresa. Sin embargo, es importante destacar que estos negocios también deben ser supervisados para asegurar su correcto funcionamiento y éxito.

El ingreso pasivo es aquel que se genera a través de inversiones en activos que generan rendimientos, como acciones, fondos de inversión o bienes raíces. Este tipo de ingreso requiere de una inversión inicial y no requiere de trabajo activo para generar ingresos.

Repasemos, para generar riqueza es necesario comprender los distintos tipos de ingresos y buscar formas de generar ingresos residuales y pasivos que permitan hacer crecer nuestro patrimonio.

Para generar ingresos de manera continua, es necesario crear un producto o servicio que las personas adquieran de forma regular después de su primera compra. Tomando como ejemplo el alquiler de una propiedad, las personas pagan mes a mes hasta que deciden mudarse y el arrendador debe buscar un nuevo inquilino. En el mundo de los negocios, productos como el agua purificada o el champú también requieren ser adquiridos de forma recurrente.

En contraste, un abogado presta sus servicios por un tiempo limitado y una vez que resuelve el problema de su cliente, no hay más ingresos. Por tanto, el objetivo es crear una fuente de ingresos residuales, es decir, ingresos que se generan de manera constante sin necesidad de estar presente todo el tiempo.

Para lograr esto, es importante identificar si actualmente se están generando ingresos activos o residuales, o bien, cuál es el objetivo a largo plazo. Es posible tener ambas fuentes de ingresos y esto puede ser beneficioso para aumentar los ingresos totales. El siguiente paso es trabajar para generar ingresos residuales mientras se mantiene un empleo, y una vez que estos ingresos sean suficientes, se puede considerar hacer un cambio hacia el negocio propio y así obtener aún más ingresos residuales.

Existen innumerables formas de obtener ingresos residuales, y podrás encontrar una gran lista de ideas en línea si decides investigar un poco. Algunas de estas opciones incluyen subir videos a internet y venderlos, crear una tienda en línea, instalar máquinas expendedoras de comida, alquilar viviendas, subarrendar propiedades (lo cual profundizaremos más en los cuatro activos que te volverán rico), invertir en el mercado de valores (también lo abordaremos más adelante), vender libros o cursos digitales, y muchas otras opciones que requieren una dedicación enfocada.

Gracias a la era digital en la que vivimos, obtener ingresos residuales se ha vuelto mucho más fácil. El internet y las aplicaciones digitales nos permiten llegar a miles de personas con anuncios y publicaciones tanto en motores de búsqueda como en redes sociales, lo que nos brinda muchas oportunidades para desarrollar ingresos residuales en línea. Sea cual sea tu campo de experiencia, siempre habrá alguien que busque lo que ofreces. Si ofreces algo poco común, incluso mejor, ya que podrías atraer a un público específico que puede generarte ingresos residuales durante mucho tiempo.

Es importante señalar que los ingresos residuales son el primer paso hacia la riqueza. Aunque hay muchas formas de generar este tipo de ingresos, es recomendable que se haga a través de un negocio o especialidad que conozcas bien. Si eres bueno en matemáticas, por ejemplo, podrías crear cursos en línea o un blog de suscripción donde compartas contenido relacionado con ese tema.

En resumen, es posible iniciar un ingreso residual con muy poco capital, pero para que sea exitoso, necesitarás trabajar duro y ofrecer un producto o servicio que sea muy demandado por los usuarios o clientes.

Ingreso de capital

El ingreso en el que debemos enfocarnos es el ingreso o ganancia de capital, similar al anteriormente mencionado. En este caso, se obtiene beneficio a través de la venta de diversos activos a un precio superior al de adquisición o compra. Es decir, cuando el precio de venta es mayor que el precio de compra, se genera una ganancia de capital.

Existen muchos activos o instrumentos en los que se puede obtener una ganancia de capital, siendo tan simple como comprar barato y vender caro. Sin embargo, profundizaremos en dos activos en particular en los siguientes capítulos: los activos financieros y el mercado inmobiliario. Aunque también se pueden obtener ganancias de capital a través de bienes tangibles, como antigüedades, joyería y piezas únicas, o mediante la importación de mercancía de otros países. En cualquier caso, siempre se trata de comprar algo a un precio y venderlo a otro precio mayor, lo que resulta bastante sencillo.

No obstante, en el caso de los mercados financieros y el mercado inmobiliario, las cosas pueden complicarse. Son áreas en las que se pueden obtener grandes ganancias, pero que también pueden representar mayores riesgos. Es por eso que profundizaremos en estos temas, ya que son donde los ricos han obtenido sus mayores fortunas. También se puede obtener ganancia de capital a través del mercado de materias primas, capitales y divisas, el cual es el mercado más grande del mundo y en el que se pueden obtener grandes cantidades de dinero diariamente.

En capítulos posteriores, revisaremos los diferentes mercados financieros ya que son instrumentos poderosos de inversión que pueden generarte grandes ganancias. Es un tema muy interesante que merece nuestra atención y dedicación.

Antes de adentrarnos en los activos que te permitirán generar riqueza, es importante abordar los hábitos que debemos implementar para crearla. No basta con conocer las estrategias de inversión o cómo generar riqueza si no tenemos hábitos y disciplina para llevarlas a cabo. Por eso, es fundamental cultivar los hábitos correctos y complementarlos con toda la información que aprenderás en esta guía para alcanzar el éxito financiero.

4
HÁBITOS QUE GENERARAN RIQUEZA

En términos sencillos, los hábitos son comportamientos repetitivos que no requieren de un esfuerzo consciente ni de raciocinio para su ejecución. Se forman a partir de la influencia que recibimos del entorno sociocultural a lo largo de nuestro proceso de crecimiento, formación y convivencia en los diferentes ámbitos de nuestra vida (familia, escuela, trabajo y demás círculos sociales).

En general nuestras actividades y comportamientos habituales tienen como objetivo satisfacer una determinada necesidad física, afectiva, social, moral o intelectual. Dentro de las necesidades físicas encontramos, entre otros, el cuidado de nuestra salud y tenemos entonces hábitos relacionados, por ejemplo, con la alimentación, la higiene, el entretenimiento. En el ámbito social desarrollamos hábitos que satisfacen necesidades de aceptación y pertenencia a grupos sociales determinados. En lo moral adoptamos comportamientos habituales acordes con nuestros valores y creencias. En lo intelectual desarrollamos hábitos de lectura, estudio y capacitación para satisfacer necesidades de reconocimiento laboral, profesional o simplemente social.

Un factor fundamental inherente a los hábitos de comportamiento es el costo material o intangible implícitos, estimable en dinero, y su incidencia en la calidad de vida de una persona por cuanto estos nos llevan consecuentemente a desarrollar hábitos de consumo.

Cuantificar el costo real de un hábito es una tarea a la que le prestamos poca o ninguna atención debido a que además de procurarnos la satisfacción de determinadas necesidades sin esfuerzo ni aparente costo económico en algunos casos, estos se convierten en comportamientos propios de nuestra forma de ser y actuar y nos mantienen en una zona de confort emocional básico. No obstante, en favor de un beneficio real, es importante en este punto valorar su contribución a nuestra calidad de vida en términos de costo/beneficio y optimización de los recursos involucrados como uno de los principios para la generación de riqueza.

Determinar el costo/beneficio de un hábito no resulta tan complejo como parece a primera vista. De hecho, no debería resultarnos difícil determinar el gasto directo en dinero o tiempo que, por ejemplo, nos importa el reunirnos cada fin de semana con un grupo de amigos para departir al calor de unas cuantas copas; o participar en juegos de azar; o el cambiar elementos de uso personal o familiar más allá de su vida útil por seguir la moda; o participar en cuanto evento social se presente o patrocinarlos para mantenerse dentro de un círculo social deseado, etc. Sin embargo, la amplitud y complejidad de la cadena de causa-efecto que ellos involucran, implican análisis que trascienden las posibilidades de este libro.

En efecto, requerimos al menos de todo un entrenamiento que nos permita la identificación de todos los hábitos que hemos desarrollado en todos los roles de nuestra vida, valorar su contribución a nuestra calidad de vida y determinar los cambios necesarios en el estilo de vida que llevamos. Esto implica deshacernos de algunos hábitos y formar otros ajustados a nuestra disponibilidad de dinero y tiempo como factores generadores de riqueza y, por ende, de bienestar social. Esta necesidad de cambio es la primera y tal vez principal dificultad que encontraremos en nuestro propósito de mejorar.

Este ejercicio de identificación y valoración de comportamientos habituales nos implicará indefectiblemente revisar nuestros hábitos de consumo y utilización del tiempo como componente fundamental de nuestra productividad laboral; la cual determina nuestra capacidad de generar riqueza a partir del mejoramiento de nuestros ingresos, que es otro de los principios para la generación de riqueza.

Hábitos financieros

Los hábitos financieros es algo que nos falta perfeccionar. Para que comprendas de qué hablo, te contaré una historia.

Una persona llegó a EE. UU. con su familia y tuvieron que arrendar un apartamento. Durante 26 años pagaron juiciosamente el arriendo. No se atrasaron en una sola cuota. Eran los arrendatarios modelo. Pagaban cerca de US$300.

Tenían el hábito de pagar a tiempo. Después de muchos años, el dueño del apartamento se los pidió. Porque él decidió irse a vivir ahí. Gracias a los arrendatarios, el dueño pudo pagar el crédito de vivienda que a su vez había pedido a un banco.

Es decir que, gracias a los arrendatarios, pudo adquirir el apartamento. Y a los arrendatarios no les quedó más remedio que tomar sus cosas e irse a buscar dónde vivir. Porque durante más de dos décadas, por pagar un arriendo a alguien más, no ahorraron para su propia vivienda.

Construye hábitos financieros positivos

Por un momento, imaginemos que la historia de esta persona habría podido ser diferente. ¿Qué hubiera pasado si durante los 26 años que pagó arriendo hubiera ahorrado para tener una vivienda propia?

Hagamos la cuenta. Habría podido ahorrar US$96 000. Toda una fortuna. En muchos países, con ese dinero puedes comprar un buen apartamento o pagar un porcentaje considerable de él. Lo que te quiero decir es lo siguiente.

Muchos piensan que para hacer dinero se necesita nacer en una cuna de oro. Pero eso es totalmente falso. Para ser millonario se necesita construir hábitos positivos con respecto al dinero. Tener mucha paciencia y constancia para ver los resultados.

Por eso hoy te hablaré de tres de ellos. Son sencillos, pero muy efectivos. La pregunta que debes hacerte entonces no es "¿por qué no soy rico?", sino "¿qué tan constate soy para construir mi propia riqueza?".

Interés compuesto y hábitos financieros

Hay algo que siempre debes tener en cuenta cuando se trata de dinero. El dinero puede multiplicarse con el tiempo. De esto nos habla el interés compuesto. Que es la acumulación de intereses que se han generado en un periodo de tiempo por un capital inicial.

Si esos intereses se reinvierten, no solo se suman al capital inicial. Sino a los intereses que se obtengan de los intereses. Algo que no ocurre cuando, por ejemplo, se ahorra solo a corto plazo. Porque, en ese caso, prácticamente la suma que se ahorra es la que se obtiene al final. Es decir, no se percibe ese "crecimiento" del dinero. Veamos un ejemplo del interés compuesto:

- Inviertes US$1000 en cualquier vehículo de inversión.

- Y te dicen que te darán una ganancia o interés del 10 % a los 12 meses.

- Eso significa que al final de ese periodo tendrás US$1 100.

- Si dejas ese dinero ahí por un año más, con un interés del 10 %, tendrás US$1210 al final de ese periodo.

- Y así sucesivamente.

» **Hábito 1:**

Ser paciente, paga

No desesperes si la riqueza no te llega de un momento a otro. Su construcción toma tiempo, siempre y cuando sepas esperar. Recuerda este dicho: "la constancia vence lo que la dicha no alcanza".

Los gastos hormiga y los hábitos financieros

Otro mito que tienen las personas con respecto al dinero es que una cantidad pequeña es inservible. O que no vale la pena ahorrar si solo nos quedan para eso unas pocas monedas. Estas personas dicen: "Ahorrar tan poco, ¿para qué?".

Pues déjame decirte que están completamente equivocadas. Porque de moneda en moneda se han llegado a construir fortunas. ¿O qué me dices de personas como la presentadora estadounidense Oprah Winfrey o el creador de WhatsApp? Ellos se formaron a pulso. Con esfuerzo. Y hoy no solo son famosos, sino millonarios. Y créeme cuando te digo que no son lo que son porque derrocharon el dinero. Tal vez lo hagan ahora, pero no cuando lo estaban construyendo.

» Hábito 2: *Controla tus gastos hormiga*

Esos centavos que gastas en el café diario, o el helado o el transporte. Si cada día gastas US$2 en esto, en un año puedes ahorrar US$730. ¿No te parece una mejor idea?

La deuda y los hábitos financieros

Uno de los hábitos financieros que más nos cuesta construir es evitar la deuda. Porque creemos que el cupo de nuestra tarjeta de crédito es un ingreso extra. O que siempre podremos pedir más dinero al banco.

Pero estamos muy equivocados. Porque la deuda solo nos tira para atrás y nos retrasa en el cumplimiento de nuestras metas. Así, lo poco o mucho que podemos ahorrar se nos va en los intereses que debemos pagarle al banco.

Volvamos a la historia del principio. ¿Por qué en vez de ser constantes con la deuda no somos constantes con el ahorro? ¿Por qué en vez de gastar como lo hacemos, no invertimos? Esas son preguntas que todos deberíamos hacernos.

» **Hábito 3:** ***Es mejor no tener algo que debérselo a alguien***

Empieza por definir qué es lo que realmente necesitas y gasta solo en lo necesario. Te sorprenderá ver cómo ese dinero que ahorras se convierte en dinero positivo para ti, en dinero que no le debes a nadie.

Los temas de los que hablamos aquí son recurrentes. Pero ¿cómo más podemos crear hábitos si no volvemos sobre los mismos errores que cometemos siempre para corregirlos? Empezar por reconocer esos errores es el primer paso para darles un giro.

Lo mismo pasa con nuestras finanzas. Prometemos que ahorraremos, pero no lo logramos.

Entonces, ¿qué debemos hacer? Recordarnos que otra realidad es posible para nosotros. Para que esos errores no sean más fuertes que nosotros.

Ahora, hagamos una evaluación: varias veces en este libro hemos hablado del interés compuesto. De 1 a 10:

1. ¿Qué que tanto lo aplicas en tus finanzas?

2. ¿Y qué pasa con los gastos hormiga?

3. ¿Has logrado reducirlos en los últimos meses?

4. Con respecto a la deuda, ¿hoy te endeudas menos que hace unos meses o sigues en el mismo torbellino sin final?

5. Para ti, ¿cuál es el mejor hábito financiero que tienes?

6. ¿Y cuál es el peor?

» **Hábito 4:**
Escriben sus metas

El 67 % de los ricos se enfoca en alcanzar una meta, escriben los pasos y van tachando cuando finalmente los terminan. Solo el 17 % de los pobres hace esto. Otro dato es que, si las escriben, el 62 % de los ricos revisa estas metas todos los días, mientras que solo el 6 % de los pobres lo hace.

» **Hábito 5:**
Leen más, pero no para divertirse sino para aprender

El 79 % de los ricos lee 30 minutos o más todos los días por motivos educacionales. Solo el 2 % de los pobres lo hace. Leen libros de superación personal o relacionados con su campo laboral.

» **Hábito 6:**
Ven menos televisión

El 33 % de los ricos ve más de una hora de televisión al día, comparado con el 77 % de los pobres. Me atrevo a pensar que lo que están viendo en televisión tampoco es educativo. Los ricos saben que el tiempo es valioso y no lo desperdician en programas que no añaden nada a su vida.

» **Hábito 7:**
Hacen más de lo que el puesto laboral exige

El 81 % de los ricos hace más en la oficina, mientras que solo el 17 % de los pobres lo hace. Esto quiere decir que hacen más tareas de las que se les requiere y trabajan más horas.

» **Hábito 8:**
No compran lotería

Solo el 6 % de los ricos juega a la lotería comparado con el 77 % de los pobres.

» **Hábito 9:**
Se alimentan mejor

El 70 % de los ricos come menos de 300 calorías provenientes de comida chatarra al día. Sí, comer sano requiere de muchos sacrificios personales y económicos.

» **Hábito 10:**
El 76 % de los ricos se ejercita 4 o más veces a la semana

El 23 % de los pobres lo hace.

» **Hábito 11:**
El 62 % de los ricos usa hilo dental regularmente

Versus el 16 % de los pobres.

Luego de leer estas estadísticas podemos concluir que los ricos se toman en serio la tarea de cuidarse a sí mismos y dedican tiempo a su superación personal. Por lo tanto, son más saludables, pueden trabajar mejor y se concentran en conseguir lo que quieren. ¿Qué hábitos podemos copiar de los ricos en este nuevo año?

Evita el desgaste

El desgaste afecta a millones de personas cada año, y su amplia variedad de síntomas, incluidos el insomnio y el estrés, puede reducir tus posibilidades de riqueza y éxito.

Si te sientes estresado y con exceso de trabajo, este es el año para finalmente terminarlo para siempre. La investigación de Harvard indica que "Nuestros cerebros necesitan un descanso tanto como nuestros cuerpos".

La mejor manera de hacerlo es desconectando antes y después del trabajo.

Mentalidad positiva

Según una investigación, las personas con una mentalidad positiva generalmente son más exitosas porque aprovechan las oportunidades y establecen metas más grandes.

Puede que no sea fácil cambiar tu mente a positividad, pero puede hacerse relajándote y no dejando que tus emociones te consuman. Intenta desviar y canalizar tus pensamientos para que no te quedes estancado y con negatividad.

También será de gran ayuda si practicas meditación para darte paz y despejar tu mente.

¡Debes empezar ahora!

Este consejo se aplica a mucho más que despertarse a las 5 a. m. Financieramente, empieza a ahorrar dinero e invierte lo antes posible. Los multimillonarios autohechos se dan cuenta del enorme valor del interés compuesto, la forma en que una pequeña cantidad invertida ahora puede convertirse en una fortuna más adelante.

Además, algunas de las compañías más grandes del mundo son administradas por presidentes ejecutivos menores de 40 años. No es necesario ser joven para alcanzar el éxito, pero debes adoptar la actitud de que nunca es demasiado temprano para comenzar. No tengas miedo de dar un salto en tu carrera, incluso si crees que eres demasiado inexperto. Si sigues esperando el momento perfecto para aprovechar una oportunidad, es posible que nunca llegue.

Considera realmente dejar el trabajo al final del día al no revisar tu correo electrónico por la noche y centrarte en algo relajante en su lugar. Durante el día de trabajo, toma un descanso cada hora o más e incluso sal a caminar.

Asegúrate de estar agradecido

A menudo, nos abrumamos demasiado con las exigencias del trabajo que pasamos por alto las cosas buenas de la vida. Nos olvidamos de apreciar las oportunidades que se nos brindan y la ayuda que recibimos a diario.

Asegúrate de estar más agradecido. Tu percepción del mundo cambia cuando mantienes un corazón agradecido. En lugar de tratar de encontrar lo que falta o lo que ya se has perdido, aprovecha lo que tienes y úsalo para avanzar al siguiente hito.

Al final del día, tu felicidad y bienestar son los más importantes, así que aprende a apreciar los resultados de tu arduo trabajo.

No tengas miedo de pedir ayuda

Hay un gran valor para aprender a pedir ayuda a los demás. Las personas más exitosas no podrían haber logrado todo lo que tenían sin un poco de ayuda en el camino. Por lo tanto, la próxima vez que necesites una mano adicional, no tengas miedo de delegar o preguntar.

Primero, este es el hábito fundamental que todos los emprendedores exitosos comparten.

Leer

Para aquellos que se preguntan qué relación tiene la lectura con la riqueza, en realidad, los secretos para el éxito están escondidos en las páginas de los libros. Warren Buffet dice que lee entre 300 y 500 páginas cada día. Con tanto conocimiento del manejo de la riqueza, no es de extrañarse que la fortuna del inversionista billonario siga creciendo.

Para volverte mejor en el manejo de la riqueza, empieza agarrando un libro. Muchos de estos emprendedores exitosos comparten sus recomendaciones de libros sobre riqueza y dinero.

Warren Buffet no es el único emprendedor exitoso que lee. Elon Musk aprendió por sí mismo la ciencia espacial, lo cual suena más difícil de aprender que manejar dinero. Mark Zuckerberg, Bill Gates y Mark Cuban son otros ejemplos de emprendedores exitosos que aman leer.

No son tímidos al negociar para lo mejor

Mientras la persona promedio piensa que no vale la pena regatear el precio, las personas que manejan su dinero exitosamente piensan de otra manera.

Simplemente, negociar está en la sangre de los emprendedores más exitosos.

Además de tomar malas decisiones sobre el dinero, no querer obtener un mejor precio de todo es una manera rápida de quedar en bancarrota.

Diversifican sus ingresos

Es una frase común escuchar que el millonario promedio tiene varias fuentes de ingreso.

La diversificación del ingreso es el secreto para la riqueza de muchos emprendedores exitosos. Ellos entienden que se puede hacer mucho dinero manejando un negocio, pero teniendo varios pueden hacer mucho más.

Althabe, compañía asociada con Google, tiene muchos negocios debajo de ella y continuamente adquiere más. Facebook, Apple, Samsung y casi todas las compañías líderes, además de los emprendedores exitosos, poseen muchos negocios. Antes de ser presidente, Donald Trump poseía más de 500 negocios en todo el mundo.

Para mantener tu riqueza en crecimiento, debes buscar otras fuentes de ingresos además de tu trabajo o negocio principal. Una forma de empezar a diversificar tu fuente de ingreso es convirtiendo tus ganancias en empresas rentables. Vive de las utilidades y reinvierte el capital.

Invierte

Primero invierte, ahorra y luego gasta. Ese es uno de los principales caminos que han recorrido los emprendedores exitosos para llegar a donde están. Puede que no sea cómodo al comienzo, pero la práctica constante y la disciplina a lo largo del camino hicieron que se vuelva un hábito.

Formando un hábito que se enfoque en la inversión, cualquiera puede construir riqueza fácilmente. En vez de gastar todas tus ganancias, separa una parte hasta que tengas un monto considerable de dinero. Debe estar separado de tus ahorros de emergencia. Una vez que has ahorrado una buena cantidad, reinviértelo en algo como bienes raíces, acciones, empresas privadas o bonos, esto te ayudará a crear ingresos pasivos.

Los ingresos pasivos son una forma de construir riqueza sostenible. Cultivando el hábito de la inversión, los emprendedores exitosos pueden tener diversas fuentes de ingresos pasivos.

Aman los números

La mente humana es fácilmente intimidada con muchos números. Esto hace que sea difícil revisar nuestras cuentas y registrar cuánto gastamos. Los emprendedores exitosos, sin embargo, saben que tienen que hacer de las cuentas con números un hábito.

Si formar un hábito de ser bueno con los números no es fácil para ti, puedes usar aplicaciones de finanzas personales y mantener el registro de tus gastos.

Ahorrar

El ahorro es un hábito común entre los más ricos. Hacer un uso correcto del dinero y priorizar tus gastos es fundamental. Las personas más exitosas no gastan por impulso o para impresionar a otros. Viven bajo sus propios términos.

Este hábito hace posible para ellos invertir su dinero en activos que les acumularán más riqueza.

Para ser felices, tenemos que ignorar a muchas personas. Tenemos que aprender a vivir y no prestar atención a las acciones, palabras y sentimientos que buscan abatirnos.

Algunas personas son simplemente conflictivas y nos molestan con sus quejas, juicios y dramas. Esto puede ser agobiante, abrumador y altamente tóxico, porque nuestro bienestar se ve afectado por la incertidumbre de sus acciones.

Es por eso que debemos evitar alimentarnos de las interacciones que consumen nuestra energía y nublan nuestra realidad. Entonces, lo primero que tienes que aprender es ignorar a ciertas personas en los momentos en que te están causando daño.

Aléjate de todo lo que te aleja de ti mismo

Aléjate de las cosas que te causan daño, que oscurecen tu vida, que parecen siniestras. Aléjate de las personas tóxicas y tu salud te lo agradecerá. No dejes que tu mundo se desmorone.

Busca construir una vida que favorezca tu bienestar; y aunque el sufrimiento es inevitable de vez en cuando y debemos aceptarlo, es esencial que sepamos cómo manejarlo. A veces tienes que abrazar a tus demonios para que parezcan menos malos.

No olvides que tenemos que desahogarnos de vez en cuando. La mente, como el cuerpo, debe desintoxicarse de los radicales libres, las emociones negativas, los pasados conflictivos y las personas inestables.

Deja ir tu sufrimiento

Decir adiós al sufrimiento puede ser una tarea difícil, pero a veces es importante detener y restablecer sus prioridades. Debes tratar de liberarte de las emociones dolorosas, las malsanas que te atormentan y te impiden evolucionar.

Como dijo una vez Epíteto, "Lo que altera las mentes de los hombres no son los eventos, sino sus juicios sobre los eventos". Por eso es importante saber cómo identificar, expresar y valorar estratégicamente nuestras emociones. Veremos más sobre esto a continuación:

Expresando nuestros sentimientos y emociones

A menudo se dice que a veces no necesitamos una mente brillante para hablar con nosotros, solo necesitamos un corazón paciente para escucharnos. Nuestras emociones estaban destinadas a ser experimentadas, por lo que mantenerlas alejadas del miedo solo empañará nuestra realidad. Por ejemplo, si acumulamos tristeza, terminamos facilitando el desarrollo de la depresión.

Analizar las creencias que sostienen emociones dolorosas

Es normal preocuparse por hacerlo bien en la escuela, pero no podemos insistir en nuestros errores, porque todo lo que haremos es aumentar los sentimientos negativos. No hay peor tormento que el que se forma en tu cabeza.

Pensar "Es terrible que nuestro hijo se haya ido de casa" no es lo mismo que pensar "Aunque estamos tristes de que se haya ido, es normal que lo haya hecho".

Lo primero favorece el desarrollo de la ansiedad y la depresión.

Podemos moldear este tipo de razonamiento a diferentes emociones. De esta manera, tenemos que luchar para evitar la vergüenza, pero no la decepción; para eliminar la culpa, pero no el remordimiento; y para deshacernos de nuestra ira, pero no de nuestra pasión.

Transformar, liberar y purificar esos sentimientos y emociones

Simplemente analizar nuestras emociones y sentimientos no es suficiente; También debemos explorar lo que se esconde detrás de ellos. Esta es la única manera de liberarnos. Un poco de locura puede permanecer inevitablemente en nuestras emociones y pensamientos, pero tenemos que entender que no debemos alimentarnos de ello.

No dejes escapar a las personas que hacen que tu mundo sea hermoso

No dejes que las personas que hacen que tu mundo sea hermoso te dejen. En cambio, dejen que los que quitan la belleza se vayan. Guarda todo y todos los que te ayuden y te hagan una mejor persona.

El sufrimiento, las dificultades duraderas y el sacrificio de su vida no lo validan como ser humano ni lo mejoran; simplemente te sentirás atormentado y malgastado. Rodearte de personas negativas oscurecerá todo lo que brilla dentro de ti.

Protege y enriquece tu vida con relaciones que sostengan tu bienestar, y hazlo siempre con sinceridad, amor y respeto. Mantén tu puerta abierta a la gente buena e ignora todo lo que te hace caer. Tu salud te lo agradecerá.

A veces la toxicidad emocional de una persona o un ambiente puede traspasarse a tu vida, pero si no quieres que sea así, puedes evitarlo.

En la vida cotidiana es más o menos inevitable encontrarnos en situaciones que nos desagradan, nos molestan o nos desaniman. A veces se trata de situaciones inesperadas en las que nos vemos envueltos sin saber muy bien cómo o por qué. En otras, se trata del orden "natural" de la existencia humana: los problemas del trabajo, los conflictos con la pareja o la familia, la dificultad de la propia vida, etc.

Sin embargo, que esas situaciones sean inevitable o propias de la vida no quiere decir que, al experimentarlas, tengamos que "sufrirlas". Es decir, sin duda es necesario encararlas, porque forman parte de la vida, pero ello no implica añadirles una especie de sufrimiento. Nada de eso. Se trata, en todo caso, de una adversidad que es necesario entender y resolver de la mejor manera posible, pero en esa ecuación el sufrimiento no tiene un lugar.

Los cinco consejos que presentamos a continuación tienen dicha orientación. Invitan a no dejarse llevar por la perspectiva innecesariamente pesimista con que algunas personas acometen la vida y que, a su vez, transmiten a los demás o a los ambientes en donde se encuentran.

"Todo está mal...", pero ¿eso es cierto?

Las personas que son capaces de desanimar a otras suelen transmitir una perspectiva de la realidad particularmente negativa, porque así es como experimentan su propia vida. Sus temas de conversación pueden ir de una enfermedad a la situación terrible que se vive en cierta parte del mundo, sus problemas o los de otras personas, lo difícil que es todo, lo horrible que es el trabajo que tienen o el lugar donde viven, lo mucho que sufren con su pareja, etc. En una palabra: malestar.

En este sentido, luego de estar con alguien así es posible que nosotros mismos nos "contagiemos" de su manera de ver las cosas y empecemos a no ver más que la dificultad, los problemas, el sufrimiento, etc. Y aunque, en efecto, esto puede ser o es real, ello no significa que la única manera de entenderlo sea desde la queja estéril o la visión pesimista de la existencia.

Así, es importante encuadrar nuevamente la perspectiva y preguntarse: ¿es cierto que todo en la vida, en mi vida, está mal? ¿O esa es sólo la versión de otra persona, que mira las cosas de ese modo?

Apóyate en ti mismo

¿Por qué la "toxicidad" emocional de un individuo o de un ambiente afecta a unas personas y a otras no? La respuesta a esta pregunta puede ser múltiple, pero hasta cierto punto parece posible decir que en el segundo caso se trata de gente que no se deja afectar, ya sea porque tienen bien cultivada cierta indiferencia o, en la mejor de las situaciones, porque tienen la confianza suficiente en sí mismos como para no dejarse arrastrar en la corriente de pensamiento o conducta de otros.

En este sentido, se trata de una forma de ser que evoca el consejo que dio Marco Aurelio en sus Meditaciones: "Sé fuerte como las rocas que las olas del mar no dejan de golpear: se mantienen firmes mientras que a sus pies la espuma se agita y desaparece".

Cultiva esa confianza en ti necesaria para no perder pie, para que las olas, en efecto, se presenten y quizá te golpeen, pero no te hagan caer, porque eres lo suficientemente firme en tus convicciones, tus objetivos y tus ideas.

¿Te sientes angustiado? ¿Por qué?

Una de las ideas centrales del psicoanálisis es que la angustia es una señal que no engaña. De todas las emociones que el ser humano puede experimentar, la angustia es la única que no puede compararse con ninguna otra, que arriba ella misma, sin confusiones de ningún tipo. La angustia se presenta y nos pide poner atención de inmediato en nuestra existencia. Si después de un día particularmente difícil sientes esa angustia, más que intentar evitarla, pregúntate por qué sientes eso.

¿Estar con ciertas personas en especial te provoca esa angustia? ¿Dejar pasar cierto tipo de situaciones o comportamientos? ¿Hay cosas que te molestan, pero prefieres no señalarlas, por temor a iniciar un conflicto?

Debido a la formación del ser humano, la mayoría de nosotros estamos habituados, inconscientemente, a eludir la angustia: con comida, con alcohol, con la compañía de otros, con entretenimiento, etc. Pero este es un patrón de conducta que nos mantiene en una etapa de "minoría de edad", en la que no hemos tomado conciencia de nuestra capacidad de encarar la vida con los recursos de nuestro entendimiento.

Haz algo que te haga sentir bien

En ocasiones, después de un día difícil puedes recurrir a algo que te ofrezca una experiencia de bienestar auténtica. Ver a una persona muy querida, quizá comer ese chocolate que hace tiempo guardas en tu alacena, pasar al cine a mirar una película que te causa curiosidad, hacer ejercicio, etc.

Sólo ten cuidado con la trampa de la evasión. No se trata de que eludas tus problemas o tu propio malestar mirando la televisión, comiendo o comprando cosas, por ejemplo, pues en el fondo esto implica no hacer nada con lo que te molesta, es decir, intentar "remediarlo" con una solución que en realidad lo deja en el mismo lugar donde está.

Recurre a ese placer una vez que hayas entendido para ti mismo(a) que te sientes mal, por qué te sientes mal y qué necesitas hacer para resolver realmente ese malestar.

Regresa a lo tuyo

Después de pasar tiempo enfrascados en algún problema, rodeados de personas que fomentan el malestar o en ambientes emocionalmente arduos, podemos sentirnos un tanto "fuera" de nosotros mismos, como si hubiéramos perdido la brújula o como si se tambalearan nuestras propias ideas de la vida y del mundo.

Si es el caso, recupera la conciencia de ti. Date cuenta de que cada quien habla de la existencia tal y como la experimenta, pero ello no quiere decir que su perspectiva sea ni la correcta ni la verdadera. Igualmente, aprende a diferenciar entre tu responsabilidad y la responsabilidad de otros, entre tus problemas y los problemas de otros y, finalmente, a confiar en la capacidad de cada persona de hacerse cargo de su propia vida.

Si eres capaz de entender esto, entonces ocúpate de lo tuyo, de aquello que, como dijera Epicteto, sí te corresponde.

La dificultad es propia de la vida porque ésta lo tiene casi siempre todo en contra; no obstante, ese es justamente su motor. Porque la vida es difícil es necesario esforzarse por continuar con vida, trabajar para disfrutarla y, en el caso del ser humano, entenderla para vivirla con plenitud.

Estudiar mucho (y siempre)

Se llega a ser cliché, pero sin estudiar y aumentar su conocimiento y repertorio de experiencias, será muy difícil construir una riqueza considerable y, sobre todo, sostenible.

Salvo casos raros, las personas que lograron el éxito financiero fueron aquellas que se dedicaron a entender, estudiar y practicar diferentes maneras de ganar dinero (emprendedor, inversiones, alianzas, etc.).

Atención: no estoy hablando de estudiar sólo el mercado financiero y sus variables, sino de acumular experiencias de vida y aprendizaje de diversas áreas. La cuestión es mucho más lo que usted hace con lo que sabe de lo que dice que sabe hacer, ¿entiendes? Es el conocimiento aplicado a la práctica que interesa para generar riqueza.

Preocuparse con la productividad

¡Para ser rico, usted necesita antes ser productivo! Nadie se queda millonario o alcanza la independencia financiera pasando todo el día colgado en las redes sociales. Trabajar de manera productiva no quiere decir no tener descanso, sino enfocarse en las actividades más importantes y realizarlas con excelencia.

La cuestión de la productividad tiene tres aspectos importantes:

- **Hacer lo que hay que hacer.** No tiene esa de gusto o no me gusta de eso y de aquello; algunas cosas necesitan ser hechas para que los obstáculos sean superados;
- **No dejar el importante giro urgente.** Resolver las cuestiones esenciales y que están íntimamente relacionadas con sus prioridades es crítico para evitar la pérdida de tiempo y desgastes con urgencias y emergencias;
- **Crear y mantener un buen equipo.** Las personas exitosas están rodeadas de personas mejores que ellas, pues así ellas pueden delegar y estar seguros de que su equipo será capaz de mantener el trabajo al día, muy bien hecho y con resultados.

La productividad no es hacer más que los demás, es hacer lo que usted necesita hacer para satisfacer sus metas y objetivos.

Siempre ser optimistas y positivos

Mucho más que un sentimiento, la positividad es un hábito. Cierto, pero no creo que baste pensar positivamente para tener buenos resultados. ¡No es nada de eso! Positividad es habito en la medida en que se traduce en una manera de encarar al mundo de forma crítica, sensata, pero positiva, buscando y aprovechando oportunidades.

Ser positivo y optimista tampoco significa estar ajeno a los desafíos impuestos por la realidad; de hecho, es justamente lo contrario: por pensar positivo y mirar siempre el "vaso medio lleno", las personas exitosas logran un aprovechamiento mucho mayor de las posibilidades que la vida les impone.

Trabajar mucho, pero siempre con propósito y sentido

El cambio sólo para ganar dinero es algo insostenible y que trae infelicidad, angustia y mucha limitación; aspectos como amistades, familia y trabajo se ven perjudicados por la visión borrosa de la codicia.

La búsqueda por un sentido en lo que usted hace o pretende hacer es el camino más correcto cuando tenemos que cambiar y crear nuevos hábitos. Sólo así somos capaces de mantener en alza la disposición para todas las demandas mientras equilibramos felicidad y trabajo con los otros hábitos mencionados en este texto.

El principal es entender que para tener éxito y alcanzar la riqueza deseada, habrá que trabajar mucho. Por trabajar mucho entiende trabajar de forma inteligente, constante, pero siempre coherente con sus principios, prioridades de vida, objetivos y, principalmente, propósitos de vida.

Pregunte a alguna persona cuya historia de vida y prosperidad usted admira y usted va a reparar que trabajar para ella es algo tan placentero como divertirse con la familia. No es cliché, ni tampoco exagero; es una cuestión de elección, ¡es un estilo de vida incluso!

Cuando usted sueñe con la independencia financiera y la construcción de riqueza, piense menos en qué decisiones cruciales necesita tomar para llegar allí y más en pequeñas cosas que usted puede cambiar en su día a día.

Prefiera nuevos hábitos simples a grandes transformaciones. La razón para esa mirada objetiva y pragmática es obvia: un cambio duradero no es más que la suma de varios pequeños cambios ocurridos a lo largo del tiempo. Tenga en cuenta que toda la gran historia está hecha de detalles, por lo tanto, atención.

Ser más listos que los demás

Las personas inteligentes no solo nos generan admiración, sino que nos dan ganas de ser como ellos. Te contamos algunos de los rasgos más característico de las personas inteligentes.

Saber escuchar

Para aprender, la clave está en saber escuchar. Esto lo tienen muy claro las personas inteligentes, que siempre están dispuestas a escuchar a quienes tienen algo realmente interesante para compartir.

Son curiosas

La curiosidad es otro rasgo característico de las personas más inteligentes. Siempre se muestran interesadas en querer saber más sobre los temas más diversos.

Preguntan todo, leen y tienen la capacidad de sorprenderse de cosas que para muchos no tienen importancia. Albert Einstein decía que él no tenía un talento especial, sino que era extremadamente curioso.

Se adaptan con facilidad

Tienen la capacidad de centrarse en lo que se puede hacer en lugar de perder el tiempo en lo difícil que puede ser resolver un asunto o en las limitaciones que existen. Después de todo, como el propio significado de la palabra lo dice, inteligencia es la capacidad de comprender o entender algo. Por eso, las personas inteligentes tienen la capacidad de modificar su comportamiento o realizar cambios para convivir mejor con su entorno.

Siempre tienen una actitud positiva

Incluso cuando las consecuencias se presentan adversas, mantienen una actitud positiva. Para los inteligentes, las situaciones negativas parecen ser simples problemas que demandan una solución.

Perfil bajo

En las reuniones de trabajo, aunque muchos reconocen estar ante una persona inteligente, no hacen alarde de eso. Por el contrario, intentan que el resto de los presentes sean reconocidos y considerados como profesionales destacados. Saben que sus capacidades deben ser utilizadas para trabajar, no para reconocerse como mejores ante el resto.

Piensan en los demás

Tienen la capacidad de saber qué sienten los demás o qué piensan. Su forma de ser con los demás muestra claramente su nivel de inteligencia emocional. Cuando están ante personas que no logran comprender un tema, lejos de sentirse superiores, se toman el tiempo suficiente para explicarlo hasta que logren entender de lo que se está hablando.

Ser procrastinadores

Este tipo de personas suele postergar las cosas y dejarlas para otro momento. Según investigaciones, existe una relación entre la procrastinación, la indecisión y la creatividad. Son personas que se toman mucho tiempo para pensar las cosas y analizarlas desde distintas perspectivas. Como veremos en el siguiente punto, este comportamiento es coherente con la capacidad de autocontrol que tienen.

Tener autocontrol

Debes tener control de tus sentimientos y tus impulsos y ser emocionalmente fuerte. Según la ciencia, existe una relación directa entre inteligencia y autocontrol.

Jamás estarás solo

No te sientas incómodo estando a solas. Por el contrario, prefieren en muchos casos la soledad antes que la compañía. Esto no es porque no disfruten de la compañía de otros, sino que se debe a que no necesitan de la aceptación de los demás, explicó en un artículo un psicólogo de la Universidad de Wellesley.

Tener un gran sentido del humor

Las personas inteligentes se caracterizan por tener un gran sentido del humor. Se ríen mucho y también hacen reír a los demás.

5

LOS 3 ACTIVOS QUE TE VOLVERÁN RICO

A **partir de aquí, comenzaremos a conocer los instrumentos, vehículos y activos que nos generarán riqueza, y más adelante les explicaré el proceso y qué deben hacer con cada uno de ellos.** Es importante entender que en cada uno de estos activos podemos profundizar tanto como queramos. De hecho, podríamos pasar años, o incluso toda una vida, perfeccionando el conocimiento sobre ellos, ya que son temas complejos en los que se puede llegar a ser un experto y vivir de ello sin problema. Sin embargo, este libro no está diseñado para guiarlos hacia una vocación específica ni para decirles qué es lo mejor para ustedes. No. Este libro ha sido escrito para que los activos que les voy a presentar puedan ser usados, invertidos y estudiados con el fin de generar riqueza.

No les diré, por ejemplo, "tendrás que estudiar medicina durante cinco años y ganarás mucho dinero". Eso no sucederá aquí. Lo que buscamos es que, con el conocimiento y contexto que ya tienen, así como con lo que se dediquen, puedan estudiar, perfeccionar y tomar acción en los activos que describiré, porque son estos los que les permitirán generar riqueza con el tiempo. Estos activos han sido utilizados por los hombres más ricos del mundo, tanto en épocas antiguas como en la actualidad. Tal vez algunos de ellos les resulten familiares o hayan escuchado hablar de ellos antes, pero aquí aprenderán cómo utilizarlos, cuándo hacerlo y cómo empezar a familiarizarse con ellos.

Será un trabajo que requerirá estudio, lectura, comprensión e investigación, pero con lo que aprenderán podrán empezar a tomar acción desde el mismo momento en que lean este libro. Y eso sería lo ideal, porque empezarán a familiarizarse con los términos, los instrumentos de inversión y las personas que se dedican a este ámbito. Es cierto que se necesita preparación para comenzar en cualquiera de estos activos, y nunca debemos tomar decisiones apresuradas, sin pensar ni analizar lo que estamos haciendo. Tomar decisiones sin preparación puede llevarnos a perder dinero, y la regla número uno es **nunca perder dinero**.

No se preocupen, porque vamos a ir paso a paso, sensibilizándolos, enseñándoles y ayudándoles a tomar acción de manera gradual, hasta que puedan hacerlo por su cuenta, con sólidos fundamentos y sabiendo por qué toman cada decisión. Este es un proceso, y permítanme decirles algo importante: no conozco a nadie que no haya cometido errores al invertir o al hacer lo que hace. Somos humanos y, como tal, cometemos errores, pero es precisamente a través de esos errores que aprendemos y crecemos. Por lo tanto, no tengan miedo de equivocarse. Al contrario, espero que lo hagan, porque es así como aprenderán.

Lo más importante es saber cómo aprender de esos errores sin poner en riesgo su capital. Y hoy en día, contamos con herramientas que nos permiten equivocarnos de manera controlada, lo que es fundamental para nuestra educación financiera. Veremos más sobre esto en las siguientes páginas.

6
PRIMER ACTIVO: EL MERCADO DE VALORES

-

Empezaremos hablando sobre el primer activo: el mercado de valores. Lo haremos de manera general, pero con el objetivo de que puedan aprovecharlo a su favor y crear riqueza a partir de este activo. Es importante señalar que, aunque el tema es sumamente amplio y se puede profundizar mucho más, nos enfocaremos en lo esencial para que puedan aplicarlo de manera práctica en su día a día. El objetivo es que obtengan lo fundamental sobre cómo funciona este mercado y cómo generar ingresos con él.

También veremos cómo pueden utilizar el dinero de otras personas para invertir en estos mercados, cómo apalancarse, cómo analizar las oportunidades, cómo seleccionar las mejores opciones e, incluso, cómo invertir de forma autónoma y obtener buenos resultados. Todo esto lo exploraremos a continuación.

¿Por qué es tan importante la bolsa de valores?

El mercado de valores es una de las fuentes más importantes para que las empresas puedan recaudar dinero. Esto permite a las empresas que cotizan en bolsa recaudar capital adicional para la expansión mediante la venta de nuevas acciones. Además, la liquidez que proporciona permite a los inversores comprar o vender las acciones existentes de forma rápida. Esta es una característica atractiva de la inversión en acciones, en comparación con otras inversiones menos líquidas, tales como bienes inmuebles.

Los mercados de valores como indicadores del crecimiento

La historia ha demostrado que el precio de las acciones y otros activos es una parte importante de la dinámica de la actividad económica, y puede influir o ser un indicador de la situación económica. Una economía donde el mercado de valores va en aumento se considera bueno. De hecho, el mercado de valores es a menudo considerado el principal indicador de la fortaleza económica de un país y su desarrollo. El aumento de precios de las acciones, por ejemplo, tiende a estar asociado con el aumento de la inversión empresarial, y viceversa. Los precios de las acciones también afectan a la riqueza de los hogares y su consumo. Por lo tanto, los bancos centrales tienden a vigilar el control y el comportamiento del mercado de valores y, en general, el buen funcionamiento del sistema financiero. La estabilidad financiera es la razón de ser de los bancos centrales.

Los mercados de valores como fuentes de información

Los mercados también actúan como centro de información para cada transacción, lo que significa recoger y entregar las acciones, y garantizar el pago al vendedor. Esto elimina el riesgo de un comprador o vendedor individual de que la contraparte pueda no pagar la transacción.

El buen funcionamiento de todas estas actividades facilita el crecimiento económico disminuyen los costes y riesgos promoviendo la producción de bienes y servicios, así como el empleo. De esta manera el sistema financiero contribuye a una mayor prosperidad. Un aspecto importante de los mercados financieros modernos, sin embargo, incluyendo los mercados de valores, es la absoluta discreción.

El rol de un mercado bursátil bien desarrollado es primordial para el correcto funcionamiento de cualquier economía.

Los mercados bursátiles son los lugares donde se realizan importantes transacciones de negocios y, por supuesto, puedes transar con productos financieros a través de un "bróker" o usando plataformas virtuales de inversión.

Al margen de contar con un mercado primario y secundario, con el objetivo de proveer liquidez, los mercados de valores juegan un papel clave en la economía del país en cuestión.

A continuación, mencionaré algunos de los principales beneficios que nos brinda tener un mercado bursátil bien desarrollado. Uno de los múltiples beneficios es la oportunidad que le brinda a diferentes negocios para realizar ampliaciones de capital, ya sea a través de instrumentos de renta fija o variable.

También ayudan a canalizar los ahorros del público en general hacia inversiones que se realizan en los diferentes sectores productivos del país, beneficiando tanto a la macroeconomía como al inversionista individual.

Las autoridades monetarias que supervisan y regulan al mercado de valores son muy estrictas en cuanto al gobierno corporativo que deben tener las empresas de capital abierto, por lo que esto último implica que las mismas suelen contar con una gestión muchas veces más efectivas que las de empresas privadas.

Entenderemos a el mercado de valores como cualquier otro mercado, solo que en vez de que se comercialicen frutas o verduras, comercializamos valores o títulos. En este mercado se comercializan acciones, obligaciones, deuda, títulos de crédito, títulos opcionales, fideicomisos de infraestructura, títulos extranjeros, certificados de desarrollo, entre otros. Cada uno de estos instrumentos sirve para diferentes objetivos o propósitos. Veremos muy por encima qué hace cada uno de estos instrumentos y posteriormente les diremos cómo es que pueden aprovecharlos a su favor; así, ustedes también podrán utilizarlos creando su propio portafolio de inversiones. Tenemos que entender primero por qué es obligación tener parte de nuestro dinero en este mercado. A lo largo del tiempo, es el mercado que todos los grandes inversionistas, millonarios y gente acaudalada han utilizado para generar riqueza. Es verdad que ha habido crisis y también personas han perdido mucho dinero. Pero les voy a decir que hoy en día con los hechos sucedidos anteriormente en otros años, hay herramientas y sistemas que están hechos para que no haya grandes pérdidas de mercado, sistemáticas, de país, etc. Los mercados hoy en día están cubiertos por entidades, contrapartes centrales e intermediarios que nos ayudarán a evitar cualquier perdida grande de capital. Pero no se preocupen, les enseñaremos cómo diversificar sus inversiones para que estén tranquilos de que su dinero está protegido, cubierto y que solo una u otra parte está en capital de alto riesgo. Todo esto a través de la diversificación. La diversificación la entenderemos como el proceso de no tener todo en un solo activo. Al escoger diferentes instrumentos de inversión u activos financieros reduciremos el riesgo por si unos ganan y otros pierden; promediaremos y evitaremos que todo nuestro portafolio tenga minusvalías.

El mercado de capitales es en donde se realizan las compras y ventas de títulos de valores representativos de empresas o activos financieros. Entre estos entran acciones, obligaciones, deuda a largo plazo, etc.

En el mercado de capitales tenemos varios participantes, como son las bolsas de valores, emisores o empresas, intermediarios y público inversionista.

El mercado de valores se creó principalmente para financiar empresas que requerían capital para sus proyectos, y crecimiento de las mismas empresas. Una empresa, para obtener recursos a través del mercado de valores, tiene que emitir acciones en el mercado primario. El mercado primario es el medio que utiliza una empresa o emisor para poder cotizar sus valores en la bolsa de valores. (Cada país que tenga este mercado tiene una diferente bolsa de valores, las veremos más adelante). Y a través de una emisión de sus acciones obtiene recursos necesarios monetarios para poder financiar sus proyectos o expansión de la empresa. Y utiliza una casa de bolsa que lo ayuda en el proceso de colocar estas acciones al público inversionista cumpliendo con los requerimientos necesarios de acuerdo a la ley del mercado de valores.

Después de que se emitieron por primera vez en el mercado primario, y cambian de dueño esos títulos y ahora se vuelven de inversionistas y ellos a la vez pueden negociarlos entre otros inversionistas, eso se llama mercado secundario. Y es donde a nosotros nos interesa ya que podremos obtener y negociar con dichas acciones o valores.

Pero ¿qué son las acciones?

Acciones: Son títulos nominativos que representan la parte proporcional o alícuota del capital social de una empresa.

Entenderemos las acciones como una parte fraccionaria o una parte pequeña de una empresa. Al obtener estas acciones de una empresa, el inversionista se llama accionista y estas pueden representar voz y voto en asambleas de la empresa.

También en la bolsa de valores encontramos títulos de empresas extranjeras. Estos títulos no son emitidos en el país, sino en mercados extranjeros. En México, por ejemplo, se llama el Sistema Internacional de Cotizaciones (SIC), y a través del SIC podemos obtener acciones e instrumentos extranjeros, como acciones extranjeras, ETF (los ETF los explicaremos más adelante ya que son instrumentos increíbles para invertir).

El SIC nos da la opción de diversificar con instrumentos internacionales sin necesidad de apertura un contrato en el extranjero. En este mercado encontramos gran liquidez ya sea en el mercado local u operando contra la bolsa de origen.

En el SIC tenemos cientos de opciones de inversión con cientos de miles de inversionistas activos, y desde el 2014 cualquier tipo de inversionista puede participar en él, cosa que antes no se podía. A través del SIC, encontramos las acciones más significativas, con más capitalización y bursatilidad de diferentes mercados mundiales.

También encontramos los ETF (Exchange Trade Fund), o un fondo de inversión cotizado. Son títulos referenciados a acciones. Estos replican su comportamiento como un fondo de inversión, el cual en términos coloquiales es una canasta de instrumentos de inversión indexada y que replica el comportamiento de un índice en específico. En resumen, es un conjunto diversificado de activos que replican el comportamiento de un índice o mercado. Por ejemplo, empresas que manejan minerales preciosos, empresas tecnológicas, conjunto de bonos corporativos, deuda de muchas empresas, etc. Sirven para simular el comportamiento por sectores o de un giro en particular.

Los beneficios son que tienen flexibilidad y se adaptan tanto a tu cartera como quieras por su diversificación y gran número de ETF que existen hoy en día. Otro beneficio son los costos operativos ya que cuestan mucho menos que un fondo de inversión tradicional (explicaremos sobre fondos más adelante); los ETF cotizan en bolsa y pueden operarse en cualquier momento en su horario de operación y tienen un acceso instantáneo a los mercados internacionales.

Estos instrumentos los podemos adquirir a través de cualquier casa de bolsa en nuestro país y el extranjero. Las casas de bolsa son entidades dedicadas a la intermediación con estos valores; lo que se comprende como poner en contacto a compradores y vendedores u oferentes y demandantes de valores, así como ofrecer y negociar valores por cuenta propia o de terceros en el mercado primario o secundario. Todas estas tienen que estar reguladas por un organismo regulatorio en cada país para tener la autorización de operar como casa de bolsa, por lo que nos da seguridad al momento de invertir nuestro capital. Estas casas de bolsa nos ayudarán en la apertura de nuestra cuenta o contrato de intermediación para poder comprar títulos o valores del mercado de valores.

Existen muchas casas de bolsa en diferentes países, todas con costos diferentes de operaciones, custodia, servicios, etc., por lo que nosotros nos enfocaremos y dejaremos de tarea investigar qué casa de bolsa nos conviene más. Siempre nos fijaremos en costos operativos, servicio y seguridad de nuestro capital. Recomiendo que se revisen las más reconocidas casas de bolsa de su país ya que serán de hoy en adelante una alianza que nos ayudará a construir riqueza.

También dentro del mercado de valores encontramos a las famosas FIBRAS; estos son fideicomisos de infraestructura y bienes raíces. Sí, nosotros podemos invertir en bienes raíces desde el mercado de capitales desde muy poco capital. Estos fideicomisos son vehículos que sirven para la adquisición o construcción de bienes inmuebles.

Después de que recaudan capital, construyen y ponen a la renta, ya sea edificios corporativos, complejos habitacionales, etc., le otorgan al inversionista rendimientos de esos frutos por prestarle ese dinero para dichos proyectos. Muchos no cuentan con un plazo determinado ni calificación crediticia. Y un equipo de profesionales administra la operación de bienes inmuebles fideicomitidos.

2do sector

Existe un mercado de desarrollo para financiar proyectos mediante la adquisición de una o varias empresas promovidas o en quiebra. Esos instrumentos se llaman CKADES o CCD, que son más que nada certificados de capital de desarrollo.

Estos sirven para impulsar el desarrollo inmobiliario. Le permite invertir a todo tipo de inversionistas sin importar el monto. Contribuir a la diversificación de portafolios y promover una alternativa de inversión en un mercado regulado.

Los rendimientos que obtendremos en estos instrumentos dependerán de cada proyecto en particular. Pero la ventaja es que la mayoría de ellos tiene un plazo determinado de vencimiento.

3er sector

Instrumentos de deuda en el mercado de capitales.

Recordemos que todos estos mercados e instrumentos, o la mayoría son para financiar proyectos o empresas. Nosotros, como inversionistas, obtendremos ganancias o rendimientos de cada uno de estos proyectos. Por lo que primero explicaremos la decisión y qué es lo que hace cada uno, para posteriormente llegar a cómo construir un portafolio. Qué nos conviene, por qué y cómo diversificaremos nuestro capital para que crezca día a día en estos mercados.

Continuando con el tema, tenemos un instrumento llamado "obligaciones". Las obligaciones representan una deuda para el emisor y un crédito colectivo para el inversionista. Generalmente los recursos son para financiar proyectos de largo plazo.

Existen varios tipos de obligaciones en el mercado. Como quirografaria, hipotecaria, prendarias, convertibles indizadas y subordinadas. Cada una de estas obligaciones tiene características diferentes, como garantizar una hipoteca sobre bienes inmuebles o garantizar algún tipo de inventario, etc.

Después encontramos a los certificados bursátiles. Instrumentos dedicados al financiamiento bursátil a través de la bolsa de valores y es flexible a las necesidades de financiamiento para la empresa. (CeBur o Cebure)

Sirven para cubrir las necesidades de capital de trabajo.

Tengo que mencionar, y como lo comentamos, que nos meteremos en lo que tenemos que saber y entender cómo funciona el mercado más que enfocarnos en cada instrumento. Ya que son temas muy extensos y solo es necesario que sepan que existen ya que posteriormente veremos cuales son los activos que más nos interesan para iniciar a invertir y crecer como inversionistas profesionales.

Índices accionarios

Ahora pasaremos a ver los principales índices accionarios, cuáles son y por qué son tan importantes.

Los índices accionarios reflejan el comportamiento del mercado accionario nacional o internacional; o bien reflejan el comportamiento de diferentes grupos de empresas con algunas características en común. Y nos ayuda a ver el comportamiento de un grupo de acciones de un país o sector en específico.

Cada índice nos muestra por ejemplo las mejores empresas de ese país, o las más bursátiles, o las que más influyen en una economía, etc. Cada país que tenga un mercado de valores tiene índices de suma importancia. Ya que los índices nos muestran cómo está esa economía, ya que la mayor parte la economía de un país depende de sus empresas. Y si este índice nos muestra que todas las empresas están cayendo y cayendo, nos dice que la economía está cayendo o hay problemas en ese momento con las empresas, temas políticos, temas fiscales, etc. Veremos más adelante como analizar índices e invertir en ellos, ya que a largo plazo son un instrumento demasiado bueno para invertir.

Los principales índices internacionales son los siguientes:

- DAX es el índice de Alemania. Su bolsa es Frankfurt y se compone de las 30 empresas más grandes de Alemania.
- CAC40 es el índice de Francia. Su bolsa es París y se compone de 40 empresas más significativas de su bolsa.
- FTSE100 es el índice de Inglaterra. Su bolsa es Londres y lo compone las 100 empresas con mayor capitalización bursátil.
- NIKKEI 225 es el índice de Japón. Su bolsa es Tokio y está compuesto de 225 valores más líquidos de Japón.
- HSI es el índice de China. Su bolsa es Hong Kong y lo compone las 33 empresas más grandes de China.
- Ibovespa es el índice de Brasil. Su bolsa es Sao Paulo y lo componen 50 empresas.
- IPC es el índice de México. Su bolsa es Bolsa Mexicana de Valores y cotizan 35 de las mejores empresas del país.
- Ahora veremos los índices de EE. UU., los cuales son tres índices sumamente importantes y es donde se realizan el mayor número de operaciones día a día, con los montos de inversión más grandes en todo el mundo.

- NASDAQ es un índice del sector industrial de la tecnología y nos muestra las 100 empresas más significativas del sector tecnológico. Empresas de *hardware*, *software*, telecomunicaciones, etc.

- DOW JONES INDUSTRIAL AVERAGE. Mide el comportamiento de la bolsa de Nueva York (NYSE), compuesta de empresas que generalmente son líderes de su sector industrial en Estados Unidos. Las de mayor capitalización bursátil y de mayor liquidez en su mayoría de operaciones globales. Son 30 empresas.

- S&P500. Este índice se basa en las 500 mejores empresas de los Estados Unidos. Cotizan en el NYSE y NASDAQ. Es el índice más seguido a nivel mundial al ser marcador de tendencias en la economía norteamericana.

Tenemos que reconocer por qué los índices son medios de puntos y son tan importantes y es que los índices nos dicen cómo se están comportando las empresas, inversionistas, sectores, economías, etc.

Los índices nos ayudan a ver hacia donde puede ir una economía ya que se refleja en el comportamiento de sus empresas o de las mejores empresas de ese país.

Un índice como vimos está compuesto de muchas empresas, pero hay muchos más índices dentro de cada bolsa de valores. Nombramos los más importantes ya que esos son los que desde el día de hoy seguiremos con frecuencia para saber en qué acciones, sector o país invertiremos.

En el mercado de capitales principalmente obtendremos ganancias o rendimientos de dos formas. Por ganancias de capital o dividendos.

Una ganancia de capital es simplemente un beneficio que resulta del diferencial de una compra a venta; o de venta a compra. Es la comparación con el precio de adquisición.

Y los dividendos son el beneficio que una empresa reparte entre los accionistas de esa empresa por los resultados positivos que obtuvo la empresa tras sus proyectos de su misma actividad. Cada empresa reparte un dividendo diferente u obtiene resultados diferentes en periodos diferentes, nuestro objetivo es escoger buenas empresas con buenos fundamentos o análisis para poder comprar barato y vender caro.

Otro tema que tenemos que tocar es el préstamo de valores y venta en corto.

Este tipo de operación puede efectuarse tanto en acciones como en deuda. Consiste en un acuerdo contractual entre dos partes en el cual el prestamista se compromete a ceder temporalmente la posición de un instrumento al prestatario a cambio de capital. Los valores no dejan de ser del prestamista, por lo que, al término del contrato, el prestatario deberá devolver estos o algún instrumento de la misma especie.

Las operaciones de compra y venta no revisten mayores dificultades, ya que cotidianamente nos encontramos comprando y vendiendo distintos tipos de bienes y servicios, por lo que estos conceptos resultan, al menos, mucho más familiares para nosotros.

En un contexto financiero, estas son las dos operaciones clásicas, y en general se encuentran concadenadas (primero compro y luego vendo lo que compré antes).

A modo de ejemplo, si pensamos que de acá a seis meses las acciones de House bag van a subir, lo que haremos es comprar hoy una cierta cantidad de acciones de la firma y, pasado ese tiempo, las vendemos.

Pero ¿qué pasa si creemos que el precio de las acciones de esta u otra compañía va a bajar?

Bueno, si tenemos estas acciones en nuestro portafolio, las vendemos (claro está, porque las teníamos compradas de antes), ya que no quisiéramos tener en nuestro poder activos que van a perder valor.

¿Y si no tenemos acciones para vender? ¿Qué podemos hacer?

Aquí es donde entra en escena la venta corta.

Vender en corto es una manera de apostar a que el precio de un activo va a bajar. Es decir, es una operación que nos permite obtener una ganancia si el precio de ese activo pierde valor durante un período determinado de tiempo.

Técnicamente podríamos definirla como la operación por la cual tomamos en préstamo una cierta cantidad de un activo financiero de un tercero y la vendemos en el mercado, para luego recomprar ese mismo activo en igual cantidad y devolverlo a su dueño original en una fecha futura.

Pasando a lo último del mercado de capitales con el arbitraje.

El arbitraje es comprar y vender, por ejemplo, acciones de una misma emisora que se negocian en diferentes tipos de mercados, nacionales o extranjeros, cuando existe alguna diferencia en sus precios y permite obtener beneficios por la diferencia de precios, comprando en un mercado y vendiendo inmediatamente en el otro mercado, siempre y cuando se compensen los costos de transacción.

Como pudimos ver el mercado de capitales es sencillo entender de qué trata. En resumen, son títulos o valores que un inversionista puede adquirir a cambio de dinero que con el tiempo nos dará ganancias. Ahora bien, ya sabemos qué son las acciones y algunos otros títulos que se operan en el mercado de capitales. Son miles de empresas las que cotizan entre los diferentes índices y mercados mundiales, te preguntarás cómo, cuáles o qué tengo que hacer para seleccionar dichos instrumentos financieros con tal de tener el mejor portafolio de inversión. Para eso los analistas o gestores de portafolios usan dos tipos de análisis principalmente.

El análisis técnico y el fundamental. Dos temas superimportantes que veremos a continuación que sirven para analizar qué activos tenemos que comprar o vender. Cómo crear portafolios de inversión y cómo puedes iniciar hoy mismo a conformar tu propio portafolio. Si entendiendo todo esto te resulta muy difícil, no te preocupes. La verdad es que hoy en día siempre habrá profesionales que puedan ayudarte a crear tu propio portafolio de inversión. Que sabrán más que tú, con más experiencia que tú, con más tiempo que tú y que realmente están al 100 % en estos mercados analizando oportunidades de compra, venta, viendo noticias del mercado en tiempo real, y muchas cosas más que necesitarás para ser exitoso en el mercado de valores. Por eso comentamos en capítulos anteriores que estos materiales son muy profundos y llevan mucho tiempo de estudio. En lo personal, me gustaría que estudies estos temas ya que nadie se preocupará más por tu dinero que tú mismo. Pero también entendemos que, a falta de tiempo, lo que buscamos es hacer dinero y este mercado es para eso. Las personas más ricas del mundo tienen la mayor parte de su riqueza en el mercado de valores, y por eso es que tú también tienes que estar en estos mercados. Para todo esto hay una solución. Te las diré más adelante.

Continuando con el tema, existen dos análisis importantes que tenemos que saber y conocer para poder analizar el mercado de valores. El análisis técnico y el análisis fundamental. Cada una de estas materias estudia el comportamiento de estos activos. Cada uno con diferentes características, teorías, ventajas e inconvenientes. Para eso hay que entender ambos y saber utilizarlos de la mejor manera, perfil, comodidad y preferencias.

El objetivo de estos dos métodos es predecir el comportamiento de un determinado instrumento financiero y el momento óptimo para comprar o vender y obtener ganancias sobre una inversión.

Análisis técnico

Este análisis surge de la mano de Charles Henry Dow y consiste en el estudio de la acción del mercado, principalmente a través de uso de graficas que representan el precio de cotización, con el propósito de predecir futuras tendencias en el precio o hacia dónde se dirige el precio en una fecha próxima o futura. Para ello se recurre al análisis de acciones o valores apoyándose en diversos indicadores técnicos; estos indicadores son herramientas que nos proporcionan los sistemas o plataformas operativas que, a base de cálculos estadísticos, nos permiten predecir el comportamiento futuro del precio y mejor momento para abrir (comprar) o cerrar (vender) una posición. El análisis técnico trabaja con probabilidades.

Dentro del análisis técnico podemos encontrar el análisis cartista, que se basa únicamente en graficas (por ejemplo, las velas japonesas), las cuales no son más que unas barras de colores que nos indican el comportamiento del precio de ese activo, para tratar de encontrar tendencias, canales, soportes y resistencias. La tendencia, sea alcista o bajista, solo nos indicará si el mercado se dirige hacia una dirección: arriba o abajo; esto nos ayuda saber si es momento de comprar o vender.

El análisis cuantitativo es el que se apoya en indicadores y osciladores (son herramientas técnicas proporcionadas por plataformas de operaciones o empresas que crearon estas herramientas).

Las ventajas del análisis técnico es el precio. Es un dato objetivo al que se puede tener acceso a tiempo real en todo el mundo.

También nos permite predecir el comportamiento del precio y los momentos óptimos de compra o venta.

Analizando gráficas y utilizando diferentes marcos temporales, o *time frames*, nos permite identificar tendencias del mercado y adaptarse a ellas.

Los inconvenientes del análisis técnico es que la interpretación de las gráficas es subjetiva y la información que dan los diferentes indicadores no es siempre fiable.

Otro inconveniente es que las tendencias pueden no ser continuadas por el precio como se espera.

Viendo el análisis técnico entenderemos el comportamiento del precio y, a pesar de que puede ser un tema muy extenso, el objetivo es que comprendan para qué sirve. Si se quieren dedicar a realizar análisis técnico para activos financieros, les recomendaría empezar a estudiar hoy mismo. Ya que es un tema muy extenso, y de mucha práctica. Entender, leer las gráficas, saber utilizar las herramientas y muchas cosas más lleva tiempo. Pero si son buenos analistas en esta materia y la dominan, no dudo que llegarán muy lejos, ya que los mejores *traders* del mundo son especialistas en esto y ganan millones de dólares al mes haciendo *trading* con puro análisis técnico.

Análisis fundamental

El análisis fundamental fue introducido por Benjamín Graham y David Dodd. Este análisis trata de predecir el comportamiento del precio de un determinado instrumento financiero que intenta establecer el precio teórico de un título a través del estudio de las variables que afectan su valor.

Este análisis intenta calcular cuál debe ser el precio justamente valorado. Este análisis no se aventura si va a subir o bajar, sino qué activo al largo plazo debería ser un excelente medio de inversión con fundamentos de la empresa.

Dentro de las variables que afectan su valor encontramos los estados financieros de las empresas, planes de expansión a futuro, proyectos, entorno económico del país en el que opera, política fiscal, noticias, etc.

Cuando se habla de análisis fundamental, se hace referencia a la inversión de valor. Para que lo entendamos, el *value investing* es una estrategia basada en el análisis fundamental (esta es para estudiar y profundizar).

Las variables que afectan al valor pueden ser de tipo macroeconómico o microeconómico. Las variables de tipo micro son aquellas que afectan exclusivamente a la empresa por lo que sucede en el momento. Y las macros son las que afectan a todo un país y muchas empresas por el mismo suceso.

La metodología Top-Down es el análisis desde arriba hasta abajo, de lo general a lo particular. Primero estudia las variables macroeconómicas y después las microeconómicas. Por ejemplo, estudia la situación económica mundial, después el estudio de los países en específico, después dentro del país y los sectores, y después dentro de los sectores y las empresas.

El método Bottom-Up es un enfoque de abajo hacia arriba, de lo particular a lo general. Se fija en las variables micro y más tarde se va al macro. Ejemplo: Empieza con empresas potenciales, luego analiza el sector, después la economía del país y finaliza con la situación global.

Sea el tipo de enfoque que le des, hay diferentes métodos para valorar empresas. Los métodos de valoración cuantitativos que calculan se enfocan al precio justo de una compañía.

Los principales métodos de valoración son los siguientes:

Métodos basados en el balance: Tratan de calcular el valor de una empresa mediante la estimación de sus activos o patrimonio. Estos se dividen en valor contable, valor ajustado, activo neto real, valor de liquidación, valor sustancial.

Métodos basados en la cuenta de resultados: Beneficios, PER, Ventas, EBITDA, entre otros.

Métodos en fondo del comercio: Son elementos intangibles, como marcas, patentes, cartera de clientes, etc., unión de expertos, contables europeos, renta abreviada, entre otros.

Métodos descontando flujos: Flujo de caja financiero, flujo de caja por acción, dividendos, flujo de caja del capital.

Los que di fueron simples ejemplos que, como comentamos antes, se deberían analizar más a fondo. A lo que queremos llegar es que se entienda que el análisis fundamental sirve para saber el precio justo de lo que estás pagando. Una de las frases de Warren Buffet, uno de los inversionistas más grande de todos los tiempos, discípulo de Benjamín Graham dice:

"El precio es lo que pagas. El valor es lo que recibes".

La ventaja sería que se está observando de manera global lo que está ocurriendo. Al determinar eventos relevantes, noticias, y a través de la valuación, obtenemos un precio más real a largo plazo ya que estamos analizando lo que hay dentro de una empresa.

Los inconvenientes serían que puede haber confusión o saturación de tanta cantidad de noticias, eventos y datos a la hora de tomar una decisión de inversión. Es difícil si harás una inversión a corto o mediano plazo saber en qué momento entrar a comprar. Y a diferencia del análisis técnico no tenemos información en tiempo real.

Para entender esto, el precio es la cotización bursátil en ese momento y el valor es lo que hay detrás de dicha acción o título. Y ahora bien, el precio puede estar por encima del valor intrínseco o del precio teórico. De ser así, diríamos que el título está sobrevalorado. Y claro está, el precio también puede ser inferior al precio teórico estimado; lo que nos estaría diciendo que el título está infravalorado.

Ahora, conociendo las ventajas e inconvenientes de uno u otro método, debe basarse en el perfil del inversionista y en el método en el que te resulta más cómodo.

Hay ocasiones en las que se debe usar una u otra. A lo largo del tiempo la batalla siempre ha sido cual utilizar, ya que ambos funcionan, y muy bien. Solo que no hay una estrategia final para esto. Lo que nosotros hacemos es revisar ambas cosas. Compramos con análisis fundamental y vendemos con el técnico. Es algo que nos ha resultado a lo largo de los años de experiencia.

Te recomendamos ampliamente estudiar a fondo cada análisis ya que son grandes medios para lograr analizar en el mercado bursátil y gracias a ellos podrás obtener ganancias muy altas.

Qué interesante tema, ¿no es verdad? La primera vez que empecé a estudiar estos temas sonaban muy complicados para mí, pero con el paso del tiempo, mientras más estudiaba, les fui tomando gusto y fui perfeccionándolos hasta ser un buen inversionista en diferentes mercados. En la actualidad seguimos haciendo portafolios de inversión, analizando y creando estrategias para clientes de todo tipo, tanto de mercado de capitales como de deuda, que es el mercado que a continuación veremos. Todos estos mercados, como cualquier negocio, tienen riesgos y hay diferentes tipos de riesgos, los cuales hablaremos más adelante.

Ahora que ya sabemos de qué trata el mercado de capitales, veremos cómo podemos acceder a él, los diferentes vehículos, plataformas, qué necesitamos, qué montos, etc.

En la actualidad, hay cientos de formas de acceder al mercado de valores desde 10 dólares. Sí, 10 dólares americanos te piden algunos intermediarios (casas de bolsa o bróker online) para que puedas empezar a operar en él. Como dije anteriormente, lo importante es saber qué es lo que se está haciendo con consciencia y fundamentos y no solo por hacer. El mercado de valores es un mercado que los hará sumamente adinerados a largo plazo si saben lo que hacen. Tenemos que saber que con los años irán mejorando en su capacidad para entender, seleccionar y ver esto como una actividad más en nuestros hábitos. Tiene que hacerse algo rutinario revisar todos los días los mercados solo para saber cómo está le economía, mas no operar diariamente cada vez que vean una noticia o hay un rumor de algún tema político. Revisar el precio de los *commodities,* como el oro o el petróleo, revisar sus acciones y que lo vean como una actividad más de su día.

Cómo invertir en el mercado de valores

Opción 1: Sociedades de inversión (Fondos de inversión)

- Existen principalmente cuatro formas de empezar a invertir en el mercado de valores. La primera es a través de sociedades de inversión (fondos de inversión), que pueden ser de renta fija o deuda, de renta variable (acciones, índices, ETF), o fondos combinados que incluyan tanto deuda como renta variable. Esta es la opción más común, pero, en muchos casos, también es la menos efectiva.

- La razón de esto es que los fondos tradicionales, debido a su alta diversificación o un mal manejo de los portafolios, tienden a ofrecer rendimientos bajos, que muchas veces ni siquiera superan la tasa de inflación. *La inflación es el aumento de los precios de productos y servicios en un país durante un período de tiempo determinado.* Sin embargo, la mayoría de las personas están invertidas en fondos de inversión tradicionales, ya que los bancos y las operadoras de fondos promueven estos productos como la opción más accesible al mercado de valores.

- Existen diversas operadoras de fondos que ofrecen productos de calidad. A continuación, les recomiendo investigar las 10 mejores operadoras de fondos disponibles en su país. No entraré en detalles de nombres específicos para evitar conflictos de interés, pero la información sobre fondos de inversión es pública y fácilmente accesible en Internet. Al buscar, podrán encontrar los fondos más rentables en su país. Personalmente, me siento cómodo confiando una parte de mi dinero a solo unas pocas operadoras, que considero fiables.

- Es importante mencionar que también existen fondos de mayor riesgo, como los fondos de cobertura o de capital privado, que pueden generar rendimientos mucho más altos, pero conllevan un riesgo y una inversión de capital significativamente mayores.

Opción 2: Casa de bolsa

La segunda opción es invertir directamente a través de una casa de bolsa en tu país. Puedes consultar la lista de casas de bolsa autorizadas a través de la página de la autoridad regulatoria que supervisa el mercado de valores en tu país. Una vez que elijas una casa de bolsa, encontrarás tres tipos de servicios principales:

1. **Gestión discrecional:** Un ejecutivo certificado de la casa de bolsa analizará tu perfil como inversionista. A través de un poder legal, le darás la autoridad para tomar decisiones de inversión en tu nombre. El ejecutivo realizará compras y ventas por ti, y gestionará tu portafolio de inversión de acuerdo con tu perfil de riesgo. El problema con este tipo de servicio es que, en ocasiones, las casas de bolsa (como muchas instituciones financieras) priorizan sus propios intereses. Es decir, el ejecutivo puede tomar decisiones que generen más comisiones para él o para la

institución, incluso si no son estrictamente necesarias para tu estrategia de inversión. Las casas de bolsa cobran comisiones por cada compra o venta realizada, por lo que mientras más transacciones haya, mayor será el beneficio para la institución y el ejecutivo.

2. **Regulación y seguridad:** La ventaja de utilizar una casa de bolsa es que, al ser una entidad regulada, está supervisada por las autoridades del mercado, lo que te garantiza que no serás víctima de estafas o fraudes. Sin embargo, como con cualquier institución financiera, siempre es importante ser consciente de los costos involucrados y asegurarse de que el ejecutivo actúe en tu mejor interés.

Opción 3: Plataforma o bróker online

La tercera opción es muy buena, pero solo si realmente sabemos lo que estamos haciendo. Consiste en abrir un contrato o cuenta en una plataforma o bróker online que nos permita acceder a diferentes activos como acciones, CD, ETF, divisas, *commodities*, entre otros. El problema principal con estas plataformas es que la mayoría no están reguladas. Sin embargo, existen algunas que sí lo están, y esas son las que, en lo personal, prefiero utilizar.

En estas plataformas, puedes ser tu propio operador en bolsa. Quizás te preguntes: "*¿Pero si no sé mucho sobre el mercado, cómo voy a realizar operaciones por mi cuenta?*". Es una buena pregunta. Efectivamente, serás tú quien realice las operaciones. Sin embargo, una alternativa útil es abrir una cuenta en una de estas plataformas y usar señales de compra y venta que la misma plataforma te envíe, o contratar un analista independiente o una empresa que te proporcione esas señales.

De esta forma, solo tendrás que ejecutar las operaciones en la plataforma.

Es una excelente manera de empezar a aprender y practicar con una cuenta real. Además, muchas de estas plataformas ofrecen cuentas demo o de prueba, lo cual es ideal para familiarizarse con el proceso y practicar sin riesgo, usando "dinero de fantasía" en lugar de tu dinero real. Entonces, contratar una empresa que te envíe señales de *trading* o análisis financiero no es una mala idea, siempre y cuando investigues bien el servicio para asegurarte de que es confiable y tiene buenas recomendaciones.

Opción 4: Asesoría personalizada

Por último, la opción que considero más adecuada, aunque no siempre la más accesible, es acercarse a una firma de asesores en inversiones independientes, regulados por la autoridad financiera de tu país. Estos asesores, a través de cuestionarios y perfilamientos, analizarán tu perfil como inversionista, entenderán tus metas y te ayudarán a formar un portafolio de inversión a la medida.

La ventaja de trabajar con firmas de asesores independientes es que, al no cobrar comisiones por cada compra o venta, sino más bien una cuota de administración o comisión anual basada en los resultados, su objetivo principal es ayudarte a ti, y no hacer dinero para la institución o la casa de bolsa.

El proceso es el siguiente: si ya tienes una cuenta en una casa de bolsa, como "Casa de Bolsa Mouse Bag", por ejemplo, los asesores, a través de un mandato discrecional y un contrato de prestación de servicios, gestionarán esa cuenta en tu nombre.

Ellos se encargarán de indicarle a la casa de bolsa qué operaciones realizar, qué instrumentos comprar o vender, y podrán manejar todos los activos disponibles en el mercado, como acciones, ETF, fondos, deuda, entre otros.

A lo largo de mi experiencia, he conocido a excelentes firmas de asesoría, y les aseguro que ninguna de ellas busca hacer más dinero para la institución que para el cliente. Este es, sin duda, uno de los métodos más efectivos para invertir si no tienes el tiempo o el deseo de hacerlo tú mismo. Estas firmas cuentan con personal altamente calificado, están reguladas por las entidades competentes de sus países y se ajustan a la normativa vigente, lo que te brinda una gran seguridad.

Conclusión

Como les mencioné antes, la mejor forma de invertir es que aprendan bien sobre los mercados de capitales, deuda, derivados, divisas, *commodities*, etc. (Los profundizaremos más adelante). Pero si no tienen el tiempo para estudiar y desean empezar mañana mismo, pueden hacerlo a través de estas cuatro opciones.

Recuerden ir paso a paso. Si deciden usar una plataforma online, les aconsejo no utilizar apalancamiento, ya que esto aumenta el riesgo en cada operación. Lean constantemente sobre lo que está sucediendo en el mercado, y si identifican una buena oportunidad, realicen la compra en su cuenta de inversión, ya sea a través de la casa de bolsa, la plataforma online o comentándolo con su asesor.

Conozco a personas muy exitosas que gestionan sus portafolios de esta forma, y es una opción válida si se hace con responsabilidad y conocimiento. También debemos entender que no todo nuestro capital debe estar invertido en el mercado de valores, por lo que siempre es recomendable diversificar.

La mejor forma de invertir

La mejor forma de invertir en el mercado de valores es realizar compras o ventas basadas en análisis sólidos y bien fundamentados. Aunque no siempre tomes las decisiones más acertadas al principio, irás perfeccionando tu forma de invertir con el tiempo. Es imposible convertirse en un buen inversionista en un mes. Lo que realmente necesitas es crear una estrategia diversificada y entender el porqué de cada decisión, de modo que puedas ir ajustando y mejorando esa estrategia a medida que ganes experiencia.

Una parte crucial de esta estrategia es la gestión de riesgo. Esto significa que, si cuentas con un capital, por ejemplo, de 100 dólares, **no**

deberías invertir todo ese dinero en una sola operación. En lugar de eso, invierte de manera fraccionada: por ejemplo, 4 o 5 dólares en una acción, y luego otra cantidad en otra inversión, siempre basándote en un análisis técnico o fundamental sólido.

Si decides seguir la recomendación de un servicio de analistas externos, asegúrate de que la información que te proporcionan esté bien fundamentada. No se trata solo de seguir recomendaciones ciegamente, sino de investigar por ti mismo sobre las empresas en las que estás invirtiendo. ¿Qué tan viable es su crecimiento? ¿Qué se espera de esa compañía en el futuro?

Lo importante aquí es que nunca tomes decisiones sin entender lo que estás haciendo. Si no estás seguro, tómate el tiempo para estudiar el tema. Investiga, aprende y, si decides trabajar con un asesor en inversiones, asegúrate de que te explique el razonamiento detrás de cada decisión. Es tu dinero, no el de ellos, por lo que debes tener claridad sobre cómo se está manejando tu portafolio.

Con estos principios básicos, hemos cubierto el inicio de tu camino como inversionista. Ahora, empecemos a conocer el mercado de capitales. Aún falta profundizar en conceptos como los riesgos y los portafolios, pero lo veremos más adelante.

A continuación, nos adentraremos en otro mercado: el mercado de deuda. Aunque es un instrumento muy utilizado por empresas y por portafolios conservadores, no hay que subestimarlo. De hecho, es fundamental tanto para empresas como para gobiernos, y también puede ofrecerte rendimientos muy buenos si sabes cómo utilizarlo correctamente.

7
MERCADO DE DINERO

Negociar instrumentos financieros que cuentan con un buen nivel de liquidez a corto plazo es una de las tantas responsabilidades de un director financiero o empresario, y lo hace aprovechando los productos que se ofrecen en el mercado de dinero.

Pero ¿qué es el mercado de dinero? ¿Cuál es su función? ¿Cómo opera? ¿Cómo sirve a las empresas? ¿Cómo puedes participar en él?

Vamos por partes. La principal función de este mercado es reunir a quienes buscan poner su capital a trabajar con quienes necesitan dinero para financiar proyectos de inversión o capital de trabajo, ya sea que estén en el sector público o privado.

Antes, el gobierno y las empresas conseguían recursos por medio de créditos bancarios tradicionales y gozaban de un acceso asombroso a los mercados internacionales de deuda. Por su parte, la banca captaba los ahorros a través de Certificados de Depósitos (Cedes) y pagarés de ventanilla.

Una mayor estabilidad macroeconómica, el compromiso del Banco de México de lograr la convergencia de inflación con Estados Unidos y Canadá y la participación de inversionistas institucionales, como los fondos de pensiones obligatorias (Afores) y las sociedades de inversión de deuda, son los ingredientes que impulsaron el desarrollo del mercado de deuda pública en el país.

De esa forma, en 2000 se efectuó la primera colocación de bonos en tasa fija con un plazo de 3 años; luego a 5, 7, 10 y últimamente a 20 años, con intereses pagaderos cada 182 días, buscando saciar todos los requerimientos de inversión, la banca mexicana maneja todos los instrumentos de deuda del mercado nacional en diversos plazos, con riesgo gubernamental, bancario y corporativo.

¿Cómo beneficia a las empresas?

Les brinda a las entidades privadas, los bancos y las instituciones gubernamentales un espacio en el que pueden buscar los recursos que necesitan para financiar sus actividades productivas o de obra pública.

El papel del mercado es ofrecer los instrumentos de financiamiento emitidos por las firmas y gobiernos a un público inversionista que busca las mejores tasas de rendimiento y la mayor garantía de liquidez.

El mercado está repleto de opciones de inversión y la mejor alternativa para el inversionista individual o corporativo es acudir a una casa de bolsa o un banco, asesorado por firmas independientes en inversiones que les ofrezcan orientación para obtener los mejores rendimientos sobre su capital.

El mercado de deuda o bonos es donde se emiten y negocian los títulos de deuda, cuando los participantes no están en condiciones o no desean pedir préstamos o créditos a los bancos tradicionales.

En él participan gobiernos federales, estatales o locales. O inclusive las empresas privadas que necesitan financiamiento, ya sea para realizar un proyecto de inversión o para mantener sus propias actividades. Una parte de este mercado se conoce como mercado de dinero que es donde se intercambian los bonos que por su corto plazo, liquidez y seguridad se pueden considerar sustitutos del dinero.

El mercado de deuda también se conoce con otros nombres dependiendo del tipo de instrumentos de deuda negociado. Por ejemplo, si en el mercado se negocian principalmente instrumentos que pagan una tasa fija, entonces se denomina mercado de renta fija, deuda pública, etc. En términos generales, una persona que pueda comprar o vender títulos de deuda es necesario que acuda a un banco o casa de bolsa para que dichas instituciones puedan realizar las transacciones necesarias a nombre de esa persona.

Para entender mejor este mercado, sirve para empresas privadas o entidades gubernamentales y personas físicas para satisfacer sus necesidades de liquidez a corto, mediano y largo plazo, mediante la emisión de instrumentos de deuda y que pueden colocarse directamente entre el público inversionista. La diferencia entre el mercado de deuda y capitales es que en el de capitales se negocian acciones (capital social de empresas), e instrumentos normalmente mayores a un año. Y en el de deuda encontramos instrumentos a corto, mediano y largo plazo. Hasta instrumentos denominados libres de riesgo; lo que nos proporciona instrumentos perfectos para cubrirnos en tiempos de incertidumbre en mercados de renta variable, tesorerías de empresas o negocios y diversificación de nuestros portafolios. Como vimos en el mercado de capitales, en este también existe el mercado primario y secundario. El primario es cuando se colocan o emiten los instrumentos por primera vez. Y el secundario es cuando pasa a manos de bancos, gobiernos, y público inversionista en general.

Para entenderlos mejor, representan el compromiso por parte del emisor (empresa o gobierno) de pagar a un inversionista por el dinero que le prestaron un interés pactado a una fecha específica.

Encontramos diferentes tipos de valores. Como son los gubernamentales (gobierno), bancarios (bancos), privados (empresas), y extranjeros.

Las principales características de este mercado son que tenemos un rendimiento fijo o predeterminado (solo a vencimiento).

- Obtenemos una alta liquidez en el mercado secundario.
- Tenemos información oportuna.
- Múltiples emisores (empresas) e inversionistas.
- Los valores son resguardados por una entidad regulada.

Este mercado no solamente sirve para financiar empresas, ese es su objetivo principal, pero encontramos muchos especuladores que buscan ganancias en el menor tiempo posible. Esta actividad es recomendada solo para personas que saben realmente utilizar el mercado ya que tienen que estar atentos a cambios en los mercados financieros y su riesgo es alto.

Tenemos que entender unos conceptos generales básicos para saber de lo que estamos hablando.

Empezaré diciéndoles qué es una tasa de interés. Esta es el costo por el uso del dinero, se expresa en forma porcentual y generalmente su plazo es a un año de 360 días. Las tasas de interés suelen identificarse con la tasa de rendimiento. Las más conocidas son la nominal, real, simple y compuesta.

La tasa nominal resulta de comparar el rendimiento de un título con su precio expresándolo en forma porcentual y anual. También se entiende como nominal a la cual no se le ha restado la inflación.

La tasa real es la que resulta de restar o quitar la tasa de inflación a la tasa de rendimiento (nominal).

Una tasa de interés simple es la que se obtiene como rendimiento durante un periodo de inversión. Los intereses no se capitalizan (no se suman al capital).

Y la tasa compuesta es el rendimiento o interés que se ha obtenido en un periodo de inversión y se capitaliza, es decir, se agrega el capital inicial y genera intereses. De esta manera el capital está compuesto por el capital inicial más los intereses obtenidos en cada periodo.

Tasa de referencia: es la tasa de interés que un banco central de un país les presta fondos a los bancos nacionales. También se le conoce como tasa interbancaria, esta sirve como referencia para los bancos comerciales y es utilizada para identificar la tasa de interés que pueden negociar los bancos comerciales con sus clientes.

TIIE: Es la tasa a la cual los bancos se prestan recursos entre sí en el mercado interbancario. La TIIE (tasa de interés interbancaria de equilibrio) es simplemente una tasa representativa de las operaciones de crédito entre bancos y para calcularlas se toman cuando al menos seis instituciones bancarias participantes.

También tenemos que entender otros conceptos básicos ya que estos o los que veremos nos podrán ayudar a la hora de rentabilizar nuestra estrategia de inversión o usarlos en momentos oportunos en situaciones económicas desfavorables o a nuestro favor.

El siguiente concepto es UDI (Unidad de inversión).

Es una unidad indizada al valor del índice nacional de precios al consumidor (INPC). Esta se utiliza para ajustar el valor nominal de los instrumentos indizados a la inflación. Principalmente para calcular tasas reales o reconocer el efecto de la inflación.

La garantía de cada instrumento de deuda es diferente. Por ejemplo, la gubernamental es el gobierno federal; la bancaria, el mismo patrimonio de ellos; y la comercial, el patrimonio de las empresas.

Vamos a clasificar algunos bonos. (Los bonos son instrumentos de deuda).

Instrumentos a descuento. Estos pagan un valor nominal al término del plazo.

Ballet bond: Este instrumento paga al término del plazo más un pago a tasa fija.

Bono cuponado a tasa fija: Este bono son instrumentos que pagan intereses o cupón fijo periódicamente.

Bono cuponado a tasa flotante: Estos pagan intereses periódicamente, ya sea 28, 91 o 182 días, en función a una tasa de referencia (Cetes28, TIIE 28, etc.), más una sobretasa (tasa extra).

Bonos amortizables: Es en los cuales el valor nominal se puede segregar en cada uno de los cortes de cupón o fecha de pago.

Sobretasa: Es una tasa adicional a la tasa de interés pagada. Esta va ligada normalmente a la calificación crediticia del emisor y por lo tanto a su riesgo.

En el mercado de dinero hay muchos instrumentos de deuda. No explicaré cada uno ya que esos fácilmente pueden investigarlos en internet o algún libro. Lo que quiero que entiendan es cómo se ocupan o para qué sirven estos bonos. O mejor aún. La próxima vez que vayan a realizar una inversión para ustedes o el dinero de su empresa, tomen en cuenta estos instrumentos, ya que para tesorerías que requieran liquidez o negocios son muy eficaces.

Entendamos el mercado de dinero

El concepto bono es utilizado en los mercados internacionales para denominar aquellos valores que representan una deuda para el emisor. La diferencia entre un bono nacional y uno extranjero es principalmente porque su denominación monetaria se realiza en una moneda extranjera, ya sea para el emisor, o para el mercado en que se coloca. El plazo de vencimiento en cada mercado es diferente y la frontera entre corto, mediano y largo plazo puede diferir de un mercado a otro. En general, podemos afirmar que un bono de corto plazo es aquel cuyo plazo de vencimiento es inferior a un año y esta acepción es aceptada en casi todos los mercados. No ocurre lo mismo con los bonos de mediano plazo, que en algunos casos se define entre 1 y 3 años; en otros, de 1 a 5 años; y otros más, entre 1 y 10 años. Para incluir a todos los mercados en este material retomamos la idea que un bono de mediano plazo tiene como fecha de vencimiento entre 1 y 10 años. El bono de largo plazo será aquel que tenga plazo de vencimiento mayor a 10 años. El rendimiento en los bonos se puede obtener de dos formas; la primera es a partir de una tasa de interés aplicada al capital. Por ejemplo, si un bono estadounidense tiene un valor nominal de 1000 dólares americanos y le aplicamos una tasa de interés del 10 %, el inversionista ganaría en un año 100 dólares americanos.

La segunda forma es a partir de una tasa de descuento, es decir, sobre un valor nominal se aplica una tasa de descuento, con lo que se calcula un precio que estará por debajo del valor nominal. Por ejemplo, si un bono tiene un valor nominal de 1000 dólares americanos y se aplica una tasa de descuento del 10 %, el inversionista pagaría por este bono 900 dólares americanos y al final recibiría los 1000 dólares, con lo cual su ganancia es de 100 dólares americanos. ¿Se obtiene el mismo rendimiento? Aparentemente sí, porque si a 1000 le aplicamos una tasa de interés del 10 % ganamos 100 dólares americanos y si le descontamos 10 % pagamos 900 y al final recibimos 1000, es decir, también ganamos 100 dólares americanos. Pero en realidad, no ganamos lo mismo. ¿Por qué? Porque en el primer caso invertimos 1000 dólares americanos, en tanto que en el segundo solo invertimos 900.

Los bonos, según la forma de pago de los intereses, se clasifican en bonos con cupón o bonos sin cupón (mejor conocidos como bonos cupón cero). Los bonos con cupón son aquellos que desde su emisión y hasta la fecha de vencimiento pueden pagar intereses. Este es el caso de los Trea Sury Bonds en Estados Unidos, o los Bonos de Desarrollo del Gobierno Federal (bondes D) en México. Así, un inversionista que compre estos valores cuyo plazo de vencimiento puede ser de 10 años recibirá en periodos establecidos (por ejemplo, semestralmente) el pago del interés correspondiente. Los bonos cupón cero, en cambio, desde su emisión y hasta la fecha de vencimiento no pagan ningún tipo de interés; así, el inversionista al comprar este tipo de bonos sabe que recibirá el capital más los intereses únicamente en la fecha de vencimiento.

Hay tres razones básicas por las que los inversionistas prefieren invertir en el mercado de bonos: 1) Se conoce anticipadamente el monto y la fecha en que se obtendrá el rendimiento; 2) existe certidumbre dado que son instrumentos de baja volatilidad; y, 3) existe estabilidad y liquidez por la existencia de un mercado secundario.

Existen tres grandes mercados de bonos en el mundo. El mercado de bonos extranjeros (*foreign bond*), el mercado de bonos externos o bonos internacionales simples y los eurobonos. Los bonos extranjeros son aquellos que son emitidos y colocados por gobiernos, bancos o empresas no financieras nacionales denominados en su moneda de origen y negociados en su propio país. Es decir, todo mercado nacional para alguien es un mercado extranjero. Así, los bonos emitidos por el gobierno mexicano denominados en pesos mexicanos y negociados en México, para cualquier inversionista no mexicano resulta un bono extranjero.

Los bonos externos o bonos internacionales simples son aquellos que se denominan en la moneda nacional de aquel país donde se coloca y el emisor es extranjero. Este tipo de bonos, sin embargo, es básicamente para los mercados más importantes o desarrollados en el mundo, por lo que son denominados en divisas fuertes. Así, aunque técnicamente un emisor extranjero podría colocar un bono denominado en pesos mexicanos en México, la realidad es que exceptuando a los inversionistas nacionales estos tendrían poca demanda. Así, un ejemplo de bono internacional simple podría ser si los bonos que emite el gobierno mexicano fueran denominados en dólares americanos y colocados en Estados Unidos de América.

El eurobono es aquel que se denomina en moneda extranjera para el país donde se coloca, sin importar la nacionalidad del emisor, éste podrá ser emitido por nacionales o por extranjeros. Un ejemplo de eurobono es un bono emitido por el gobierno mexicano denominado en yenes japoneses y colocado en Londres, pero también puede ser un bono emitido por una empresa inglesa denominado en dólares americanos y colocado en Londres. En los mercados internacionales el mercado de bonos extranjeros se puede caracterizar fundamentalmente por 5 tipos de bonos según el emisor. A continuación, se presentan por orden de importancia:

Bonos que emite el gobierno federal de Estados Unidos. En este caso hablamos de los Treasury Bills (Tbill), Treasury Notes (T-notes) y Treasury Bonds (T-bonds) como los más importantes.

Bonos emitidos por el gobierno federal de cualquier otro país. Estos bonos son usualmente conocidos como bonos soberanos. En este caso encontramos a los Bonos de Desarrollo del Gobierno Federal (bondes d) de México, los *Bundesbond* (en Alemania) y las Letras del Tesoro (en España, Inglaterra y otros países).

Bonos emitidos por empresas estadounidenses en EUA. Todas aquellas compañías estadounidenses que cotizan bonos en EUA como empresas listadas en el NYSE o bolsa de EUA, entre otras.

Los bonos emitidos por el gobierno federal de EUA son los títulos más seguros del mundo, dado que están garantizados por su principal gobierno, que su mercado nacional es estudiado por muchos como el mercado de dinero internacional. Los bonos del gobierno federal de EUA forman parte del mercado de deuda o mercado de dinero, es decir, son de corto plazo. El Departamento del Tesoro es el mayor emisor de deuda en el mundo. Existen básicamente dos categorías de valores, en la primera se ubican aquellos que son descontados, es decir, que pagan solamente una cantidad fija al vencimiento por concepto de rendimiento más el capital invertido. En la segunda están los bonos con cupón, es decir, que tienen diferentes pagos durante su vida. Todos los bonos emitidos por el Gobierno Federal de EUA tienen calificación "triple A plus" (AAA+), es decir, a los ojos de los inversionistas internacionales prácticamente carecen de riesgo, por esta razón, la demanda es muy elevada y precisamente por ello son bonos cuya liquidez es inmediata.

En la actualidad hay muchos bonos y títulos de deuda en cada país. Veamos algunos de los más importantes por el país en el cual se emiten. En México, los más utilizados son los CETES, BONDES D, BONOS M, UDIBONOS y los UMS. En los cetes la ganancia es de capital. O sea, es la diferencia entre el precio de venta y el precio de compra. En los Bondes D es lo mismo. Los Udibono son instrumentos de inversión que protegen al tenedor ante cambios inesperados en la tasa de inflación. Por último, vemos los BPA ya que estos son bonos de protección al ahorro bancario; como su nombre lo dice, protegen al inversionista ya que quien los emite es el IPAB (Instituto para la Protección al Ahorro Bancario). Existen muchos más instrumentos, como son los pagarés de indemnización, los PRLVS, CEDES, BONOS bancarios, CEBURS, etc., pero como hemos dicho antes se quedará de tarea investigar cada uno de estos y sus características diferentes.

Así como todos los instrumentos gubernamentales y bancarios también existen la deuda corporativa, emitida por empresas del sector industrial y de servicios, para la obtención de recursos financieros a mediano plazo. Esta deuda en lo particular me gusta bastante ya que al ser de empresas hay cientos de opciones que escoger, con diferente calidad crediticia o de pago, diferentes rendimientos, y todo dependerá del riesgo de la empresa. Entonces puedes usar varios bonos de deuda gubernamentales, como deuda corporativa para crear muy buenos portafolios y así diversificar tu cartera de inversiones o para tu tesorería.

Pasaremos a ver lo que es el FONDEO y REPORTO, que es algo importante.

El fondeo es la obtención de fondos o recursos para financiar las posiciones de riesgo que adquieren los intermediarios para optimizar el intercambio de títulos y recursos. El fondeo se utiliza para obtener liquidez y generar utilidades a los intermediarios.

Veremos solo dos operaciones de fondeo y esas son en directo y reporto. Hay más, pero para no confundirlos los dejaré a estudiar más del tema. Seguro que se les hará más fácil después de leer este libro.

Operaciones en directo

Consiste en comprar o vender títulos de deuda calculando el precio siempre con datos a vencimiento, asumiendo que el inversionista (comprador) adquiere los títulos como si los fuera a retener hasta su vencimiento.

Operación en reporto

Se realiza cuando el inversionista decide invertir a plazo muy corto, es decir, a plazos de hasta un día antes del vencimiento. En el reporto se recibe una tasa premio por esta operación. Y se diferencia de la operación directa por que el inversionista adquiere los títulos solo durante el plazo pactado.

La utilidad del reporto es muy práctica. Ya que los inversionistas de corto plazo, como son las tesorerías (capital de empresas), obtienen un rendimiento con niveles mínimos de riesgo, pues siempre tienen como garantía los valores que han sido reportados y adquiridos en propiedad por el inversionista.

La colocación de instrumentos de deuda se realiza mediante tres formas.

1. Oferta pública

2. Oferta privada

3. Subasta (al mejor postor)

Ahora bien, lo que busco no es que sean los mejores y que quieran volverse expertos en el mercado de deuda, sino entenderlo y saber que existe y que lo puedan utilizar a su favor. Como dije, este mercado funciona excelente para una tesorería o ganancias de tu empresa, ya que en vez de que estén en una cuenta de cheques sin hacer nada, fácilmente podrían estar en algún instrumento de deuda con una tasa por arriba de la inflación. Eso quiere decir que tu dinero no perderá valor y crecerá día con día. Este mercado no es para volverse rico, pero sí es muy muy utilizado a nivel mundial, ya que todas las empresas y gobiernos lo usan. Combinar deuda con capitales es una excelente opción, pues no tienen todo su dinero invertido en un solo activo, y lo que no usan o que tengan como ahorro para futuros proyectos podría estar en el mercado de deuda.

La forma más fácil de entrar en este mercado es a través de 4 opciones. Primero, a través de una casa de bolsa, con su mismo contrato de intermediación, pedirles comprar títulos de deuda o que les envíen los títulos que están colocando y así escoger los mejores instrumentos para ustedes.

Segunda opción sería a través de fondos de inversión de deuda. Estos fondos compran los papeles y crean un portafolio por ustedes. Lo malo de este, es que la operadora o quien crea este fondo les cobra por crearlo y es un porcentaje normalmente alto; y, sin mucho trabajo, ustedes mismos pueden adquirir estos instrumentos.

Otra opción es ingresar directamente a las plataformas de deuda del gobierno federal o estado y en una misma plataforma invertir tu dinero de forma muy sencilla. No te tardas ni 5 minutos en apertura una cuenta de CETES o BONOS y ahí mismo puedes comprar dichos instrumentos.

La última y mejor opción para mi es a través de una casa de bolsa comprar un ETF, que simule el comportamiento de muchos bonos o títulos de deuda gubernamentales o corporativos. Hay empresas que crean estos ETF y los hacen de tal manera de diversificarlos para obtener cientos de bonos y lo mejor es que tienen buenos rendimientos a un costo operativo muy bajo. El costo de esto es 10 veces más bajo que el de un fondo de inversión. Por eso ustedes tienen que saber que existen estos instrumentos.

Recuerden que siempre está la opción de acudir con un asesor independiente en inversiones que elimine el conflicto de interés de la institución financiera o ejecutivo para que les ayude a crear su portafolio de deuda, ya que ellos pueden ver la información de colocación que les hace llegar los intermediarios bursátiles, o simplemente pedirle a la casa de bolsa que les compre ciertos papeles de deuda para que lo incluyan en su portafolio.

Ahora ya saben que pueden adquirir e invertir en este mercado superando todos los rendimientos bancarios o muchos de bienes raíces y sin utilizar una inversión bancaria o de fondos tradicionales. ¿No es excelente esta noticia? Tal vez no los superen por mucho, pero en este proceso se están volviendo mejores inversionistas y sabrán cuando usar el mercado de deuda. Excelente para diversificar o cuando hay mucha incertidumbre en los mercados financieros y no se sepa hacia dónde va la economía global. El mercado de deuda es una excelente opción.

Ahora pasaremos a un mercado un poco más complejo. Este mercado es el de derivados. Un mercado muy interesante. Algo difícil de entender, pero tendrán que saberlo. Ya que a lo largo de este tema se darán cuenta por qué es necesario saber sobre estos instrumentos financieros. Pueden volverlos muy adinerados si saben usarlo a su favor o simplemente añadirlo a sus operaciones o portafolio de inversión. Así que, sin más, continuamos.

8
MERCADO DE DERIVADOS

-

En este capítulo veremos y conoceremos al mercado de derivados. Como he comentado, esta materia puede profundizarse mucho más, ya que nosotros solo queremos conocerlo y utilizarlo de una manera práctica, pues nos llevaría varios años especializarnos en este tema.

El concepto básico nos dice que es un conjunto de instrumentos financieros cuyo valor se determina o deriva a partir del precio de otro activo, denominados subyacentes. Es decir, son contratos que tienen un valor de referencia conocido como activo subyacente.

Para entenderlo, es cualquier bien, tasa, título, precio, índice, instrumento financiero o cualquier otra variable que determine el valor objeto un contrato de derivados.

La función principal del mercado de derivados es la de brindar instrumentos financieros de inversión y cobertura que posibiliten una adecuada gestión de riesgos.

Dentro de los activos subyacentes más populares encontramos a las acciones de las bolsas de valores, a las divisas, a los índices bursátiles, a los valores de renta fija, a las materias primas, y a los tipos de interés.

Principales características de los derivados financieros

Los derivados financieros cuentan con las siguientes características generales, a saber:

- Los derivados financieros requieren de una inversión inicial muy pequeña en comparación con otros tipos de contratos que presentan una respuesta parecida ante los cambios en las condiciones generales del mercado. Este fenómeno le permite al inversionista tener mayores ganancias, así como pérdidas más elevadas si la operación no se desarrolla como creía.

- El valor de los derivados cambia en respuesta a los cambios en la cotización del activo subyacente. Actualmente existen derivados sobre todo tipo de activos como divisas, *commodities*, acciones, índices bursátiles, metales preciosos, etc.

- Los derivados se pueden negociar tanto en mercados organizados, como las bolsas de valores, o en mercados no organizados, también denominados OTC.

- Como todo contrato, los derivados se liquidan en una fecha futura.

Clases de derivados financieros

Podemos clasificar a los derivados financieros con base en distintos parámetros. Los más comunes son los siguientes:

1. Derivados según el lugar donde se contratan y negocian

- Derivados contratados en mercados organizados: En este caso los contratos son estandarizados sobre activos subyacentes que se hayan autorizado previamente. Además, tanto los precios en ejercicio como los vencimientos de los contratos son iguales para todos los participantes. Las operaciones son efectuadas en una bolsa o centro regulado y organizado, como es la Bolsa de Chicago en Estados Unidos, donde se negocian derivados y contratos de futuros.

- Derivados contratados en mercados no organizados o extrabursátiles: Estos son derivados cuyos contratos y especificaciones son confeccionados a la medida de las partes intervinientes que contratan el instrumento derivado. En estos mercados no hay estandarización y las partes suelen fijar las condiciones que más les favorezcan.

2. Derivados según el activo subyacente involucrado

- Derivados financieros: Son aquellos contratos que emplean activos financieros, como acciones, divisas, bonos y tipos de interés.

- Derivados no financieros: En esta categoría, se incluyen a las materias primas o *commodities*, como activos subyacentes que corren desde los *commodities* agrícolas, como el maíz y la soja, hasta el ganado; también los *commodities* energéticos, como el petróleo y gas, y los metales preciosos, como el oro y platino.

3. Derivados según la finalidad

- Derivados de cobertura: Estos derivados son utilizados como herramienta para la disminución de riesgos. En este caso se coloca una posición opuesta en un mercado de futuros en contra del activo subyacente del derivado.

- Derivados de arbitraje: Estos derivados son utilizados para tomar ventajas de la diferencia de precios entre dos o más mercados. Por medio del arbitraje los participantes en el mercado pueden conseguir una ganancia prácticamente libre de riesgo. Las utilidades se generan debido a la diferencia de precios del mercado.

- Derivados de negociación: Estos derivados se negocian con el fin de obtener ganancias mediante la especulación del precio del activo subyacente involucrado en el contrato.

Los derivados más comunes que conocemos y que nos pueden ayudar en nuestras inversiones son las siguientes.

- **Contrato de futuro:** Es un producto derivado que representa una obligación de compra o de venta de un monto definido de un activo subyacente, a una fecha acordada y liquidación específica.

- **Contrato de opción:** Es un contrato que para el comprador representa un derecho y para el vendedor una obligación. El primero elige el precio a partir del cual está dispuesto a cubrir su riesgo en una fecha definida a cambio de pagar una prima(-dinero).

- **Swaps:** Es un acuerdo contractual entre dos partes para intercambiar pagos de intereses en un periodo de tiempo. Por ejemplo, intercambiar una tasa fija por una tasa flotante.

- En el mercado OTC (Over The Counter, o fuera de bolsa), encontramos los siguientes contratos:

- **Forwards:** Es un contrato que se adquiere fuera de bolsa y de manera privada entre dos partes, también conocido como contrato extrabursátil, que representa un compromiso a futuro hecho a la medida del solicitante en cuanto a monto, fecha de vencimiento y cuyo precio fue negociado entre ambas partes.

- **Warrants:** Son similares a las opciones. Da el derecho a comprar o vender un activo en unas condiciones preestablecidas, otorgan el derecho, pero no la obligación de comprar (Warrant tipo *call*) o vender (Warrant tipo *put*) una cantidad determinada de un activo (Activo subyacente) a un precio prefijado que es el precio *strike*.

Como dijimos, los derivados se crearon para administrar riesgos y tener certidumbre sobre el futuro de un bien. Se pueden usar con apalancamiento, cobertura, especulación, tomar posiciones cortas o hechos a la medida.

Las principales características de un contrato de derivado son las siguientes:

1. El tamaño del contrato que nos especifica la cantidad de unidades del subyacente que debe ser liquidada por un contrato.

2. Puja. Nos da la presentación de posturas para la celebración de contratos y se reflejará en fluctuaciones mínimas del precio futuro.

3. Vencimiento.

4. Calidad de los activos subyacentes.

Las bolsas de derivados ofrecen la infraestructura tecnológica y procedimientos para celebrar contratos de futuros y contratos de opciones, crear los comités necesarios para su funcionamiento, mantener programas permanentes de auditoría a los operadores y socios liquidadores, vigilar la transparencia de formaciones de precios, diseñar e incorporar los contratos de futuros y opciones que serán negociados, entre otras.

Vamos a identificar los tipos de contratos de opciones (*call* y *put*).

- Opción de *call* es el contrato de una opción que otorga al comprador el derecho a comprar el subyacente al precio de ejercicio durante un periodo.

- Opción de *Put* es el contrato de una opción que otorga al comprador el derecho de vender el activo subyacente al precio de ejercicio durante un periodo.

Las posiciones básicas de los contratos de opciones son:

- Posición larga(compra) de call

- Posición corta(venta) de call

- Posición larga(compra) de put

- Posición corta(venta) de put

El estilo del contrato puede ser americano, que es cuando el comprador ejerce el derecho de compra o venta en cualquier momento. Europeo, cuando el comprador ejerce el derecho de compra o venta en la fecha de vencimiento.

La liquidación puede ser sobre un diferencial mediante el pago de una suma de dinero, equivalente a la diferencia entre el precio del bien subyacente y el precio de mercado, o bien a la valuación hecha en el contrato respecto a cada punto de diferencia que registre un índice o una tasa.

En especie, mediante la entrega del subyacente, al precio de ejercicio (aquel al que el comprador de un contrato puede ejercer el derecho convenido).

Lo que incluye estos contratos es lo siguiente:

Subyacente de la opción, clave de pizarra, días y horarios de operación, unidades y tamaño del contrato, meses que cotiza, días de vencimiento, facturación mínima, límite de movimiento por día, día o periodo de liquidación, lugar de entrega física, precio de liquidación diario, precio de liquidación al vencimiento, tipos o estilo de opciones que se cotiza, clases de opciones, fecha de vencimiento.

A continuación, veremos los swaps, instrumentos muy utilizados a nivel mundial.

Un swap es un derivado financiero por el que dos partes acuerdan intercambiar durante un periodo establecido, dos flujos financieros (ingresos y pagos) de intereses en la misma divisa (swap de tipo de interés) o en distinta divisa (swap de tipo de cambio) sobre un nominal determinado y especificando una fecha de vencimiento.

Los swaps se negocian bilateralmente por cada una de las partes en mercados Over The Counter (es decir, no se negocian en mercados organizados). Este hecho hace que el contrato finalmente acordado sea más útil, flexible y ajustado para las necesidades iniciales que se perseguían con el acuerdo por cada una de las partes.

Finalidad de los swaps

La finalidad de los swaps es

- suavizar las oscilaciones de los tipos de interés;
- reducir el riesgo del crédito;
- disminuir los riesgos de liquidez;
- reestructuración de portafolios, en donde se logra aportar un valor agregado para el usuario.

Utilidad de un swap

Centrándonos en las utilidades de un swap, podemos hablar de tres motivos por los que un inversor podría tener interés en entrar en un swap:

1. Cobertura frente al riesgo de tipo de interés.

2. Especulación: como en toda inversión participaremos en un swap si nuestra predicción es que lo que recibiremos en el futuro nos supondrá un mayor valor que lo que tendremos que entregar.

3. Cambiar nuestros bienes o recursos futuros: puede ser de nuestro interés intercambiar bienes que nuestro negocio genera por otros que necesitamos para las actividades cotidianas del mismo.

En el mercado de derivados financieros nos podemos encontrar con los siguientes tipos de swaps:

Swap de tasa de interés: Este es el tipo de swap más común, mediante el cual se intercambian flujos de intereses, en misma divisa y en fechas pactadas por las partes. En el swap de tasa de interés, uno de los participantes del swap paga flujos de intereses aplicando una tasa fija sobre el monto nocional y, por tanto, recibe flujos de intereses variables aplicados sobre ese mismo nocional. El otro participante recibe flujos de intereses de carácter fijo y paga flujos de intereses a una tasa fluctuante sobre el mismo nocional y en las mismas fechas. Explicado de otro modo, el swap de tasa de interés implica un intercambio de obligaciones de pago correspondientes a préstamos de diferente índole, referenciadas a un valor nocional y en la misma divisa.

Swap de materias primas (Commodity swaps): Es muy parecido al de tasas de interés. Como ejemplo supongamos que tenemos un swap a 3 años sobre la plata.

Esta transacción es un intercambio de dinero basada en el precio de la plata.

El swap se encarga de compensar diferencias en el precio variable (mercado) y el precio establecido (fijo) en el contrato. Por lo tanto, si el precio de la plata baja sobre el precio fijo, Y le pagaría a X la diferencia. En caso contrario, si el precio sube, X le pagaría a Y el monto de la diferencia

Swaps de índices bursátiles: Los swaps de índices permiten intercambiar de la misma forma que los otros swaps antes mencionados. Solo que intercambiamos el rendimiento de dinero por el rendimiento de un mercado bursátil.

El rendimiento bursátil se refiere a suma de dividendos recibidos, ganancias de capital y pérdidas de capital.

Notas estructuradas

Por último, quiero que conozcan lo que son las notas estructuradas. Ya que es un instrumento muy utilizado por áreas de inversiones.

Las notas estructuradas son instrumentos emitidos por instituciones de crédito, las cuales se integran por la combinación de un componente de renta fija, libre de riesgo, y por un producto financiero derivado. Dentro de la nomenclatura financiera, a las notas estructuradas también se les conoce como productos híbridos.

Las notas estructuradas representan una alternativa de inversión que permite obtener rendimientos superiores a los ofrecidos por los mercados de dinero para los instrumentos de renta fija tradicionales.

Cabe señalar que las notas estructuradas surgen debido a varios eventos importantes en los mercados financieros internacionales, entre los que destacan:

- Desaceleración de la actividad económica, tanto en países desarrollados como emergentes.
- Tendencia decreciente de las tasas de interés de referencia.
- Mayor cautela en la aceptación de niveles de riesgo de las inversiones.
- La posibilidad de poder obtener mayores rendimientos respecto a los instrumentos tradicionales que se manejan en el mercado de dinero.

Existen cuatro componentes que integran las notas estructuradas:

Cuadro 7.1. Componentes de las notas estructuradas

Inversión inicial	Se calcula para garantizar cuando menos el 100 % del valor del capital invertido.
Instrumento de renta fija	Se debe buscar alcanzar un rendimiento que sea superior o igual al costo financiero de la contratación de los instrumentos derivados.
Instrumentos derivados tradicionales o exóticos	La combinación de los instrumentos derivados tradicionales y exóticos deberá permitir lograr un equilibrio entre la optimización del rendimiento y riesgo de la inversión correspondiente.
Prima	Puede representar flujos de efectivo tanto positivos como negativos, es decir, por la emisión o por la compra de los instrumentos derivados involucrados en la operación.

Ventajas y desventajas de las notas estructuradas

Ventajas:

- Es un producto a la medida del inversionista que permite un equilibrio entre riesgo y rendimiento.
- Permite el acceso a diferentes mercados y activos financieros.
- Permite flexibilidad en su uso.
- Existe el respaldo regulatorio en el uso de instrumentos derivados.
- Liquidación en diversas monedas (pesos, dólares y euros, entre otras).
- Protección al 100 % del capital.

Desventajas:

- La protección al 100 % del capital brinda la posibilidad de obtener rendimientos superiores a los de productos tradicionales, pero se arriesga una parte o la totalidad de los intereses.
- A menos de que se estipule en los términos y condiciones de la emisión de la nota estructurada, no se podrá solicitar una amortización antes de la fecha de vencimiento.
- Con el fin de obtener mayor rentabilidad, al invertir en notas estructuradas con protección de capital inferior al 100 %, se arriesga una parte o la totalidad del capital y de los intereses.

Características principales de las notas estructuradas

- Combinan instrumentos de los mercados de deuda y derivados, cuya finalidad es la diversificación de los portafolios de inversión que permita una gestión eficiente del riesgo y permita aprovechar oportunidades de inversión que brindan los mercados financieros.

- Las notas estructuradas pueden ofrecer protección al 100 %, o si el inversionista prefiere un rendimiento mayor puede optar por diferentes grados de protección, lo cual dependerá del nivel de riesgo que quiera asumir.

- Las notas estructuradas ofrecen una amplia flexibilidad en los plazos que desee invertir el adquiriente de las mismas, los plazos pueden ser incluso semanales, lo cual dependerá de la institución financiera que ofrezca este instrumento.

Como ejemplo, lo veremos así:

- Se emite una nota estructurada con capital garantizada a un año, el monto será de 1 millón de dólares.

- Invertimos $9 523 80.95 en instrumentos de deuda, que pagarán 5 % al final del plazo; con esa tasa de interés que recibiremos al final del vencimiento, garantizamos el capital que es de $ 1 000 000.00.

- Con los $47 619.05 restantes, invertiremos en distintos instrumentos de renta variable como acciones, ETF, derivados, etc., buscando obtener el mayor rendimiento posible, por lo regular en los más agresivos.

En resumen, las notas estructuradas buscan darnos mayores rendimientos al invertir con instrumentos derivados sin arriesgar de más. Es una muy buena opción para incluirlos en nuestros portafolios ya que nunca arriesgamos de más nuestro capital.

Como siempre lo hemos mencionado, la primera regla es nunca perder capital, y este instrumento lo hace muy bien.

También quiero ponerles un ejemplo básico de como yo personalmente uso los derivados para que lo entiendan más fácil.

Nuestra empresa, como muchas, más si son importadoras o exportadoras, usan otras divisas. Esas divisas por temas globales pueden apreciarse o depreciarse. Pero al final de cuentas nadie sabe si el mercado subirá o bajará. Entonces a través de un contrato de derivado podemos pactar un tipo de cambio para estar pagando en fechas posteriores el mismo tipo de cambio. Y si el tipo de cambio sube o baja eso ya no nos afectaría a nosotros. Entonces para temas de empresas, tesorerías, negocios, importadoras o comercializadoras, nos ayudaría mucho en tiempos de incertidumbre o llevar un mejor control de nuestra tesorería, porque sabremos cuánto pagaremos por esa divisa cada vez que compremos otra moneda.

La forma más sencilla de que ustedes puedan usar estos instrumentos es a través de bancos o áreas de divisas/derivados en bancos, que los ayudarían a cubrirse con instrumentos derivados para su beneficio.

9
MERCADO DE DIVISAS

-

Este mercado es uno de los más interesantes, pues en la actualidad es el mercado más grande de todos, con más movimientos, operaciones, montos, etc., y es porque todo el mundo lo usa; no solo los bancos, fondos, casas de bolsa, empresas, inversionistas independientes, etc. Es un mercado que usa e invierte la mayor parte del mundo, por eso mismo es un instrumento que deben tener si ustedes quieren alcanzar riqueza. Ya sea usándolo por especulación, inversión a largo plazo, diversificación o simple cobertura. Les enseñaré paso a paso cómo pueden usar este mercado fascinante a su favor.

La definición del mercado de divisas podemos describirla con mucha precisión. Forex (**For**eign **Ex**change), o mercado de divisas, es el mercado bursátil más grande del mundo, donde se operan más de 5 trillones de dólares por día, de los cuales 1.7 trillones de dólares pertenecen a las operaciones directas con pares. El resto es especulado en transacciones tipo swaps, futuros y ETF.

Forex es un mercado 100 % manipulado, donde más del 90 % de las transacciones se realizan a través de costosos y rápidos sistemas automatizados de especulación (HFT – High Frequency Trading); recuerde que el mercado FOREX era exclusivo para grandes importadores, exportadores, la banca y los gobiernos.

Funciones

Entre las funciones principales del mercado de divisas encontramos la obligación de proveer una estructura permanente descentralizada para la especulación de monedas de diferentes países.

El mercado FOREX ha sido una fuente de ingresos para las instituciones financieras desde hace varias décadas, y ahora está al alcance de especuladores individuales como usted y como yo. A diferencia de otros mercados, el mercado de divisas opera siempre en pares (EUR/USD), donde una divisa es vendida o comprada en función a otra divisa.

Los operadores del mercado de divisas obtienen ganancias o pérdidas al especular sobre la cotización de los pares operados. Un especulador puede comprar un par que prevé subirá de valor para luego venderlo más caro, o puede inicialmente vender un par que prevé bajará de valor para luego comprarlo más barato un tiempo después.

El valor de las monedas tiende a reaccionar a los grandes acontecimientos sociales, políticos y económicos de cada país, aunque la mayoría de las veces estas suben o bajan de valor por puras razones especulativas diseñadas por el sistema financiero.

Actores del mercado de divisas

El mercado de divisas era exclusividad de grandes bancos, luego se involucraron los manejadores de fondos, luego las corredoras y grandes corporaciones, y finalmente todo individuo con acceso a internet.

Los medios han hecho creer a las personas que el mercado de divisas es un mercado totalmente transparente donde se efectúan transacciones genuinas entre bancos, pero la realidad es muy diferente. Siempre se realizaron prácticas desleales en el mercado de divisas con financiamiento barato suministrado por los bancos centrales y con la ayuda de los sistemas de "cotizaciones profundas" mediante los cuales las grandes firmas de especulación pueden visualizar las órdenes de todos los participantes y diseñar trampas con base en esta información privilegiada.

Instrumentos

A diferencia de los miles de compañías que operan en las bolsas de valores, en el mercado de divisas la mayoría de las transacciones son basadas en unas cuantas monedas de los países con mayor importancia económica a nivel mundial:

- Dólar norteamericano (USD)
- Euro (EUR)
- Yen Japonés (YEN)
- Libra inglesa esterlina (GBP)
- Franco suizo (CHF)
- Dólar canadiense (CAD)
- Dólar australiano (AUD)
- Dólar neozelandés (NZD)

De la combinación de estas 8 divisas mayores surgen entre 22 y 24 pares. Entre estos pares, los más importantes y seguidos del mercado de divisas son "los 7 mayores", aquellos que integran al dólar norteamericano (USD) versus cada una de las otras 7 divisas mayores:

- EUR/USD
- GBP/USD
- AUD/USD
- NZD/USD
- USD/CAD
- USD/JPY
- USD/CHF

Existen otros cientos de pares denominados "exóticos" que poseen una baja notoriedad frente al público en general.

Abierto las 24 horas

El mercado FOREX opera las 24 horas del día y, a diferencia del resto de los mercados bursátiles, no posee una apertura o cierre oficial. El mayor volumen de operaciones se realiza en 4 ciudades: Londres, New York, Tokio y Sydney, siendo esta última donde se inicia cada domingo a las 5 p. m. EST la sesión semanal, que culmina en New York los viernes a las 5 p. m. EST.

Esta es la técnica de mercadeo más utilizada por las corredoras sintéticas para atraer a sus clientes, cuando en realidad mientras menos usted opera, menos gastos tiene su negocio. El sobre operar sólo deja beneficios para su corredora y el pasar largas horas frente a su monitor disminuye considerablemente su operatividad y por consiguiente sus resultados.

Análisis fundamental

El análisis fundamental trata de anticipar movimientos a largo plazo en los productos bursátiles.

Los factores fundamentales que afectan la apreciación o devaluación de una moneda son el estado macroeconómico del país de proveniencia y los eventos geopolíticos domésticos o internacionales que incidan sobre dicho país. Los reportes económicos sobre políticas fiscales y monetarias son los que tienen mayor incidencia en las monedas que componen los pares del mercado.

La literatura general de la industria del mercado de divisas pretende conectar el valor de un par de monedas con el estado de la economía de sus respectivos países. La realidad es muy diferente. El mercado de divisas realiza decenas de ciclos cortos durante un año tanto al alza como a la baja, no importa si el producto interno bruto o cualquier otro indicador económico suba o baje.

Siempre recuerde que, en el mercado de divisas, todos los movimientos son prefabricados y que la gran mayoría de las noticias usualmente están integradas en una logística que ha sido previamente diseñada para extraer el capital expuesto por la masa colectiva de especuladores.

Análisis técnico

Esta perspectiva se ha popularizado en las últimas décadas y consiste en el uso de gráficos basados en los precios de las cotizaciones, en el cual se pueden plasmar líneas de tendencias, niveles de soporte, niveles de resistencia, indicadores técnicos y patrones para analizar y proyectar el comportamiento de los pares de divisas.

Hay dos tipos de análisis técnico. El primero incluye cientos de indicadores y formaciones "chartistas" de pensamiento colectivo. Con base en este comportamiento colectivo, el mercado diseña sus trampas.

El segundo, es el seguimiento de tendencias enmarcado por los conceptos avanzados de lectura de comportamiento colectivo. Este tipo de análisis técnico es un arte y se perfecciona con mucha práctica guiada.

Terminología del mercado de divisas

Es recomendable que, si nunca has tenido ningún tipo de exposición al mercado de divisas, repases los términos citados a continuación.

Par: Un "par de divisas" es el término utilizado para nombrar a los productos operados en Forex. Existen cientos de pares, pero usualmente se cotizan los 28 pares conformados por las divisas más importantes del mundo, los "mayores". Ejemplo: EUR/USD, donde el euro es la moneda base y el dólar norteamericano es la moneda cotizada. Al operar instrumentos virtuales simplemente estás comprando o vendiendo el par, un producto sintético ficticio alojado en el servidor de alguna computadora. Nunca estarás comprando las divisas de manera física como lo haces en la "casa de cambio".

Bróker: Una "corredora" es una empresa que se dedica a proveer las herramientas necesarias para conectarte como cliente al mercado de divisas, a través de una plataforma o *software* en tu computador, desde un navegador (browser) de internet, o desde algún dispositivo móvil.

Order: Una "order" es el mandato que asignas a tu corredora para que ejecute una acción en el mercado. Puede ser una orden de "compra" (BUY) o una orden de "venta" (SELL). Existen diferentes tipos de órdenes.

Market Order: Es una orden que es ejecutada instantáneamente en el mercado al precio actual cotizado; puede ser una orden de compra o de venta.

Limit Order: Es una orden en la cual determinas el precio específico que estás dispuesto a pagar por una cotización. En estas órdenes deberás indicarle a la corredora el precio límite dispuesto a pagar, que en muchas ocasiones no llegará a materializarse. Por ejemplo, si quieres comprar el par ERU/USD a 1.2500 y actualmente cotiza a 1.2600, podría suceder que tu orden nunca sea ejecutada si el par sigue subiendo de valor.

GTC: (Good Till Cancel). "Válida hasta cancelar" es una extensión opcional que secunda a las órdenes límites. Con este criterio puedes indicarle a la corredora cuándo deseas que esta orden sea desactivada.

OCO: (One Cancels the Other). "Una cancela la otra" es otra extensión para las ordenes limites, que se utiliza generalmente para cerrar posiciones. Con esta modalidad le indicas a la corredora qué hacer, en la eventualidad de dos escenarios distintos. Por ejemplo, a qué precio vender si el par sube para retirar beneficios, o a qué precio vender si el par baja para retirarte con una pérdida.

Pip: El "Punto" es la unidad de medida más pequeña en los pares de FOREX. Existen dos modalidades básicas, una es 0.01 para pares como el USD/JPY y similares, y la segunda es 0.0001 para pares como el EUR/USD y similares.

Leverage: El "apalancamiento" es el factor multiplicativo de tu capital que tienes para operar. Por ejemplo, un apalancamiento de 100:1 indica que sólo necesitas $1000 para controlar $100000 en el mercado FOREX.

Margin: El "margen" o "colateral" es la cantidad de capital en tu cuenta que sirve de garantía cuando utilizas el apalancamiento.

¿Qué son las estrategias Forex?

Quizás habrás notado que la mayoría de las personas confunden la terminología y se refieren a estrategias FOREX de manera equivocada. Existen metodologías, sistemas, estrategias y técnicas. La metodología más efectiva es el Lenguaje del Precio (el Seguimiento de Tendencias). Combinada con una correcta lectura de la psicología de masas que presentan los gráficos.

Sabemos que en los mercados bursátiles existen miles de estrategias. Forex, al igual que el resto de los mercados, te presenta la oportunidad de aplicar estrategias similares para ganar de manera consistente, aprovechando patrones psicológicos repetitivos.

Primero, la metodología del Lenguaje del Precio ha creado grandes fortunas en Forex, y la próxima fortuna puede ser la tuya. Pero esta metodología debe ser implementada dentro de un marco de conceptos avanzados de mercados. Sin olvidar los conceptos básicos. Y trabajando duro día a día.

Segundo, una estrategia es un conjunto de parámetros y técnicas que conjugados te dan una ventaja para actuar frente a cualquier situación. Así, por ejemplo, en la guerra, los generales tienen estrategias de ataque y estrategias de contraataque.

Las estrategias Forex por igual, son estrategias de entrada y estrategias de salida. Todo iniciado debe conocer estas estrategias Forex para principiantes. De esa manera obtendrás una idea general del juego y entenderás que el *trading* es una guerra contra el mercado y sus especialistas. Sólo aplicando estrategias Forex reveladas por los mismos especialistas y utilizando sus propias técnicas.

No caigas en la trampa de los muchos "sistemas" y "métodos" que son ofertados en internet acerca de operar en el mercado Forex.

Simplemente no funcionan a largo plazo. Son estrategias basadas en indicadores en su mayoría, utilizando parámetros rígidos, que, si bien pueden funcionar y dar rentabilidad durante un período de tiempo determinado, siempre llegarán a un punto de quiebre cuando el mercado cambie su dinámica.

En cambio, aprovecha tu valioso tiempo y aprende el Lenguaje del Precio.

La metodología del Lenguaje te permitirá adaptarte a cada nueva fase del mercado. Si este conocimiento lo combinas con los conceptos psicológicos adecuados podrás vivir cómodamente de la especulación en Forex.

Estrategias Forex básicas

Tienes dos estrategias básicas en Forex, una de entrada y una de salida. Ambas obedecen a una estrategia general que te ayudan a capitalizar los comportamientos colectivos del mercado; o sea, del total de los especuladores participantes.

Este comportamiento produce la formación de ciclos que se repiten una y otra vez. Impulsados por las emociones básicas (la incertidumbre, la avaricia, y el pánico) de los especuladores involucrados que pueden ser aprovechados con las estrategias Forex antes mencionadas. Los especialistas identifican estas emociones en el flujo de órdenes y capitalizan sobre estos eventos cada hora, cada día y cada mes.

Las estrategias FOREX que utilizan los grandes manejadores de fondos no constituyen ninguna ventaja en términos de resultados porcentuales para ellos, ni tampoco constituyen una desventaja competitiva para ti.

La gran mayoría de ellos fracasan debido a sus grandes egos. De hecho, existió una firma integrada por grandes genios de las finanzas, incluyendo a dos ganadores del Premio Nóbel de Economía, que desarrollaron una estrategia basada en cálculos de matemática cuántica.

Con un capital base inicial de unos 3 billones de dólares, y después de 3 años exitosos obteniendo retornos anuales superiores al 40 %, la firma Long-Term Capital Management, comienza su cuarto año con pérdidas. Para contrarrestar estas pérdidas, los genios deciden multiplicar el capital inicial varias veces, mientras las pérdidas continuaban.

El año cerró con la quiebra del fondo, y con una pérdida total acumulada por un trillón de dólares, debido al gran apalancamiento utilizado. Y todo por no admitir que las estrategias FOREX de Long Term no estaban en consonancia con la dinámica del mercado.

> Existe una cantidad abrumadora de oportunidades en los mercados bursátiles para ganar dinero interpretando el Lenguaje del Precio.
>
> No necesitas utilizar estrategias "avanzadas" y complejas que han sido creadas para manejar cientos o miles de millones de dólares. Las razones para utilizar estas estrategias FOREX son muy distintas a las que un "operador al detalle" persigue con su pequeño negocio de especulación.

Como ves, no debes preocuparte por querer integrar ninguna de estas estrategias avanzadas en tu arsenal. Sólo son beneficiosas para manejar cientos o miles de millones de dólares, en donde los parámetros de retornos son muy distintos cuando manejas pequeñas cantidades de capitales.

Tampoco te preocupes por recopilar cientos de estrategias Forex gratis que circulan por internet, ese gran cúmulo de información mediocre sólo servirá para confundirte y hacerte perder tu valioso tiempo.

Dedica ese tiempo a aprender el Lenguaje del Precio... y estarás siempre a un paso detrás de los especialistas, identificando cada nueva condición de mercado, y anticipando la gran mayoría de los reversos de todos los precios.

Irónicamente, los manejadores de fondos más exitosos indican que sus operaciones más rentables son aquellas basadas en las estrategias básicas de seguimiento de tendencias del Lenguaje del Precio. Las mismas que aprenderás en este curso gratuito.

Dedícate a perfeccionarlas y créeme que no necesitarás nada más, siempre y cuando tengas un buen manejo de riesgo, tomando en consideración los siguientes puntos:

Las Inversiones en Forex a largo plazo no son recomendables para pequeños inversores como tú y como yo. Si tomamos en cuenta literalmente el término invertir como lo hacen los grandes inversores que compran un producto financiero hoy para venderlo años más tarde.

Ambos tenemos un mejor nicho en el corto y mediano plazo.

Habrás notado que las grandes tendencias multianuales en el mercado de divisas sí existen. Pero las oscilaciones menores dentro de una gran tendencia por lo general son muy amplias.

Estos movimientos menores nos permiten duplicar y triplicar fácilmente el retorno anual de la gran tendencia general, motivando a la mayoría de los operadores a especular al corto y mediano plazo.

Estas oscilaciones o tendencias menores que ocurren dentro de las grandes tendencias multianuales deben su ocurrencia principalmente a dos razones.

Primero, el mercado FOREX presenta tres sesiones al día cada una en distintas ciudades del mundo con distintos husos horarios (Asia, Europa y América). Esto provoca cambios de tendencias más frecuentes que en el resto de los mercados bursátiles.

Segundo, también influye la finalidad por la que fue creado. El mercado de divisas moderno, desde sus inicios en 1972, fue concebido por el sistema financiero global como una herramienta para la especulación; para obtener beneficios en el corto y en el mediano plazo (desde varios días hasta un año).

Estos dos puntos son básicamente las razones por las cuales observamos la inmensa rapidez con que el Mercado FOREX cambia de tendencias.

Por ejemplo, para los que viven en América, en la madrugada (Europa) el par EUR/USD puede estar al alza, en la mañana o en la tarde (América) estar a la baja y luego finalmente en la noche (Asia) puede volver al alza.

Defina su propio estilo para sus inversiones en FOREX

Una de las primeras decisiones que tendrás que tomar, es elegir tu estilo como operador o inversor.

Existen cuatro tipos de estilos bien definidos.

La mayoría de los operadores profesionales tienden a presentar varios estilos, aunque siempre se identifican con un estilo primario para sus inversiones en FOREX. Estudia las características de los 4 estilos principales para realizar tus **inversiones en FOREX**:

1. **Largo Plazo**: recomendado para todo aquel que va a incursionar por primera vez en el mercado y que pueda dedicar un mínimo de una hora por mes a sus inversiones en Forex. El período de una posición abierta oscila entre 1 año y 5 años.

2. **Mediano Plazo**: recomendado para todo aquel que va a incursionar por primera vez en el mercado y que pueda dedicar un

mínimo de una hora por semana a sus inversiones en Forex. El período de una posición abierta oscila entre 1 mes y 1 año.

3. **Corto Plazo**: recomendado para todo aquel que va a incursionar por primera vez en el mercado, o que ya tenga un determinado tiempo operando en el largo y mediano plazo, mostrando ganancias constantes, y que pueda dedicar un mínimo de una hora por día a sus inversiones en FOREX. El período de una posición abierta oscila entre 1 día y 1 mes.

4. **Intradía**: recomendado sólo para personas con una trayectoria de ganancias bastante sólida en el corto plazo, y con un capital mayor a $50,000. Como habíamos señalado, esta opción constituye un trabajo a tiempo completo.

Las personas que se inician en las inversiones en FOREX deben comenzar a ejecutar transacciones al corto plazo (semanas) y al mediano plazo (meses) únicamente, y no prestar atención a las oscilaciones de intradía (Day trading).

Si estás interesado en ser un especulador de intradía, te recomiendo primero agotar por lo menos un año realizando operaciones al corto y mediano plazo para asimilar las estrategias correctas y para desarrollar la mentalidad necesaria para realizar este trabajo.

La segunda opción sería participar en algún tipo de entrenamiento intensivo.

Te recuerdo que autoeducarte es casi imposible en la especulación. Es probable que logre acumular muchos conocimientos leyendo libros y asistiendo a cursos, pero posiblemente nunca aprenderás a ganar dinero con todos los "sistemas" incompletos circulando en internet.

Errores a evitar en la búsqueda de tu estilo

Muchas personas que se inician en las inversiones en FOREX cometen el error de **conjugar estos estilos**, lo cual constituye una clave para el fracaso.

Te recomiendo que, si no estás obteniendo los resultados que esperabas al haber adoptado uno de estos estilos, no trates de cambiarlo. El problema, seguro, no está en el estilo, sino en tus estrategias o en tu psicología.

Un inversor exitoso es capaz de obtener ganancias en cualquier tiempo de operación más largo al que está acostumbrado a utilizar. Me explico. Si ya eres un operador rentable en el corto plazo, es muy probable que también lo seas en el mediano y largo plazo… siempre y cuando sepas interpretar el Lenguaje del Precio.

En el caso contrario, no sucedería lo mismo. Si fueras un operador de mediano plazo, necesitarías tiempo para ajustarte al intradía. La realidad es que los operadores a largo, mediano y corto plazo tienen personalidades muy similares. El operador intradía es completamente diferente.

El mito del intradía en las inversiones en FOREX

Si ya eres exitoso en el corto, mediano y largo plazo, notarás que el sacrificio y las horas necesarias frente al computador para operar en intradía es mucho mayor. El estilo intradía te será útil para aumentar tu cuenta si es menor a 100 000 USD en muy poco tiempo a cambio de 8 a 12 horas diarias de trabajo duro, pero…

Primero deberás desarrollar las habilidades necesarias para operar el intradía.

Lo ideal es combinar todos los estilos para sacar mayor provecho al mercado y realizar transacciones más efectivas y tener una diversificación en sus inversiones en FOREX.

Hay operadores intradías que son muy exitosos, pero la realidad es que son muy pocos en el mundo los que obtienen beneficios año tras año. Si deseas convertirte en un intradía, sólo tienes que prepararte correctamente mediante un entrenamiento intensivo.

De lo contrario, te recomiendo que ni pienses en autoeducarte para adoptar el estilo intradía. No es necesario ir en contra de una probabilidad de fracaso superior al 99 %. A menos que… tu ego sea mayor que tu sentido común.

La razón principal por la cual este estilo de inversiones en FOREX no es recomendado para la gran mayoría de nosotros, los "inversores al detalle" (término oficial "*retail traders*"), es el alto costo operacional.

Las comisiones reales en este mercado oscilan entre $2.0 y $2.50 por cada lote de 100 mil unidades virtuales. Esto quiere decir que una operación completa (apertura y cierre), son aproximadamente $5.00, por cada lote estándar operado ($100000 virtuales).

Otra razón fundamental es el advenimiento de los operadores robotizados (HFT = High Frecuency Trading), los cuales tienden a manipular el mercado en las oscilaciones más cortas del intradía. Favor de no confundir los HFT con los sistemas automatizados que encontramos a diario en internet, y que pueden ser adquiridos por unos cuantos cientos de dólares y muchas veces de manera gratuita en foros/grupos de Forex.

Estos HFT a los cuales hago referencia, sí son efectivos. Cuestan millones de dólares y han sido desarrollados por las grandes firmas financieras de Wall Street para manejar sus inversiones en Forex.

La realidad del operador intradía es que ejecuta órdenes de grandes lotes a la vez, para sacarle beneficio a los movimientos más pequeños del mercado. Es una actividad basada en los reflejos. El más mínimo descuido o distracción puede convertirse en una catástrofe para tus inversiones en Forex.

Te recomiendo que comiences a invertir en Forex utilizando temporalidades lentas como H4 o Diario. Por alguna razón, todas las inversiones en Forex de intradía de Goldman Sachs son realizadas con algoritmos.

Finalmente…

Para elegir tu estilo como operador y manejar tus inversiones en Forex, primero determina cuál es tu grado de experiencia, analiza los puntos citados más abajo y el resto lo descubrirás cuando ejecutes tus primeras operaciones.

Los puntos que afectarán tu decisión son:

- Capital
- Tiempo disponible cada día
- Nivel de experiencia
- Personalidad

Descubrir tu estilo es un proceso de búsqueda. Para algunos será un camino largo hasta encontrar la temporalidad adecuada que sintonice con su personalidad. No te desanimes por las caídas. Después de todo, los que continúan el camino a pesar de las caídas son los que llegan al destino.

Y espero que tú seas de los que se levantan una y otra vez. La próxima lección aumentará tu confianza cuando descubras la razón principal que mueve a las divisas...

Análisis fundamental

El análisis fundamental en las divisas es utilizado mayormente por los inversores del largo plazo. Jugadores, como vimos en los estilos de operadores, que inician una negociación hoy, para cerrarla años más tarde.

Siempre enfatizo en la importancia que los grandes medios de comunicación dan a este tipo de análisis para distraer a la gran masa de participantes.

Todo es parte de una gran manipulación psicológica de masas. Desde hace siglos se organiza la ignorancia de las masas antes de comenzar los grandes movimientos.

Las noticias importantes son los reportes macroeconómicos publicados por los Bancos Centrales y las demás agencias gubernamentales destinadas para este trabajo. Todos los reportes son maquillados. El 99 % de ellos son corregidos meses después.

Estos eventos son herramientas para justificar el análisis fundamental y los movimientos de limpieza del precio. Cualquier absurdo titular hace el trabajo. Con ello se logra absorber la mayor parte de la liquidez existente, antes de proyectarse la nueva fase tendencial.

La reacción de la reacción

Salvo en escasas situaciones, el resultado de un reporte económico del análisis fundamental, por lo general ya está asimilado en el gráfico. En la mayoría de los casos existen instituciones financieras que ya tienen acceso a esta información y van organizando y realizando sus operaciones con anterioridad.

La frase "Comprar el rumor y vender la noticia" es un adagio muy antiguo en Wall Street. Y su significado contiene lo que acabamos de explicar. Para el inversor que sabe interpretar el Lenguaje del Precio, el análisis fundamental tiene muy poca importancia. Pues por lo general la divulgación de los mismos, no indica que haya que tomar ninguna acción en sus operaciones abiertas, siempre y cuando su estrategia de entrada le provea un buen colchón de soporte.

Esta realidad del análisis fundamental provoca mucha confusión en los inversores que carecen de un conocimiento profundo del mercado de divisas.

Datos Macroeconómicos

Los datos publicados en estos eventos son irrelevantes. Tanto para especuladores como para el pueblo en general. Son falsos. Carecen de fiabilidad.

El precio puede subir o puede bajar con el mismo resultado del dato. Los principales son:

- Inertes Rates (tipos de interés)
- GDP (producto interno bruto)
- CPI (inflación)
- ISM (índice de manufacturas)
- NFP (nóminas de empleados)
- Doublé Déficits (déficit = fiscal + balanza de pagos)

Si eres iniciado, te recomiendo evitar operar cerca de estos eventos. Sólo es cuestión de tener la hora pendiente. Utiliza el calendario económico para Análisis Fundamental de Forex Factory.

Existe una ventaja probabilística operando estos eventos del análisis fundamental. Pero se necesita preparación, experiencia y práctica.

Representan una forma de diversificar en la operativa general de un especulador.

La incertidumbre del análisis fundamental

En muchas ocasiones, luego de la divulgación de un reporte económico, el movimiento del precio del par de divisas que va a ser afectado tiende a moverse en dirección opuesta a la lógica del reporte.

Te muestro un ejemplo de un reporte del análisis fundamental. Imagínate que el par EUR/USD cotiza a 1.2500, y la FED (Reserva Federal de EE. UU.) emite un comunicado anunciando que acaba de subir los tipos de interés interbancarios de 0.25 puntos a 0.75 puntos. Una noticia muy positiva para el dólar norteamericano, que, por lógica, implicaría una valorización de la moneda y en consecuencia un desplome instantáneo del par EUR/USD (arriba el dólar y abajo el euro).

Sin embargo, minutos después de la divulgación de dicho reporte de análisis fundamental, el par luego de efectivamente desplomarse hasta 1.2400, vuelve y retorna a sus niveles anteriores al reporte (1.2500). Esta situación es muy común, pero tampoco es tan fácil de identificarla en el momento en que está ocurriendo, sino después de que el daño está hecho.

Trampas como estas devoran las cuentas de principiantes que abordan el mercado con débiles estrategias y sobre todo con muy poca experiencia.

Por ello te reitero que olvides el análisis fundamental por ahora. Sólo ten presente al momento de operar, de que no hay ninguna publicación programada cerca. Simplemente revisa el calendario económico del día y olvídate de los números. Deja a los economistas que pierdan el tiempo con los datos.

Correlación mercado-FOREX

La correlación mercado Forex existe entre los pares con monedas "base" similares y no siempre bajo las mismas circunstancias. La correlación en el mercado Forex más seguida y que mayor incidencia tiene en el análisis fundamental es la del dólar norteamericano (USD).

El USD es la unidad monetaria más operada con un volumen superior al 80% con respecto al resto de las divisas. Este hecho determina por qué su correlación es la más importante, la más seguida y quizás la única que merezca la pena seguir en el análisis fundamental macro.

Los 7 pares mayores usualmente están sincronizados. Estos 7 pares incluyen todos al USD y presentan casi el 75% del tiempo una correlación del análisis fundamental. Influyendo en el resto de los pares de divisas.

Ventajas de la correlación mercado FOREX

En el análisis fundamental, la correlación FOREX más básica es la siguiente: Cuando el USD se valoriza, los pares USD/CAD, USD/CHF, y USD/JPY tienden a su subir en precio. Esto indica que el dólar canadiense (CAD), el franco suizo (CHF), y el yen japonés (JPY) están perdiendo valor frente al USD.

Hay que tener pendiente que esta correlación, no ocurre el 100% de las veces. De hecho, el JPY por lo general tiende a moverse en dirección opuesta, ya que en las últimas décadas esta moneda ha sido utilizada como fuente de financiamiento para invertir en otros instrumentos financieros.

Del otro lado está la correlación mercado FOREX que genera un movimiento casi al unísono en los otros 4 pares mayores EUR/USD,

GBP/USD, AUD/USD, y NZD/USD. Estos tienden a bajar de precio homologando la valorización del USD. Pero no siempre.

En este caso la correlación del análisis fundamental funciona la mayoría del tiempo, entre 65 y 85% del tiempo. Se notan pequeñas diferencias en el alcance que cada uno de estos pares experimenta.

También existe una correlación en el mercado FOREX secundaria, donde participan los pares de todas las monedas que no incluyen al USD, pero te recomiendo no perder el tiempo en ellas por ahora. Hay cosas más importantes sobre el Lenguaje del Precio para conocer primero.

Correlación materias primas-FOREX

En esta parte te explicaré de manera básica la Correlación Materias Primas – FOREX del análisis fundamental.

Existen tres divisas que presentan una directa correlación con las materias primas. Usualmente son llamadas "COMDOLLS", que es el corto para "*Commodities Dollars*" (Dólares de Materias Primas), ya que las tres obedecen a la denominación de dólar:

- El dólar neozelandés (NZD)
- El dólar australiano (AUD)
- El dólar canadiense (CAD)

Estas tres divisas integran el grupo de las 8 mayores conjuntamente con el euro, la libra, el yen, el franco y el dólar norteamericano. Juntas, se fusionan para producir los pares principales operados en el mercado de divisas FOREX.

La Correlación Materias Primas FOREX presenta una afinidad en la mayoría de los casos superior al 75%. Y cada una de ellas tiene su materia prima de correlación diferente. Podrás notar que el NZD y el AUD son dos monedas que actúan prácticamente al unísono. Ambas presentan mínimas discrepancias en sus fluctuaciones a corto, mediano y largo plazo.

Esto se debe principalmente a que sus economías son muy similares y sus políticas económicas y fiscales también lo son. Sus principales rubros de producción presentan de igual manera grandes similitudes, a pesar de que la economía de Australia es mucho mayor que la economía de Nueva Zelanda.

Las materias primas que siguen el movimiento del AUD son principalmente el oro y el cobre. Si colocas el historial de estas tres cotizaciones durante esta última década pasada del año 2000 juntas en un mismo gráfico, podrás notar un movimiento alcista muy similar entre las tres cotizaciones. Pura correlación del análisis fundamental.

Esta fuerte correlación con las materias primas en el área de metales para el AUD ha proporcionado a Australia una ventaja económica envidiable por las demás grandes potencias que han observado sus monedas devaluarse fuertemente frente al AUD. Al mismo tiempo que experimentan una disminución constante del poder adquisitivo de sus ciudadanos.

El NZD mantiene una correlación con las materias primas relacionadas al agro y la ganadería, incluyendo principalmente la leche y sus derivados. Es uno de los países que domina la exportación mundial de estos rubros económicos, y también posee exportaciones importantes de metales, aunque en menores cantidades que Australia.

Por último, tienes la correlación con las materias primas en el área energética. Por razones históricas el CAD, que no es el mayor productor de petróleo del mundo, pero si un importante suplidor del consumidor más grande que es USA, ha visto su moneda oscilar a la par con los precios del petróleo.

Para realizar inversiones a largo plazo en el Mercado de Divisas, es necesario tomar en consideración al menos una Correlación Materias Primas - FOREX en tu análisis fundamental.

Análisis técnico

El análisis técnico como lo vimos en capítulos anteriores es la metodología que interpreta los movimientos del precio. Los especialistas buscan liquidez para solventar su negocio. La repetición de las estrategias utilizadas por los especialistas en su trabajo genera patrones repetitivos.

Si fueras un analista desarrollarías la habilidad visual de identificar dichos patrones en un gráfico. Si fueras un programador los cuantificarías matemáticamente utilizando complejas fórmulas.

Y si pudieras aprender a interpretar el Lenguaje del Precio, tendrías la capacidad de anticiparte al 90% de todos los movimientos que ocurren en un gráfico. Y en este negocio, anticiparte es lo que te dará dinero.

Los precios de los mercados son plasmados y enmarcados en un eje horizontal de tiempo y uno vertical de precio. Los precios suben o bajan de acuerdo a la agresividad de los operadores participantes. En un mercado eficiente o en equilibrio estas oscilaciones deberían ser imperceptibles.

Pero en la realidad no sucede así, pues el mercado funciona gracias a la impresión digital de cientos de billones de unidades de papel moneda distribuidos sistemáticamente por los Bancos Centrales a través del sistema bancario. Estos recursos sirven como herramienta para manipular el 100% de los movimientos que ocurren en el mercado FOREX.

¿Buscas indicadores técnicos?

Todos los indicadores técnicos fueron creados a partir de los años 70. ¿Cómo crees que durante más de 200 años los especuladores del pasado acumularon grandes riquezas?

Con el Lenguaje del Precio. El mejor "timing" lo da el precio mismo. Las señales de entrada generadas por indicadores, por lo general, ocurren en mal momento.

La base del análisis técnico es la psicología humana. Lamentablemente el ser humano no es perfecto y está cargado de emociones que dominan su comportamiento frente a situaciones similares, creando un comportamiento repetitivo y altamente predecible cuando se produce en masas.

El estudio del análisis técnico mediante indicadores y formaciones subjetivas origina y moldea el pensamiento colectivo sobre el cual se diseñan todas las trampas que ejecutan los especialistas cada día para mantener su negocio. Si la mayoría ganara, el mercado dejaría de existir.

Aunque en realidad ya sabes que los patrones no los generan las masas, sino el comportamiento repetitivo de los especialistas frente a la respuesta de acción de las masas. Para los especialistas es muy fácil, porque pueden ver las órdenes de todo el mundo en sus libros.

Y además ejercen una gran influencia sobre las decisiones de las masas a través de los medios de comunicación masivos. Es lo que yo llamo "la guerra entre el huevo y la piedra": si me pegas, tú ganas; y si yo te pego, también tú ganas.

El engaño del análisis técnico moderno

A través de los siglos, miles de personas han podido extraer grandes beneficios de los mercados financieros aplicando las estrategias básicas del análisis técnico y la psicología del Lenguaje del Precio.

Hace más de 200 años cuando los mercados comenzaron a operar oficialmente, predominaba el análisis fundamental, el cual sólo era utilizado por las grandes instituciones financieras. A medida que esta herramienta de análisis comenzó a popularizarse, estas instituciones comenzaron a aplicar las estrategias del análisis técnico.

En las últimas décadas y con la masificación de la tecnología del internet, el análisis técnico ha comenzado a ser manejado por cualquier persona que tenga un computador con acceso a internet. Las mismas instituciones financieras, que han estado presentes durante más de un siglo y a raíz de esta masificación, establecen una estrategia para confundir y mal informar acerca de las verdaderas estrategias del análisis técnico.

Esto ha sido logrado de la siguiente manera. Actualmente existen cientos, sino miles de indicadores técnicos que han sido desarrollados por supuestos "gurús" del análisis técnico y que venden sus indicadores mágicos empacados en un "sistema" o "método" que usualmente cuestan miles de dólares, o simplemente con la publicación de un libro con el cual generan cuantiosos beneficios. Doble beneficio.

La finalidad es confundir a los iniciados en la especulación y crear la mentalidad colectiva que originará los mismos comportamientos una y otra vez. Cerca del 95% de estos nuevos interesados pierden completamente todo el capital que invierten en sus primeras etapas como inversores.

Dejándolos con una experiencia negativa y creándoles la idea y la imagen de que los mercados financieros son un área exclusiva para genios con altos niveles académicos y que sólo ellos pueden producir rentabilidades en los mercados año tras año.

El iniciado, después de haber perdido todo su capital original, recurre a estos "gurús" en busca de ayuda y de enseñanzas. Gasta más capital en los productos que estos le ofrecen y el ciclo vuelve a repetirse. Obviamente que la gran mayoría no reincide y se olvida por completo de volver a involucrarse en los mercados bursátiles.

Espero que tú no hayas sido víctima de este drama.

Ahora te mostraré la simpleza de un análisis técnico FOREX, sin necesidad de recurrir a ningún indicador como herramienta para determinar una efectiva estrategia de entrada o de salida a la hora de planificar tus operaciones.

El ciclo del precio

Anteriormente estudiaste, en la lección de estrategias FOREX, que el ciclo típico del precio, cuando es plasmado en un gráfico, presenta cuatro fases muy puntuales y muy fáciles de identificar si realizas un análisis técnico con sentido común.

- Acumulación
- Tendencia Alcista
- Distribución
- Tendencia Bajista

Recuerda también que la forma más efectiva de extraer beneficios constantemente en los mercados es aprovechando las fases 2 y 4 (las tendencias). Combinadas con una correcta lectura del comportamiento colectivo de las masas de especuladores interpretando el

Lenguaje del Precio.

Te sorprenderá la simplicidad con la que miles de personas alrededor del mundo y a través de los siglos han acumulado cuantiosas sumas de dinero trazando unas simples líneas y aplicando un manejo de riesgo responsable con su capital.

¿Cómo identificar las tendencias?

El poder determinar las fases de tendencias dentro del ciclo del precio constituye la esencia del análisis técnico, pues son estas dos fases las que te proporcionan la ventaja probabilística que necesitas para operar en los mercados y obtener retornos de manera constante.

En el más llano y simple lenguaje, en el mundo del análisis técnico sólo existen dos tipos de formaciones: las tendencias y los rangos.

Las tendencias, a su vez, pueden ser alcistas si se dirigen hacia arriba, o bajistas si se dirigen hacia abajo. Los rangos por su parte pueden ser, de acumulación si se encuentran al inicio del ciclo, o de distribución si se encuentran en la parte alta del ciclo. Tal y como te había indicado en el tema de estrategias FOREX al describir el ciclo del precio.

Esto más bien suena a un juego de palabras, pero te mostraré la definición práctica para simplificarte la vida y luego aplicarás estas definiciones en el gráfico para que todo tenga más sentido para ti.

- Tendencia Alcista: sucesión de máximos mayores y de mínimos mayores
- Tendencia Bajista: sucesión de máximos menores y de mínimos menores
- Rango de Piso: máximos iguales y mínimos variados

- Rango de Techo: mínimos iguales y máximos variados
- Algunos puntos claves del gráfico:
- El inicio de esta gran tendencia alcista fue detectado cuando el último máximo (línea verde gruesa) de la anterior tendencia bajista fue quebrado al alza, terminando la sucesión de máximos menores, al tiempo que sale de la formación lateral de piso
- La sucesión de mínimos mayores en la tendencia alcista (líneas finas azules)
- La sucesión de máximos mayores en la tendencia alcista (líneas finas verdes)
- La finalización de la tendencia alcista fue detectada cuando el último mínimo (línea gruesa azul) de la tendencia alcista fue quebrado a la baja, terminando la sucesión de mínimos mayores, al tiempo que sale de la formación lateral de techo

Una herramienta que te ayudará a afinar el ojo técnico y a identificar tendencias en el gráfico es el Scanner de Divisas. Esta aplicación es muy efectiva y te proporcionará un empuje muy necesario en tu operativa para identificar tendencias fiables. Al inicio, no estamos seguros de que tan fiable es una tendencia.

El sentido común, el menos común de los sentidos

La idea central del análisis técnico consiste en determinar la situación del precio de un mercado, o sea, en qué fase del patrón de su ciclo se encuentra actualmente conjugado con el pensamiento colectivo de las masas y las posibles trampas que el mercado tendría preparadas para sustraer el capital que hay en juego por parte del público.

Para realizar un análisis técnico preciso utilizarás las líneas de soporte y resistencia, las cuales pueden ser estáticas (horizontales) o dinámicas (proyectando un ángulo con respecto al eje horizontal).

Aquí prevalece tu sentido común.

Si le muestras un gráfico a un niño de 10 años, este será capaz de indicarte si el precio va en alza o si va en baja. Es muy probable que no tenga idea de cómo trazar las líneas, pero será capaz de establecer la tendencia general. Simplemente utilizando su sentido común.

Al introducir indicadores y demás artilugios, la simplicidad y efectividad del análisis técnico creado por tu sentido común se evapora.

La siguiente gráfica te muestra conceptualmente todas las posibles situaciones en que pudieras trazar estas líneas para realizar tu análisis técnico de lugar. Puedes observar claramente una tendencia bajista delimitada por su línea de tendencia dinámica y una tendencia alcista en la parte derecha con su respectiva delimitación dinámica.

Chartismo

Quiero recordarte que las formaciones o patrones que se desarrollan en los gráficos (triángulos, cuñas, banderines, cajas, etc.) sólo funcionan para ejecutar transacciones que inicialmente han sido confirmadas por las líneas estáticas de soporte y resistencia y para leer el pensamiento colectivo de las masas.

Las formaciones chartistas funcionan, pero debes conocer el Lenguaje del Precio para determinar cuándo los especialistas van a explotar una figura chartista, o cuándo la van a permitir correr. De hecho, aprenderás con el Lenguaje que puedes operar una figura chartista en cualquier dirección.

Gran parte de la "mentalización" que reciben las masas es creer que las figuras están hechas para ser respetadas. Lo cual es una manera poco eficiente de trabajar. Simplemente porque pudieras esperar días o meses a que ocurra una figura de chartismo perfecta para poder realizar una operación fiable. Cuando en realidad existen docenas cada día.

Velas japonesas

De todas las herramientas que tienes para realizar un análisis técnico, quizás la más conocida y popularizada es la técnica japonesa de velas (*candlesticks*).

Las velas sirven principalmente para identificar puntos de reversos en el gráfico sin recurrir a la confirmación de las líneas horizontales de tendencia y sólo utilizando los quiebres de barras o velas anteriores.

Su correcta utilización está sujeta a un análisis multitiempo (múltiples temporalidades) y a una evaluación general del contexto propuesto por el mercado en general al momento de ocurrir cada escenario.

Más adelante te mostraré todos los detalles importantes a tener en cuenta para que utilices las velas japonesas de una manera simple y muy efectiva.

El negociar en tus inicios con base en formaciones (chartismo) y patrones de velas, conjugados con los cientos de herramientas e indicadores técnicos, constituye el camino perfecto para tu fracaso.

Antes de utilizar cualquier estrategia o técnica, te recomiendo enfocarte en aprender el Lenguaje del Precio, que incluye 3 cosas básicas:

- El precio: estructura y dinámica
- Sentimiento del mercado: fuerza relativa, choques externos, etc.
- Psicología: mentalidad flexible y aceptación del riesgo

Luego de que adquieras esta base sólida, te garantizo que podrás negociar cualquier sistema de *trading* que exista, cualquier estrategia, técnica o figura chartista de manera rentable y consistente.

Los especialistas hacen dinero cada día a expensas del comportamiento colectivo que ocasiona el uso de estas estrategias y técnicas. Con las cuales sólo lograrás perder tu capital y tu tiempo poniendo la carreta delante del caballo.

Las personas que hacen lo contrario, en el mejor de los casos llegarán a convertirse en... filósofos de la especulación, o en dóciles asistentes de robots.

Para hacer dinero en cualquier condición de mercado, rango o tendencia, debes utilizar el análisis técnico basado en el Lenguaje del Precio y conjugarlo con una correcta lectura psicológica del precio. Estos conocimientos sólo pueden ser adquiridos mediante una correcta educación y mucha práctica supervisada. Como cualquier otra carrera en la vida.

Manejo de riesgo mercado FOREX

El manejo de riesgo mercado FOREX es probablemente la lección más importante contenida en este Curso.

Primero debes asimilar que invertir en FOREX es un negocio como cualquier otro.

No una especie de casino donde el jugador pone en riesgo su capital en contra de las probabilidades.

De hecho, los casinos, si los miras desde el punto de vista del dueño son un negocio. Por eso están ahí.

Por ejemplo, una mesa de blackjack genera un beneficio al propietario del casino igual al 4.5% de todo el dinero jugado en la mesa, dentro de un periodo de tiempo razonable. El dueño del casino obtiene sus beneficios gracias a su ventaja probabilística.

Los operadores que no logran aceptar el *trading* como un negocio han sido víctimas de la manipulación psicológica general. A través de los medios, películas, revistas, blogs, libros, webinarios, etc. Piensan que invertir en los mercados financieros consiste en comprar y ganar.

Habrás notado que existe una orientación generalizada en ver el trading y las inversiones de manera "predictiva". Esto impide ver el trading como un negocio. Y es muy difícil exorcizar este estado mental en un iniciado.

Otra herramienta para moldear el pensamiento colectivo son los famosos indicadores económicos. El arma más letal en el mundo financiero.

Estos indicadores tienden a convencer al individuo en lo más profundo de sus entrañas, de que el precio irá en la dirección pronosticada por los indicadores "adelantados", o por los datos macroeconómicos.

Si te identificas con esta situación, te recomiendo olvidarlo todo. Utiliza técnicas psicológicas y comienza desde cero.

Pon un gráfico en limpio, sólo el precio y evita todo tipo de información exterior durante un largo período de tiempo. Hasta que tu operativa sea consistente y ya las opiniones de afuera no influyan en tu análisis ni en tus ejecuciones. Casi imposible de lograr para muchos. Pero si pones en práctica todos estos consejos, estoy seguro de que con mucha determinación lo puedes lograr.

Si ya eres un empresario, grande o pequeño y administran tus propios negocios, este concepto será sumamente fácil de adaptar a tus operaciones. El manejo del riesgo mercado FOREX vela por la justa determinación del tamaño de cada orden que ejecutas, evitando que seas devorado por el resto de los Especialistas, o peor aún, por ti mismo.

En el mercado el dinero no desaparece, simplemente pasa de unas manos menos experimentadas a otras más hábiles.

Justamente esa es la idea de este curso de FOREX, transmitirte las experiencias adquiridas a lo largo de una humilde carrera como operador y que puedas utilizar estos conocimientos preservar tu capital y tu cordura. De esa manera, tu proceso de aprendizaje en el manejo del riesgo mercado FOREX y los demás conceptos será más exitoso y prometedor.

El manejo de riesgo mercado FOREX es sólo una cara de la moneda del manejo del capital. La otra cara es el manejo de las ganancias, un tema que requiere de una profundidad mayor que escapa al alcance de este capítulo. Por el momento, vamos a ampliar el manejo de riesgo mercado FOREX como una buena introducción al manejo del capital.

Retorno, la palabra clave

El manejo del riesgo Mercado FOREX va más allá de la mera definición de establecer la cuota de su capital a poner en riesgo en cada operación. Como te había mencionado, este aspecto es ya bastante conocido para un empresario. Probablemente sabes que en la administración general de cualquier empresa o negocio deben tenerse como norte ciertas directrices.

Las más notorias son:

1. **Costos**. Mantener los costos bajos y establecer una política constante donde se busquen estrategias para reducirlos cada año.

2. **Beneficios**. Anualmente los beneficios deben por lo menos duplicar las pérdidas. En caso ideal, triplicarlas.

3. **Diversificación**. Asignar una cuota de riesgo a cada producto

en inventario. Esto es lo mismo que "no poner todos los huevos en una misma canasta".

4. **Retorno**. Tu capital invertido (efectivo, inmuebles, maquinarias, etc.) debe producir un retorno anual atractivo, o por lo menos considerablemente mayor al que produciría si estuviese guardado en un banco.

5. **Innovación**. Tus conocimientos deben estar siempre al día en el área o sector al que su negocio pertenece, esto incluye los aspectos de tecnología, leyes, mercadeo, y sobre todo el continuo estudio de tu competencia.

Estos parámetros se aplican de manera diferente en el manejo de riesgo Mercado FOREX, pero el objetivo de estas directrices, al igual que sus resultados, son exactamente iguales. Lo que varía es la forma en que son implementados.

Los operadores de Fondos de Inversión mejores calificados (una variante muy utilizada en el mundo de las inversiones), por lo general, obtienen retornos anuales superiores al 20%.

Esta suma es muy significativa, tomando en consideración que el esquema de manejo de riesgo Mercado FOREX utilizado por estos individuos es muy conservador y que la cantidad de capital usualmente manejada por uno de estos individuos es superior al billón de dólares.

Los operadores exitosos al detalle, retail traders, producen entre un 100% y un 500% de retorno anual. Este rango es muy amplio debido a que cada uno de ellos utiliza una estrategia de manejo de riesgo Mercado FOREX diferente, siendo unos más agresivos, mientras otros son más conservadores y todo lo que cabe entre estos dos extremos.

Medidas simples para el manejo riesgo Mercado FOREX

Te mostraré ahora algunas medidas prácticas que puedes adoptar como referencia para el manejo de riesgo Mercado FOREX, y que luego deberás ir ajustando a través de los años dependiendo de tus resultados.

Primero, te recomiendo determinar cuál será la cantidad de capital a poner en riesgo en cada operación. La regla general para los operadores al detalle en el manejo de riesgo en el mercado FOREX es la del 1%. Este nivel de riesgo puede ser aumentado a medida que supere sus etapas iniciales y puede alcanzar en ocasiones hasta un 10% para posiciones importantes del mediano y largo plazo.

Por ejemplo:

Capital Total = $100000
Riesgo por Operación = (1%) = $1000

Segundo, y partiendo del concepto general de manejo de riesgo en el Mercado FOREX, que más bien ha sido desarrollado a través del tiempo con base en el sentido común, establecemos cuánto capital estás dispuesto a perder, antes de parar definitivamente de operar y hacer una justa revisión a tus operaciones para detectar en qué estás fallando. Este porcentaje es personal, pero creo que un 10% es suficiente.

Tercero, te recomiendo prestar atención a la secuencia de operaciones ganadas y operaciones perdidas. Si llevas más de 10 operaciones que muestran considerables pérdidas de manera secuencial, deberías detenerte y revisar tus operaciones en un gráfico. Esta larga secuencia de pérdidas indica una sola cosa, estás totalmente desenfocado y estás operando en dirección opuesta a los mercados, o… tu sistema no está probado.

Cuarto, si en determinado momento tienes varias operaciones abiertas que ya te representan en total una potencial pérdida mayor al 10% del total de tu capital (o al número que determines en el punto 2 de manejo del riesgo Mercado FOREX), no es prudente abrir nuevas operaciones.

Errores típicos en los inicios

Un error común de manejo de riesgo entre los inversores iniciados es el de incrementar el tamaño de una nueva orden después de haber obtenido una pérdida en la operación anterior. Espero que nunca hagas lo mismo.

En realidad, cuando esto ocurre en varias operaciones de manera consecutiva, debes de hacer todo lo contrario como ya leíste en los puntos anteriores. Esta mala práctica de manejo de riesgo Mercado FOREX combinada con el apalancamiento disponible (hasta 500:1), es la causa número uno por la cual millones de personas llevan sus cuentas hasta $0.00.

Cuando pones en riesgo un porcentaje muy elevado del total de tu capital en una sola operación, toda tu capacidad de análisis técnico desaparece.

Toda tu objetividad y enfoque se evaporan, pues en ese momento sólo estás pensando en el dinero que puede perder, e ignoras por completo las señales que el Lenguaje del Precio te está ofreciendo.

Cuando sientas algún tipo de emoción mientras ejecutas una de tus operaciones, esto debe de alertarte y avisarte de que algo anda mal. Cuando ejecutas las prácticas de manejo de riesgo Mercado FOREX adecuadas, tus operaciones deben parecerte rutinarias y no provocar ningún tipo de emoción.

En el momento en que sientas que estás haciendo una fortuna y que sabes más que el resto de los operadores, te encaminas rumbo a un final oscuro. El aplicar una estrategia de manejo de riesgo Mercado

FOREX férrea, es el único camino que te conducirá a permanecer en este negocio. No importa que tan rentable sea tu sistema, ni tampoco si eres el mejor intérprete del Lenguaje del Precio.

Una sola operación no debe representar en tu cuenta ni una gran ganancia, ni tampoco una gran pérdida porcentual. De ahí surge la idea de poner en riesgo un 1% por cada operación. Aunque si estás iniciando, personalmente te recomiendo un 0.25% y luego incrementar tu exposición al riesgo a medida que tu capacidad y tu experiencia aumenten.

Recuerda que tu primer año en este negocio es para aprender y dominar el manejo de riesgo Mercado FOREX y el Lenguaje del Precio. No para hacer dinero. En este tiempo tus metas deben ser:

- Aprender (Interpretar el Lenguaje o desarrollar un sistema rentable)

- Preservar tu capital (aplicar un excelente manejo de riesgo)

- Establecer la mentalidad correcta (Mecanización)

Si buscas una forma de hacerte rico de la noche a la mañana, te recomiendo que no pierdas más tu tiempo con esta lectura. Como cualquier otra empresa, invertir en el Mercado FOREX necesita de una sólida formación.

Las cifras oficiales de la industria del FOREX muestran que cerca del 99% de las cuentas abiertas en los últimos años no superan los primeros 3 meses de vida. Y el capital promedio o depósito de apertura es de unos 3000 dólares.

La gran mayoría de las personas, aunque debo admitir que mal asesoradas e inducidas por fuertes campañas de mercadeo, son introducidas al Mercado FOREX con la idea de que pueden producir grandes retornos en muy poco tiempo. Nada está más lejos de la verdad.

Espero que tu llegada al trading no haya sido de esa manera. y si fue así, ya sabes lo que debes hacer para cambiar tu perspectiva.

Producir retornos de manera consistente, sólo se logra con la combinación de un estricto manejo de riesgo Mercado FOREX sumado a una excelente interpretación del Lenguaje del Precio (o con un sistema rentable) y desarrollar la capacidad de ejecutarlo al 100%.

Un complemento muy necesario

El manejo de riesgo Mercado FOREX es la variable que no puede faltar en la elaboración de tu plan de trading, o **plan de acción**. Te ayudará a conjugar estas indicaciones de manejo de riesgo con las demás estrategias necesarias para establecer tu negocio de manera eficiente y responsable.

Has observado como el manejo de riesgo Mercado FOREX complementa **la ventaja** que nos proporciona el Lenguaje del Precio. Una ventaja probabilística muy similar a la que tiene el dueño del casino.

Para sacar el mayor beneficio a las estrategias de tendencias debes de introducir tus órdenes justo al inicio de estas fases dentro del ciclo del precio.

Y recuerda que es indispensable normalizar el riesgo, o sea que cada pérdida monetaria sea igual, no importa la cantidad de pips que tenga tu pérdida (StopLoss) en el gráfico. Para ello, la aplicación de manejo de riesgo puede ahorrarte cientos de horas de tediosos cálculos innecesarios.

Psicología para invertir en FOREX

Invertir en FOREX es un juego psicológico. El mejor analista técnico de gráficos que pueda existir, si no tiene la correcta psicología para invertir, perderá todo su capital. Es por ello que existen miles de analistas exitosos y muy pocos operadores e inversores que producen excelentes retornos de manera constante.

Es la realidad psicológica para invertir en FOREX. La diferencia entre un operador exitoso y la del 95% de las personas que pierden su dinero es la flexibilidad mental. En la manera en que desarrolles la capacidad de adaptarte a los continuos cambios que experimentan los mercados cada día, de esa misma forma podrás invertir en FOREX de manera exitosa.

El primer paso para lograr una mentalidad flexible de especulador es tomar responsabilidad de sus acciones.

La razón por la que los indicadores técnicos son tan populares es porque proveen un culpable para nuestras pérdidas.

De la misma manera que los Brokers y asesores financieros. Los servicios de senales y copiadores de operaciones también tienen gran popularidad.

Todos se aprovechan de la ignorancia del iniciado y de su condición psicológica y falta de responsabilidad.

Trabajar el subconsciente para invertir en FOREX

Las razones por las que la mayoría fracasa y no logra esta flexibilidad de pensamiento y de parecer están sumergidas muy en lo profundo de nuestro subconsciente y esto se debe a varias razones fundamentales. Te aseguro que jamás se te hubieran ocurrido. Para invertir en FOREX, debemos superar los siguientes obstáculos:

La negatividad del hogar. La mayoría de los padres y las madres tratan de formar a sus hijos de la mejor manera que pueden. Sin embargo, podrías contar cuántas veces en tus primeros 10 años de vida, tu padre, tu madre, tu abuela, tu abuelo, tu tutor, o la suma de todos ellos, te mencionaron la palabra NO, o frases como "no hagas esto", no te subas allí", etc. Miles de veces. Esto crea un enorme problema a la hora de querer instalar una adecuada psicología para invertir en FOREX.

La formación académica. Sabemos que el sistema educativo es un fracaso. Se basa en un currículo 95% repetición y 5% creatividad. La falta de desarrollo creativo nos limita la intuición y ya verás más adelante cómo este aspecto es vital para invertir en FOREX.

Las creencias religiosas. El mundo iberoamericano es altamente religioso. Las grandes religiones mantienen en sus lineamientos de enseñas que la acumulación de dinero convierte a las personas en seres ruines.

El carácter y la edad. Todos tenemos distintas formas de ser y distintos pareceres, pero a medida que envejeces, tus criterios y creencias se vuelven más rígidos. Tendemos a preferir lo seguro en vez de lo incierto. Preferimos lo estable a lo inestable.

La vida moderna. Por motivos laborales y de subsistencia, los días comienzan a volverse rutinas, por igual los meses, y por ende los años, con escasas vacaciones.

La sociedad. La manera en que la interacción social en general funciona y en específico el mundo laboral son el principal choque de creencias que nuestro subconsciente experimenta al querer invertir en FOREX. Para lograr un objetivo tienes que convencer u obligar a los demás a que sigan tus lineamientos y tus ideas. No hay otra forma de lograrlo. Mientras más presionas, más rápido consigues algo de otra persona.

La psicología para invertir en FOREX no funciona de esta manera. Los mercados son entes que no obedecen a reglas ni órdenes de nadie. Esta es la principal razón por la que cientos de miles de profesionales y empresarios exitosos han perdido billones de dólares invirtiendo en los diferentes mercados bursátiles.

Estas personas pretenden que el mercado haga exactamente lo que ellos pronosticaron, y no soportan la idea de equivocarse. El pensamiento es algo como: "si yo pude levantar una empresa que vale millones de dólares, ¿cómo no voy a poder ganar en el mercado?". Invertir en FOREX, no tiene nada que ver con sus logros anteriores.

Para invertir en FOREX, tienes que modificar tu estructura de pensamiento para poder seguir el flujo de las variaciones que ocurren a cada segundo en este mercado. La programación neuro lingüística (PNL), es un conjunto de técnicas que pudiera serte muy útil para lograr estos cambios.

Las etapas para invertir en FOREX

Invertir en FOREX no es un sistema para hacerse rico de la noche a la mañana. Si es abordado de la manera correcta, puede ser un negocio como cualquier otro, pero con enormes ventajas relativas. No hay empleados, almacenes, impuestos, clientes, inventarios, etc. Para lograr esto, primero debes convertirte en un buen operador. Y para ello necesitas agotar varias etapas:

- Investigación
- Demo
- Especulador mecánico
- Especulador profesional

A diferencia de otras profesiones, el tiempo que dura cada etapa para **invertir en FOREX** no está definido, sencillamente porque depende de la dedicación y honestidad con que cada persona supere las etapas.

La primera etapa se explica por sí misma, es probable que te encuentres en ella ahora mismo si estás investigando y leyendo este tema.

La segunda etapa es la más difícil. Esta etapa puede durar un mes, como puede durar varios años y eso sólo dependerá de ti.

En **la tercera etapa** de especulador mecánico, tu objetivo principal es crear una mentalidad de operador profesional donde el introducir una orden para invertir en FOREX no te genere ningún tipo de emoción. Té había puntualizado que el operar debe ser una actividad regia. Esto mantiene tu objetividad al máximo al tiempo que te permite utilizar todas tus habilidades como analista técnico.

Si quisieras ser médico cirujano, esta segunda etapa de operador mecánico podría compararse con los 5 años de residente que tendrías que trabajar en combinación con la universidad. En esta etapa visitas varias veces por semanas un hospital, donde gradualmente va asimilando todo lo que implica el ser un cirujano, profundizando cada día que pasa en los procesos, desde los más sencillos hasta los más complejos. Siempre con la presencia a tu lado de un doctor con mucha experiencia.

En el mundo académico esta metodología sólo es utilizada en las carreras donde la vida misma del ser humano puede correr peligro. Las razones son muy obvias y espero que no necesiten mayor explicación. En el caso de invertir en FOREX, es tu vida financiera la que corre peligro.

Para convertirte en un operador profesional e invertir en FOREX la secuencia es exactamente la misma, a diferencia de que puede lograrse en un tiempo mucho menor, pues los conocimientos, las técnicas y las destrezas necesarias que hay que desarrollar son más simples, pero mentalmente más retadoras.

El mayor obstáculo a superar para invertir en FOREX es la base de creencias citadas en los puntos anteriores, que está albergada en lo más profundo de tu subconsciente. No te preocupes. Existe una forma infalible para desactivar estos pensamientos que están profundamente arraigados en tu cerebro.

Pero te advierto, necesitarás mucha fuerza de voluntad y sobre todo mucha honestidad contigo mismo. No te mientas y no te engañes a ti mismo. Tu tiempo y tu capital están en juego.

La parte mecánica

Tu segunda etapa comenzaría inmediatamente después de que repases varias veces este tema para invertir en FOREX. No dudes en releerlo, notarás como estos conceptos van a ir tomando más sentido a medida que comiences a sumergirte en la práctica.

La razón es sencilla. Esto no es un texto cualquiera, es la suma de todas mis experiencias como especulador, enmarcadas en un formato de texto. Una gran diferencia. Aprovéchala.

A lo largo de este tema habrás notado que, para referirme al hecho de convertirse en un especulador exitoso para invertir en FOREX, siempre lo hago agregando el término "consistencia". La razón, a pesar de ser muy evidente, escapa a la razón de muchos. Cualquiera puede introducir una orden y obtener un beneficio. El problema es hacerlo una y otra vez, año tras año, de manera constante.

Esto se llama consistencia. El enemigo de este estado de consistencia son todas o algunas de esas creencias negativas arraigadas en nuestro subconsciente, las cuales crean una predisposición mental que te traicionan sigilosamente, sin que ni siquiera sepamos la verdadera razón por la cual estamos fracasando.

De hecho, todas las personas que fracasan en este negocio culpan a todo el mundo menos a ellas mismas: al corredor, al libro o al curso que compraron, al maestro, al mercado FOREX porque es muy manipulado; en fin, entiendes la idea. Cuando en el fondo los culpables son ellos mismos por no haber desarrollado la mentalidad necesaria para invertir en FOREX y por no haberse educado correctamente.

Es como si leyeras mil libros acerca de cirugía, luego operes a alguien a corazón abierto, tu paciente muera y culpes a las enfermeras, al bisturí o a los libros. Y todo esto sólo porque ya eras experto en matemáticas y, por ende, eso de operar a corazón abierto tiene que ser muy fácil.

El proceso neurológico

La secuencia lógica para establecer el correcto estado mental para invertir en FOREX la puedes lograr mediante la exposición a un proceso mecánico. Al igual que las personas que fracasan y no se dan cuenta de lo que ocurre en su subconsciente, tú tampoco notarás ningún cambio mientras atraviesas la etapa mecánica, pero con el tiempo los resultados positivos se van a reflejar en el resumen de tus operaciones.

El proceso de mecanización para invertir en FOREX tiene como objetivo establecer una mentalidad orientada a producir beneficios de manera constante y para ello crea una secuencia de desactivación de esas creencias antiguas que tienes en tu subconsciente, y al mismo tiempo instala las creencias que eventualmente serán tus fortalezas como operador. Estas "3 nuevas creencias" son las siguientes.

1. **El mercado siempre tiene la razón**. Lo primero que va a cambiar es tu percepción hacia los mercados. Como vimos anteriormente, las personas que ya han tenido éxito en otras áreas del quehacer humano entienden que eso de invertir en FOREX tiene que ser muy fácil para ellas. Cuando introducen una orden y pierden capital, entienden que el mercado es el que está equivocado. En consecuencia, no cierran la orden en espera de que el mercado les dé la razón.

2. **El mercado es incierto**. Invertir en FOREX no es un juego de azar, es la simple acción de identificar mediante el análisis técnico el inicio de un ciclo de precio que provee una ventaja probabilística en sus fases de tendencias.

3. **Las probabilidades del mercado subir/bajar es 50%/50%**. Las variaciones en los precios de un mercado son el mero resultado del trabajo de los especialistas. No sabemos cuál será la secuencia de ganadoras y perdedoras de los próximos 10 eventos. Lo que sí sabemos es que, si jugamos todos los eventos y tenemos una probabilidad a nuestro favor, al final de los 10 eventos el saldo en nuestra cuenta será positivo.

El Lenguaje del Precio es una metodología que nos proporciona una ventaja probabilística mayor al 50%/50% para obtener ganancias constantes en el mercado de divisas, mediante la aplicación de un manejo de capital sensato.

Mentalidad de especulador

Estas ideas anteriores van a ser grabadas en tu subconsciente gracias al proceso mecánico de adaptación. Cuando el resumen de tus operaciones comience a mostrar más operaciones ganadoras que perdedoras de manera constante, tu mente comenzará a darle más poder a estas ideas y drenan el poder que tienen las viejas creencias que sirven de obstáculos para invertir en FOREX.

Este proceso puede prolongarse en la medida en que seas capaz de aplicar un procedimiento mecanizado de operaciones. El proceso dura hasta que eventualmente tu mente integre las creencias reales que acabamos de describir.

Todo depende de ti

La gran mayoría no tiene la fuerza de voluntad necesaria para atravesar este proceso o simplemente se rinden en el intento. Este proceso será muy fácil para algunos, pero para otros será monumental. Y la razón radica en que cada uno alberga una cantidad diferente de creencias negativas en su subconsciente. Espero que puedas lograrlo.

El punto quizás más importante a tener en cuenta durante esta etapa es la disciplina. Pero la disciplina se origina con un ciclo esfuerzo/éxito que será originado por la implementación de una efectiva metodología de especulación.

La utilización del Lenguaje del Precio es la más efectiva que he conocido. Es altamente recomendable que primero domines esta metodología antes de tratar de utilizar otras.

El proceso mecánico sólo puede ser finalizado con disciplina. Es muy probable que tengas que reiniciar este proceso por varios motivos. Cuando no experimentas éxito el nivel de interés disminuye. Al disminuir el interés disminuye su enfoque y comienza un círculo vicioso. Esta es la verdadera razón de la indisciplina.

Superar esta etapa mecánica sin un guía será prácticamente imposible para muchas personas. Neutralizar las emociones humanas para actuar correctamente frente a una plataforma de especulación requiere de una experiencia visual que sólo puede adquirirse en un ambiente adecuado de manera intensiva.

Ahora bien, como vimos el Forex puede llegar a ser un mercado y forma de inversión altamente rentable si sabemos lo que estamos haciendo. Hoy en día es muy fácil poder acceder a este mercado, lo más difícil es dedicarle el tiempo suficiente a estudiarlo, practicarlo y aprender de esta profesión. Lo que buscaremos en un bróker o intermediario para poder invertir en él es lo siguiente.

1. Fiabilidad

Empezando a contar sobre cómo elegir un bróker, hay que resaltar el hecho que precisamente la cuestión de fiabilidad es la más importante. Incluso la estrategia más exitosa de trading y las decisiones mejor pensadas no podrán traer el beneficio deseado si la compañía de bróker cancela operaciones rentables sin explicación, comete tanto deslizamientos como recotizaciones, semanas enteras no permite retirar los fondos correctamente ganados y no puede ofrecer un soporte de calidad a los usuarios. Usted puede evitar este tipo de problemas estudiando concienzudamente las reseñas sobre la compañía en cuestión.

Para seleccionar correctamente un bróker adecuado, hay que tener en cuenta tanto las críticas de los clientes, como la existencia de licencias de las organizaciones reguladoras. En la mayoría de los casos, se tome el bróker que se tome, las compañías bajo licencias de organismos reguladores se esfuerzan a proporcionar condiciones de trading buenas y de calidad. No es de sorprender, ya que en la mayoría de los casos los traders pueden presentar quejas ante las organizaciones reguladoras. Estas, a su vez, tienen derecho de imponer diversas sanciones a las compañías poco fiables, que van desde multas hasta la privación de licencias. Sopesando la cuestión de cómo y qué bróker de Forex elegir por el criterio de fiabilidad, también hay que mencionar la necesidad de tomar en consideración la experiencia de la compañía en el mercado y los comentarios de los traders profesionales sobre su trabajo.

2. Condiciones de trading

En la mayoría de los casos, los recién llegados que tienen al principio un presupuesto muy limitado, no pueden permitirse elegir para trading una compañía de brókers grande y fiable que tiene licencias de reguladores sólidos y reputación en el mercado. Así que en este caso le recomendamos buscar el equilibrio óptimo entre el atractivo de las condiciones de trading y lo bueno de la reputación del intermediario.

Analizando la cuestión de cómo toman la decisión de escoger un bróker para su trabajo los traders novatos, se puede llegar a la conclusión de que en la mayoría de los casos en primer lugar ellos prestan atención al volumen del apalancamiento y del depósito mínimo. Este enfoque difícilmente puede ser correcto, ya que es improbable de que consiga algún éxito. Un apalancamiento grande puede permitir en el transcurso del día tanto multiplicar varias veces el tamaño del depósito, como perder todo el beneficio en una transacción ante un fuerte cambio en el mercado.

Contando a un trader novato sobre cómo elegir un bróker de Forex correctamente, en seguida hay que señalar que el mantenimiento de un bajo nivel del depósito mínimo es una excelente oportunidad para aprender a trabajar: en este caso, usted podrá sentir la atmósfera de un trading en toda regla con bajos riesgos. Además, un bróker español fiable en la mayoría de los casos proporciona a sus clientes las cuentas de demostración, en calidad de plataforma para la formación y prueba de estrategias de trading.

Antes de elegir definitivamente un bróker profesional, preste atención a las comisiones ocultas. A menudo, las compañías de brókers toman la decisión de elegir e imponer a sus clientes no sólo los *spreads* por la apertura de posiciones. Estos pueden ser intereses adicionales por el retiro de fondos, provisión de servicios y etc. Este punto es principalmente crucial si quiere saber cómo elegir un bróker de Forex correctamente y no perder el dinero ganado en el futuro.

3. Depósitos o retiro de fondos

Cada compañía de brókers decide independientemente cómo depositar y retirar fondos de sus clientes, así como establecer el tamaño del límite de depósito/retirada de fondos diario. Casi todos los intermediarios hoy en día soportan la posibilidad de usar para el depósito y retirada de fondos las transferencias a las cuentas bancarias y tarjetas de crédito. Por otra parte, como demuestra la práctica, casi siempre se puede seleccionar un bróker adecuado para trading que soporte un sistema de pago conveniente para Usted (Skrill, Paypal, VISA, MasterCard, etc.).

Muy a menudo para estos pagos se establecen unas comisiones mínimas y el dinero se transfiere adecuadamente a su cuenta de operaciones en cuestión de minutos. Cabe señalar que algunos brókers fiables soportan la función de retirada de fondos automática. Antes de elegir un bróker hay que evaluar la necesidad de que la compañía que le interese tenga este útil servicio. Es una característica bastante importante que le permite transferir automáticamente el dinero ganado en el mercado de Forex a su monedero electrónico prácticamente sin ninguna restricción.

4. Terminal

Le recomendamos que elija un bróker que ofrece una plataforma de trading funcional y comprensible, compatible con los terminales más populares y funcionales. Tener una versión web de la plataforma y aplicaciones móviles para trading puede ser considerado como una ventaja importante que motiva a elegir precisamente a este bróker tan profesional. Por supuesto, en la mayoría de los casos este tipo de plataformas de trading para trabajar con Forex tienen un funcional mucho más modesto, tanto para realizar un buen análisis técnico como para utilizar las señales de trading y otras herramientas. Sin embargo, en cualquier caso, es una ventaja importante porque le permite entender con mayor precisión cómo elegir un bróker correctamente.

5. Reseñas de clientes

Comentarios y opiniones de colegas de trading sobre el trabajo de un bróker específico en la mayoría de los casos son cruciales para los principiantes en el mercado de Forex. Sin embargo, el enfoque de su evaluación ha de ser crítico. A menudo, los traders novatos pueden culpar de sus fracasos incluso al bróker más fiable más que a sí mismo, porque es precisamente el usuario quien decide cómo tradear y qué estrategia elegir para trabajar. Además, con mucha frecuencia las mismas compañías de brókers encargan opiniones promocionales pagados. No es correcto confiar en todo lo escrito. Por lo tanto, es necesario seleccionar y considerar en el trading las recomendaciones realmente útiles de los traders imparciales y con experiencia.

6. Servicio

Antes de elegir un buen y fiable bróker de en cualquier parte del mundo es necesario evaluar la calidad de su trabajo con los clientes. La existencia de un soporte cualificado de 24 horas en español por teléfono, Skype o correo electrónico, hoy en día ya no es una ventaja, si no un requisito indispensable para cualquier trader de Forex de éxito. En la mayoría de los casos, ante una formulación competente de la pregunta y adecuada comunicación, el servicio de soporte de cada compañía de brókers puede proporcionar respuestas completas a las preguntas de cualquier naturaleza.

Contando sobre cómo hay que elegir al bróker perfecto, hay que prestar especial atención a las bonificaciones, eventos promociones y otros medios de estimulación de los clientes. Así, por ejemplo, en la mayoría de los casos, con el primer depósito, independientemente de la cantidad de fondos puestos a la cuenta del bróker, Usted puede obtener una bonificación adicional entre 50 y 200% de esta cantidad. Además, en calidad de beneficios importantes se puede considerar el ofrecimiento de forma gratuita de varios servicios de análisis y herramientas de trading.

Ahora Usted realmente sabrá cómo elegir un bróker correctamente y qué intermediario fiable utilizar para el trabajo.

Conclusión

Podría parecer que elegir un buen bróker es extremadamente difícil y esta tarea requiere una gran cantidad de tiempo. De hecho, esta afirmación se acerca a la realidad. Sin embargo, siguiendo las presentadas recomendaciones, Usted podrá encontrar una compañía de brokers de forex completamente acorde a todos sus requerimientos.

En resumen, busquemos un bróker regulado, con buenos comentarios, buenas comisiones, un buen soporte, plataforma y que nos realice retiros cuando lo queramos.

10
MATERIAS PRIMAS / COMMODITIES

Ahora bien, aprovechando de todo lo que hemos platicado sobre el mercado de Forex y commodities, aprovecharemos para hablar de los commodities o bien, materias primas. ¿Por qué? La mayoría de commodities se operan con brókeres o plataformas online. Es cierto que podemos entrar a través de acciones, ETF, futuros, etc., pero muchas personas a nivel mundial operan commodities a través de plataformas; principalmente, a mi gusto, lo mejor sería con ETF o CFD. Así que hablemos un poco sobre los commodities.

Los productos básicos, ya estén relacionados con los alimentos, la energía o los metales, son una parte importante de la vida cotidiana. Del mismo modo, los productos pueden ser una manera importante para que los inversores se diversifiquen más allá de las acciones y bonos tradicionales, o para beneficiarse de una convicción sobre los movimientos de precios.

Solía suceder que la mayoría de la gente no invertía en productos básicos porque hacerlo requería cantidades significativas de tiempo, dinero y experiencia. Hoy en día, hay una serie de rutas diferentes a los **mercados** de **materias primas**, y algunas de estas rutas hacen que sea fácil para incluso el inversor medio de participar. Este artículo debe ayudarle a determinar qué herramientas le conviene mejor para invertir en productos básicos.

Veremos a continuación cómo podemos obtener estos instrumentos, ya que son un activo importante a considerar para nuestro portafolio de inversión.

Mercado de futuros

Una forma popular de invertir en materias primas es a través de un contrato de futuros. Están disponibles en materias primas, tales como el petróleo crudo, oro y gas natural, así como productos agrícolas, tales como ganado o maíz.

Cada contrato de productos básicos requiere de un depósito mínimo diferente, dependiendo del intermediario, y el valor de su cuenta aumentará o disminuirá con el valor del contrato. Si el valor del contrato disminuye, estará sujeto a una llamada de margen y se le pedirá que coloque más dinero en su cuenta para mantener la posición abierta. Debido a las enormes cantidades de apalancamiento, pequeños movimientos de precios pueden significar grandes ganancias o pérdidas.

Ventajas:

- Es un juego puro de la mercancía subyacente.
- El apalancamiento permite grandes beneficios si está en el lado derecho del comercio.
- Las cuentas de depósito mínimo controlan los contratos de tamaño completo que normalmente no serían capaces de pagar.
- Puede ir largo o corto fácilmente.

Desventajas:

- Los mercados de futuros pueden ser muy volátiles y la inversión directa en estos mercados puede ser muy riesgosa, especialmente para los inversores sin experiencia.

- El apalancamiento aumenta las ganancias y las pérdidas.
- Un comercio puede ir en contra de usted rápidamente y usted podría perder su depósito inicial (y más) antes de que sea capaz de cerrar su posición.

Acciones

Muchos inversionistas que buscan un producto de uso básico usan las acciones, que son menos propensas a oscilaciones de precios volátiles que el mercado de futuros. Los inversores de acciones necesitan hacer algunas investigaciones para ayudar a asegurar que una empresa en particular sea una buena inversión, así como un buen juego de productos básicos.

Las compañías petroleras permiten a los inversores seleccionar entre perforadoras, refinerías, compañías petroleras o compañías petroleras diversificadas. Las acciones son fáciles de comprar, mantener, negociar y seguir, y es posible jugar un sector en particular.

Las opciones sobre acciones, que requieren una inversión menor que la compra directa de acciones, son otra forma de invertir en materias primas. Mientras que el riesgo se limita al costo de la opción, el movimiento del precio no reflejará directamente el stock subyacente.

Ventajas:

- Los inversionistas por lo general ya tienen una cuenta de corretaje, por lo que el comercio es más fácil.
- La información pública sobre la situación financiera de una empresa está fácilmente disponible.
- Las existencias suelen ser muy líquidas.

Desventajas:

- Una acción no es un juego puro sobre los precios de las materias primas.
- Su precio puede estar influenciado por factores específicos de la empresa, así como por las condiciones del mercado.

ETF (Exchange Traded Funds) y ETN (Exchange Traded Notes)

Los ETF y los ETN, que se negocian como acciones, permiten a los inversores participar en las fluctuaciones de los precios de los productos básicos sin invertir directamente en los contratos de **futuros**.

Los ETF de productos básicos generalmente rastrean el precio de un determinado producto o grupo de productos básicos que comprenden un índice mediante contratos de futuros, aunque algunos respaldan al ETF con el producto real almacenado.

Los ETN son deuda sin garantía diseñada para imitar la fluctuación de precios de un determinado producto o índice de materias primas, y están respaldados por el emisor. No se requiere una cuenta de corretaje especial para invertir en ETF o ETN.

Ventajas:

- Debido a que el comercio como las existencias, no hay cargos de gestión o de reembolso que preocuparse.
- Proporcionan una forma fácil de participar en la fluctuación de precios de una mercancía o cesta de productos básicos.

Desventajas:

- Un gran movimiento en el commodity puede no reflejarse punto por punto por el ETF o ETN subyacente.

- No todos los productos tienen un ETF o ETN asociados con ellos.
- Los ETN tienen riesgo de crédito asociado con el emisor.

Fondos mutuos y fondos del índice

Mientras que los fondos mutuos no pueden invertir directamente en materias primas, pueden invertir en acciones de compañías involucradas en industrias relacionadas con productos básicos, tales como energía, agricultura o minería. Al igual que las acciones en las que invierten, las acciones del fondo pueden verse afectadas por factores distintos de los precios de las materias primas, incluidas las fluctuaciones del mercado de valores y los riesgos específicos de la empresa.

Un pequeño número de fondos mutuos de índices de materias primas invierten en contratos de futuros y en inversiones derivadas de materias primas, proporcionando así una exposición más directa a los precios de las materias primas.

Ventajas:

- Gestión profesional del dinero.
- Diversificación.
- Liquidez.

Desventajas:

- Los honorarios de la gerencia pueden ser altos, y algunos de los fondos pueden tener cargas de la venta también.
- Debido a que la mayoría de los fondos mutuos de productos básicos invierten en acciones, no son un juego puro sobre los precios de las materias primas.

CFD

Un CFD, o contrato por diferencias, es un acuerdo entre un comprador y un vendedor que indica que el vendedor pagará al comprador la diferencia entre el valor de un activo en el momento en que se realizó el acuerdo y su valor en el momento actual. Los CFD se han hecho sumamente populares entre los traders debido a las numerosas ventajas que ofrecen.

¿Qué son los CFD en materias primas?

Los CFD sobre materias primas presentan una nueva y flexible oportunidad de realizar operaciones con menos requisitos de margen y fácil acceso a los mercados de materias primas.

Como ejemplo puedes realizar operaciones de CFD en los siguientes productos:

- Petróleo Brent del Reino Unido
- Crudo de EE. UU.
- Gas natural de EE. UU.
- Plata
- Oro
- Palladium
- Algodón
- Entre muchos otros

Ventajas de los CFD sobre materias primas:

- Se aplican las mismas condiciones tanto al tomar posiciones largas como cortas. Si desea posicionarse corto, se aplican las mismas reglas de venta y se exigen los mismos márgenes que para posicionarse largo.

- Es bastante menos costoso operar en CFD sobre materias primas que tomar parte en el mercado subyacente, ya que los márgenes exigidos para los CFD son significativamente más bajos.
- La ejecución instantánea garantiza que su transacción será rápida y efectiva.
- El hecho de que los CFD le ofrezcan la capacidad de posicionarse tanto largo como corto le da ventaja, ya que un mercado que está cayendo todavía le sigue dando oportunidades de beneficio.

Resumiendo

Hay diferentes tipos de inversiones de productos básicos para principiantes y operadores experimentados a considerar. Aunque los contratos de futuros sobre materias primas constituyen la manera más directa de participar en los movimientos de precios, otros tipos de inversiones con distintos perfiles de riesgo e inversión también proporcionan exposición a los mercados de materias primas. La clave es invertir con la herramienta que mejor funcione para usted.

Con esto acabamos con el primer activo. Sí, el primer activo. Empezamos con el mercado de valores, porque es un tema algo extenso. Y como les dije anteriormente, cada tema puede profundizarse tanto como queramos. Nosotros en este libro intentamos resumirles el material para que lo entendieran y sepan de que trata cada mercado e instrumento. Pero la verdad es que hay mucha más información que ustedes pueden tener y encontrarla en seminarios, libros, talleres, cursos, especializaciones, etc

El objetivo fue que ahora sepan que existen nuevas formas de invertir su dinero como lo hacen los grandes inversionistas. En estos mercados es donde han hecho grandes fortunas. Utilizan diferentes instrumentos, activos, dependiendo de la situación global en la que se encuentren. Como vimos, protegen el dinero de su empresa, negocio o el de ellos mismos poniéndolo a trabajar de la mejor manera en tiempos tanto buenos como malos. Con estos instrumentos, no importa si el mercado te favorece o no. El objetivo es conocer qué se puede hacer con ellos y aprovecharlo en el momento correcto. Te aseguro que con estos vehículos podrás lograr construir una fortuna. Mas adelante te enseñaré cómo utilizar el dinero de otros en estos mercados en caso de que tú no cuentes con tanto capital. Obviamente, para ya poder manejar capital de otros, necesitarás mucha preparación, ya que al no ser tu dinero tendrás que cuidarlo mucho más que antes. Pero yo sé que con el tiempo y si te dedicas a profundamente a estudiar y prepararte, con toda la información que tenemos hoy en día será fácil que puedas lograrlo. Hay muchas formas de utilizar el dinero de los demás, a través de creaciones de fondos, sociedades, certificaciones como profesional para poder ejercer la administración de otros, plataformas o brókeres independientes, etc. Eso lo veremos en el capítulo de cómo utilizar el dinero de otros, ya que es una forma muy inteligente de enriquecerte con dinero que tú todavía no haces y puedes aprovechar esa situación a tu favor. Como dije, siempre habrá personas que no tienen el tiempo, la dedicación o simplemente quieren que otros hagan el trabajo por ellos. De esas personas, créanme que hay bastantes. Quieren resultados, y si tú, con todo tu aprendizaje y entrenamiento, puedes lograr obtener resultados por ellos, créeme que amasarás una enorme fortuna. Y si por algún motivo, y como todos, cometes errores, perderás credibilidad, pero ganarás mucha experiencia y aprendizaje. Por eso lo primero es ir despacio controlando el capital con mucho cuidado ya que los errores en estos mercados no solo cuestan tiempo, sino mucho dinero. Conforme vayas progresando y haciéndote mejor en el tema, podrás asumir más riesgos, hasta volverte un gestor profesional.

A continuación, veremos el siguiente activo. Un activo que a muchos les interesa y es que te tiene que interesar. Ya que la gran mayoría de millonarios utiliza este para diversificar, crear, aumentar su patrimonio. Sí, hablamos de los bienes raíces. Un tema muy interesante y que tendrás que utilizar. Quiero que también retomando temas anteriores te saques de la cabeza que los bienes raíces son solo para millonarios. No. Hoy en día hay muchas de utilizar los bienes raíces a tu favor, ya que no necesitas dinero para sacar dinero con esto. Hay millones de propiedades, millones de propietarios que quieren vender una casa, remodelarla, rentarla, adquirir otra, etc. y es justamente lo que hablaremos en este capítulo.

11
SEGUNDO ACTIVO: BIENES RAÍCES

Empezaremos con lo más básico ya que veremos cómo funciona el modelo de negocios de la manera más sencilla y para que ustedes puedan empezar lo antes posible. Como dijimos, queremos que seas rico y hay muchas formas de hacerlo.

Algunos clientes me vienen preguntando últimamente: "¿Crees que en estos momentos es interesante entrar en el mercado inmobiliario?". La respuesta siempre es la misma, el mercado de inversión en bienes raíces siempre es bueno y así lo atesoran muchos patrimonios que incluso en período de vacas flacas consiguen establecer operaciones que les reportan suculentos beneficios. El principal problema es que muchos pequeños inversores han metido la pata con sus ahorros y sólo no han conseguido beneficios, sino que partes de éstos los han perdido. Y todo porque no quieren conocer las reglas del juego, los consejos de otros y aprender los conocimientos precisos para establecer buenos negocios, con excelentes beneficios en este sector.

Pero ¿es posible entrar en la inversión inmobiliaria con poca inversión, o incluso con nada de capital? Por supuesto que sí, y si estudiáramos a quienes han hecho fortunas invirtiendo en el mercado de los bienes raíces, veríamos que lo hicieron aprendiendo primero los trucos y las técnicas que les facilitaron los expertos inmobiliarios y leyendo mucha literatura sobre el tema. Nunca se tirarían a una piscina sin agua, cosa que sí hicieron otros que perdían a falta de experiencia, pero necios al escuchar consejos de otros. Y muchos de éstos son los que acaban manifestando que el mercado inmobiliario está agotado, hay pocas operaciones y acostumbran a ser a gran escala. Pero no lamento decirles que ahora también puede ser un buen momento de ampliar nuestro patrimonio interviniendo en este sector.

Ahora, tal como mencionamos, vamos a descubrir algunos detalles y consideraciones que necesitamos conocer para empezar con poco capital o incluso para empezar con cero dólares. También hay que tener en cuenta que ahora acceder al crédito hipotecario en muchos países es un poco más difícil y los precios en algunas propiedades siguen siendo elevados. Parece muy complicado ingresar a este mercado si no contamos con un capital importante y mucho tiempo para dedicarle. Pero vamos a detallar pasos concretos para entrar a este mercado con poco dinero, o incluso sin él.

Primero definamos el modelo de negocio que queremos. El mercado inmobiliario presenta muchas alternativas de inversión, por suerte. Terrenos para edificar, comprar para alquilar, comprar barato para vender caro después de repararlo, subarrendamiento, remates bancarios, construcción, o también como promotor para comercializarlas; entre otras. Pero en todas ellas vamos a necesitar dinero, cosa que tal vez no tenemos. Pero hay unos métodos de negocios, dentro de todas las alternativas de los bienes raíces, que permite invertir poco dinero y hacer un buen negocio. Y esto es a través del apalancamiento, o sea, invertir con deuda, comprar una propiedad sin poner todo el capital inicial. Definamos entonces nuestro modelo de negocio, que será el de comprar propiedades por debajo de su precio de mercado para luego revender al precio de mercado. No parece muy complicado a primera vista.

Y vamos ahora a hacer números, con un ejemplo. Diseñaremos nuestro plan de acción y los números del negocio una vez que decidimos que la compraventa de propiedades va a ser el negocio. Si logro reunir unos 10000 USD para invertir, solo o entre un grupo de inversores, podremos comprar propiedades de 90000 de valor final. Pero nosotros pensamos que podremos comprar por un precio de unos 72000, ¿de acuerdo?, digamos, un 20% por debajo del valor de mercado. Por tanto, he de solicitar un préstamo por 62000, invierto 10000 y tomo crédito por 62000 de tal manera que compro por 72000 una propiedad que vale 90000. Y de esta operación vamos a conseguir un beneficio que será después de haber hecho los arreglos venderla a precio de mercado. Supongamos que el gasto total por arreglarla e impuestos son 10000, voy a ganar 8000 por la operación. Un 80% de retorno sobre el capital inicial, ¿qué les parece? Imaginar que hagamos unas 6 operaciones de este perfil al año, vamos a ganar 48000 en ese año. Y lo mejor de todo es que solo invirtiendo 10000. Esto también no suena tan bien del todo, ya que necesitamos un crédito con tasas bajas anuales para poder obtener inclusive mejores ganancias. Pasaremos a ver como seria sin crédito, sería una mejor opción.

Hemos hablado de que hemos elegido este modelo de negocio como ejemplo, en el que se hace entrega de un pago inicial. Pero les he dicho que podemos hacerlo sin disponer de capital, ¿verdad? En este caso, podríamos encontrar un socio que aportara el capital; tú, las ideas; y repartir beneficios. Esta asociación podría durar 3 o 4 operaciones. No aconsejo el pedir prestado a familiares y amigos a no ser que establezcamos un contrato de por medio y nos obliguemos sí o sí a devolver la cantidad íntegra y los intereses correspondientes. También existe la posibilidad de generar algún acuerdo con agentes de Real Estate (inmobiliarios), tu aportas las operaciones y cobras una comisión. Una vez logrado el monto mínimo necesario para realizar una primera operación por ti mismo dejas de colaborar mercantilmente. Y digo que existen amplias y múltiples opciones para encontrar un capital inicial (hablaremos de cómo recaudar capital para proyectos más adelante).

Conseguir las buenas oportunidades es la clave del negocio, comprar a bajo precio.

Hay que encontrar a personas o familias con urgencia para vender, gente que se haya divorciado recientemente, o que tengan deudas y que no puedan mantener la propiedad. También a los que se mueven a otro lugar por cuestiones laborales o que por una determinada razón quieran dejar la propiedad. Pero ¿cómo accedemos a este perfil de personas? Busca en periódicos locales, trata de buscar y buscar a personas con dificultades económicas y con propiedades. El mundo de los embargos a primera vista no lo aconsejo ya que es un mercado muy cerrado y poco aconsejable a no ser que conozcas en tu red de contactos a alguien introducido. Pasear por la calle y tomar buena nota de todos los anuncios de venta. Como última opción visitaremos a algunos agentes inmobiliarios, aunque a éstos deberemos pagarles una comisión que verá reducido nuestro margen y beneficio.

Y una vez adquirida la propiedad vamos a arreglarla y venderla en el menor tiempo posible. Si llegamos a esta parte del negocio, lo que queda es mucho más fácil. Lo primero es tratar de mejorar la propiedad para lograr que su precio aumente y podamos defender su valor. Pintar la propiedad, arreglar pisos o techos, baños o cocina puede tener un efecto muy importante sobre el precio final de ésta. Hay que elegir a buenos profesionales y esta, hay que decirlo, es una de las claves del negocio. Y después vender de una forma rápida la propiedad es un elemento también clave para recuperar el efectivo aportado y poner en funcionamiento de nuevo la rueda con la siguiente operación. Si queremos prescindir de los agentes inmobiliarios, en todas sus formas, puede ser bueno si queremos ahorrarnos sus comisiones. Llevará más trabajo y tiempo, pero valdrá la pena.

Otro método en bienes raíces que funciona muy bien y solo lo pongo como ejemplo y se utiliza una parte pequeña a invertir es el de reparar casas de otros que quieran venderse o construir en un terreno que no es tuyo para posteriormente venderse. Esto se hace a través de un contrato llamado asociación en participación y lo que buscamos aquí es poder obtener ganancias de esa propiedad que no es nuestra. Es muy difícil vender una propiedad maltratada, o en mal estado ya que los bancos que otorgan el 90% de los créditos hipotecarios te piden que la propiedad este habitable y en buen estado. Entonces llegar a un acuerdo con el vendedor de la propiedad para que él pueda vender esa propiedad necesita reparar su casa. Lo más probable es que él no tenga el dinero en ese momento, entonces ahí entras tu con el dinero de socios, amigos, recaudado, etc. para remodelar casas de todo tamaño, preferentemente pequeñas o clase media que son las que se venden más rápido. Entonces el acuerdo en este negocio, tu reparas la casa, se le sube el valor y ese diferencial que puede ser de un 5% o 10% extra a la hora de la venta puede ser tuyo de inmediato. Pero si lo vemos como inversión, y se le subió un 10% a la propiedad el valor por estar en buen estado puede llegar a ser de un 300% o más de rendimiento. Por ejemplo: Una propietaria está vendiendo su casa en mal estado en un millón. Tú le inviertes 100 mil para poder repararla. Esa casa ahora se pone a la venta en 1 300 000. En el contrato se pacta que ese diferencial es tuyo. Si invertiste 100 mil y obtuviste 300 mil de regreso tu retorno de inversión seria del 200% de inmediato. Y estas operaciones pueden hacerse muy seguido ya que es muy común que los vendedores no tengan dinero en ese momento para reparar esa propiedad. Veremos después como levantar capital para poder hacer esto aún más fácil. Lo que hay que tomar en cuenta en este tipo de negocio es el tiempo en el que se reparará la casa, pero una vez esté lista, seguramente se venderá rápido.

Otra forma de obtener dinero residual es a través del subarrendamiento en bienes raíces.

El subarriendo de local de negocio o de una vivienda significa que el inquilino que viene ocupando el inmueble, lo alquila a su vez a una tercera persona.

Para que exista un subarriendo, previamente debe de haber un alquiler. El alquiler_es la operación que se realiza cuando el propietario de un local (el arrendador) deja que otra persona (arrendatario) lo utilice como vivienda, o para ejercer una actividad empresarial o profesional por un precio y un tiempo determinado. Las condiciones del alquiler, tras haberlas negociado propietario (arrendador) e inquilino (arrendatario), se reflejan en un contrato donde se indican cuáles son las obligaciones de las partes.

Subarriendo

El subarriendo es más habitual en los locales comerciales que en las viviendas. El subarriendo de un inmueble es un contrato por el que el arrendatario o inquilino cede a un tercero (subarrendatario) el uso como arrendatario o inquilino de todo o parte del inmueble arrendado, sin desvincularse del contrato de alquiler. Entonces es un arrendatario-subarrendador.

El subarriendo nos da la oportunidad de rentar propiedades que no son nuestras a otras personas que andan buscando rentar para su negocio o vivir. Ahí lo que hace el contrato de subarriendo es que él te pagará durante mucho tiempo una renta sin ser tú el verdadero dueño de ese negocio. Por ejemplo, una empresa que esté buscando espacios para estacionamientos. Tú encuentras el espacio, y ya teniendo el cliente haces el trámite con el dueño del espacio y el que busca rentar para que en ese momento él te pague a ti mensualmente y obtengas un ingreso residual durante X tiempo.

Y este tema de subarriendo o subarrendamiento deberán tenerlo muy pero muy estudiado ya que los puede volver sumamente adinerados.

Les diré el cómo. Imagínense que pueden recibir rentas de 10, 20, 50 propiedades sin que las propiedades sean suyas. Que no hayan tenido que invertir millones de dólares en comprar esas propiedades y que otros lo hayan hecho y ustedes disfrutar de sus rentas. ¿Cómo se hace esto? Con el subarriendo.

Ejemplo: Carlos, es el dueño de una propiedad amplia en X ciudad. Le tomó muchos años poder comprar esa propiedad y después de varios meses no puede rentarla, porque hoy en día las personas buscan propiedades más pequeñas, los estudiantes buscan cuartos o la generación de los *millenials*, que buscan rentar para independizarse, cada día más buscan cuartos cerca de su trabajo y necesitan una habitación o departamento compartido.

Tú, como inversionista, entiendes la necesidad de los *millenials*, del mercado actual y hablas con Carlos que quieres rentar su propiedad. Carlos te dirá que sí, te dirá sus condiciones, etc. Tu trabajo será adaptar la propiedad con tal de que, si había 4 cuartos en la casa, adaptar 2 o 3 cuartos más, con el estilo de lo que te pide el mercado.

Supongamos que Carlos te pedía 3 mil dólares por la propiedad. Después de hablar con él y comentarle cuál es tu proyecto, decide rentártela en 2500 dólares. La casa cuenta con 4 cuartos y tú la adaptas para que tenga 7 cuartos en total. Ocupas parte de la sala, comedor, o si el cuarto principal es muy grande, dividirlo con tal de tener 2, etc.

Ahora la propiedad tiene 7 cuartos en total, y cada uno de los cuartos lo rentas en 600 dólares, que no es nada fuera del otro mundo. Esto será adaptado, dependiendo el país, región, zona, etc., pero ya con 7 cuartos y diferentes inquilinos obtendrías 4200 dólares. Le pagas los 2500 dólares al dueño y obtienes 1700 dólares sin ser dueño de la propiedad. Así es como se ha podido obtener rentas de muchas propiedades sin ser el dueño original de la propiedad. Todo va bajo contrato, cuidas la casa del dueño, el recibe su dinero y tú ganas el dinero de las rentas. Este negocio puede ser expandible tanto como quieras y aplicado en cualquier parte del mundo.

Remates bancarios

Los remates bancarios son una inversión que tiene un costo menor al de su valor ante el mercado, o bien sirven para invertir en la compraventa de cesiones adquiriendo utilidades. Los remates bancarios también generan gastos adicionales tales como: la escritura, honorarios del abogado, los impuestos y los gastos de accesorios, cabe destacar que estos gastos son los que siempre se necesitan para poder llegar a completar el trámite de un nuevo hogar.

¿Qué son?

En resumen, podemos decir que un remate bancario es un proceso judicial en el que se ordena la venta en remate de un inmueble ya sea por una demanda en contra de un acreedor que no ha cumplido con sus obligaciones o por algún problema legal, es por ello que el inmueble se pone la venta al mejor postor. Estos remates son inmuebles que han sido adquiridos por conducto de crédito hipotecario y en el cual el propietario dejó de pagar la hipoteca o ya no puede hacerlo, entonces se recurre al acreedor, el cual tiene la opción de demandar vía judicial la recuperación de los adeudos del préstamo a través de un procedimiento que se conoce como remate inmobiliario, puesto que el inmueble queda como garantía del cumplimiento de dicho préstamo.

Este remate bancario es ordenado por un juez civil una vez que se dicta la sentencia ejecutoria para así poder rematar. Debes saber que hoy en día podrás encontrar muchas casas en remate a buenos precios y que están muy bien cuidadas ya que en ocasiones las personas no terminan de pagar, o ya no tienen la necesidad por adquirir otra casa o a veces por problemas personales.

¿Cómo funcionan?

Aquellos inmuebles que se encuentran en conflicto están a disposición del juzgado quien ofrece públicamente los edictos judiciales de los inmuebles, las características la ubicación, la fecha y por supuesto el precio de remate para todos aquellos interesados en la casa. Para ello el interesado deberá presentarse para adquirir un billete de depósito el cual es por el valor del 10% del inmueble y así entrar en la subasta.

Una vez que se compra el billete, la persona se presenta en el juzgado en una hora y fecha fijadas para presentar su postura y su precio, por supuesto la persona que más ofrezca por el inmueble se lo queda.

Cómo comprar remates bancarios

Para comprar una propiedad en remate bancario, es necesario hacer una investigación exhaustiva para saber todo de la propiedad para evitar problemas a futuro, lo más recomendable es:

- Al encontrar el inmueble que se vende como remate bancario debes conocer la dirección completa y exacta además del estatus que ésta tenga en el Registro Público de la Propiedad ya que debe estar en manos de una institución bancaria y nunca a nombre de particulares.

- Es muy importante verificar estado físico en que se encuentra, el inmueble, aunque sea solo por fuera ya que no se puede ver por dentro.

- También debe investigarse al deudor, en especial para saber cuántos juicios tiene en su contra.

- Investigar su costo a modo de identificar que no se aleje demasiado del valor real del inmueble.

- Si la compra se va a realizar por medio de un despacho, es muy importante verificar que el despacho esté certificado.
- Nunca se deben pagar anticipos ni enganches.
- Cuando se firmen los documentos públicos de la negociación, *debe hacerse* siempre ante la autoridad judicial o en su caso un notario público y verificar que todos los datos y los nombres sean los correctos.
- Verificar que el inmueble no tenga adeudo de agua y/o predial ya que de tenerlos el comprado es quien deberá hacer los pagos.
- Antes de proceder a comprar un inmueble de remate bancario se debe solicitar la asesoría de un abogado y de un notario para evitar fraudes.

Dónde comprar remates bancarios y cómo acceder a ellos

Existen innumerables inmobiliarias que, entre sus opciones de venta, cuentan con un apartado de inmuebles que son de remate bancario y en la página web de cada una de ellas puedes acceder a las opciones que ofrecen.

Otra opción es que te dirijas directamente a alguno de los bancos de tu preferencia ya que cada uno de ellos tiene un departamento de remates bancarios y los mismos te informan de las opciones que tienen.

Ventajas al comprar un inmueble en remate

Para aquellas personas que compran un inmueble en remate bancario es atractivo, puesto que el valor es inferior al real y hay muchos inversionistas que adquieren estas casas para luego venderlas a un valor comercial real obteniendo una muy buena utilidad.

En algunas ocasiones hay personas que desean vivir o adquirir un inmueble que esté al alcance de su bolsillo puesto que el precio se fija a través de un avalúo judicial que es más bajo que el valor del mercado.

Cuando se adquiere un inmueble a través de un remate bancario, es posible lograr un ahorro de entre el 20 y el 60% del valor comercial, lo que lo hace muy atractivo; sin embargo, se aconseja cautela e informarse tanto sobre la condición legal como de la condición física de la vivienda a adquirir.

Estos descuentos son posibles ya que la función de los bancos no es la de ser corredores de bienes raíces, por lo que las carteras vencidas de los bienes enajenados de los créditos hipotecarios representan un problema y tratan de recuperar la mayor parte del capital lo más pronto posible.

Riesgos de los remates bancarios

Por lo general el acceso a los bienes rematados suele tener letra pequeña y complicada de entender para los no especialistas, lo que representa un riesgo, por lo que se recomienda visitar el inmueble, que aunque no es posible verlo por dentro, el verlo por fuera, conocer la colonia y municipio en el cual se encuentra siempre dará una idea del valor real que puede alcanzar la vivienda; además siempre es posible tratar de hablar con los vecinos para preguntarles sobre los antiguos propietarios del inmueble y preguntar sobre las condiciones del interior del mismo.

La compra de una vivienda a través de un remate bancario implica, si no se quieren tener sorpresas, invertir cierto tiempo en investigación para saber si el bien no tiene adeudos ya que, si es el caso, es el comprador quien deberá de cubrirlos; preguntar si no se tienen adeudos con la administración o junta de colonos, adeudos de predial o de servicios.

Hay que considerar que para adquirir una vivienda en remate bancario por lo general no se aceptan créditos bancarios ni Infonavit, por lo que se debe de tener el efectivo suficiente para cubrir el monto total del inmueble.

Ventajas de los remates bancarios

- No hay anticipos
- Se realizan ante notario público o ante el juzgado
- Se sigue un proceso legal
- Los pagos se realizan mediante documentos nominativos
- Los remates bancarios son perfectos para los ahorradores
- Su precio está definido
- Se compra directo con el banco
- Es una forma fácil de adquirir una propiedad

Desventajas o riesgos de los remates bancarios

- El comprador deberá cubrir los pagos que no se encuentren al corriente
- Se debe contar con el monto total del inmueble
- Los impuestos son más altos
- Necesitas ser asesorado por un experto para evitar posibles fraudes
- Invertir por lo menos 12 meses de tu tiempo
- Su éxito no depende de tu dinero, sino de la buena resolución de un juicio.

- No siempre es seguro el remate bancario
- Se deben tomar en cuenta ciertos riesgos de la transacción.

Estado actual

En esta época en la cual todo está muy caro, debes saber que puedes ahorrar al comprar una casa buscando remates bancarios, sin embargo, debes saber algo sobre esto.

Hoy en día comprar una propiedad por un 30 o 50% de su valor es una opción muy atractiva en la cual puedes invertir para tu patrimonio, no obstante, es importante saber o estar bien informado para ver si de verdad es una buena opción para aquellos que buscan una casa, por lo tanto, a continuación, te lo mostramos.

Aprende a detectar si es un servicio fidedigno y confiable

Es importante investigar a fondo si la empresa que está ofreciendo remates bancarios es confiable; así que pon en práctica estos principios básicos, que te ayudarán a detectar si es un remate bancario confiable o si se trata de una estafa.

No piden anticipos: las empresas serias no piden efectivo para ningún tipo de operación, por lo que se recomienda no dar dinero en efectivo ni por transferencia, por muy atractiva que sea la oferta, ya que a veces son estafas y solo piden dinero para comenzar el trámite y tiempo después desaparecen.

Cuidado con las empresas fantasmas: es bien sabido por todos de "empresas" que reciben a sus clientes en oficinas "formales" en lugares como la Torre Mayor o el WTC, con copas de vino, piden un adelanto de efectivo y ¡pum! Desaparecen y no se vuelve a saber de ellas nunca más. No te olvides que vivimos en un mundo en el que ya no se puede confiar y nadie, así que ten mucho cuidado de a quién le das tu dinero.

Claridad total ante cualquier movimiento: el comprador siempre deberá ser informado sobre lo que quiere o está comprando sobre un remate bancario, debe estar al tanto de cada movimiento que se haga con su dinero y por supuesto las actividades que se llevan a cabo, con el fin de estar seguro de que su dinero se está usando de manera correcta.

Información personal sobre un reporte de crédito: esto significa que una empresa formal dispondrá de un sistema de investigación sobre el comprador, por lo que investigará a fondo sobre tu estatus crediticio.

Los remates bancarios son excelentes ofertas siempre que provengan de fuentes seguras y cuando se pongan en las manos adecuadas, ameritan paciencia y tiempo, no siempre es bueno, tomar sesiones rápidas, aunque la oferta esté muy buena, se necesita de un espacio y un lapso de tiempo para analizar y pensar las cosas, para ver si es conveniente aceptar el remate bancario.

Comercialización

Otro vehículo sencillo y que te puede dejar mucho dinero es con la comercialización de inmuebles. Ya sabemos que lo sabían, pero es algo que se hace, este sería tu producto. En este caso los dueños no tienen tiempo para poder vender, remodelar, o comercializar su casa. No sabe de marketing ni otros temas o simplemente no conocen el precio de mercado ni el proceso de compra - venta. Simplemente él es alguien que tiene una propiedad y quiere venderla.

Lo que nosotros tenemos que hacer es a través de marketing, encontramos compradores para ese inmueble, ¿Fácil? Realmente sí, es sencillo. Para esto nos tendremos que dar la tarea eso si de un buen plan de *marketing* con tal de promover de manera correcta un inmueble. Con esto podemos conseguir un 5% sobre el valor del inmueble a través de un contrato mercantil, el cual se los platicaremos más adelante. Lo único que necesitamos acá es buscar compradores. ¿Cómo? Con el plan de *marketing*.

Ahora que necesitamos saber para buscar vendedores. El negocio es simplemente un intercambio de valor por una necesidad resuelta. En este caso la necesidad de nuestros clientes son vender su propiedad. Es una actividad que se da desde hace muchos años y nosotros les ayudaremos como comercializar este producto.

Buscaremos la necesidad de los vendedores y es vender su propiedad rápido a buen precio. No importa el método, simplemente quieren que la vendas para que pueda tener el dinero en el bolsillo.

El primer paso es conocer el precio de mercado para calcular a qué precio saldrá a la venta el inmueble. Te lo diremos en un momento.

También se necesita que todos los papeles tengan sus documentos en regla, o no se podrá vender inmediatamente. Encontrar inmuebles con todo su documento en regla será mucho más sencillo.

Primer paso para buscar compradores es con un buen filtro para saber si realmente el interesado tiene la capacidad para comprar en ese momento, ya que nuestro tiempo es dinero. Algunas preguntas que te pueden ayudar con clientes únicamente interesados. Para eso con simples preguntas. Como preguntarles cómo piensa comprar el inmueble. Si es con algún crédito, con dinero de inversiones, una herencia, vendiendo otro inmueble, etc. Después que realmente tenga la intención de comprarla. El motivo si realmente cumple preguntándole si el inmueble al cumplir todo lo que el busca podría adquirirla lo antes posible. Después tenemos que fijarnos si tiene el dinero disponible ya que muchas veces nos ha pasado que el cliente para poder adquirir esa propiedad tiene que vender la suya actual, o esperar algún plazo de sus inversiones, o alguna demanda, etc., eso les quitará mucho tiempo o lo que se puede hacer es anotar en una lista para posteriormente realizar negocios con él. Pero no podemos darnos el lujo de perder mucho tiempo con una persona que no tiene el dinero disponible ya que solo nos haría perder tiempo. Nunca rechazarlo. Después tenemos que fijarnos si necesitan la aprobación de alguien más. Sí, es muy común que los compradores nos digan que necesitan consultarlo con su esposa o su valuador, hermanos, etc. Es probable que si el en una segunda cita acude con esa persona estemos en un paso muy cercano para poder vender esa propiedad.

Si tú ya quieres el día de mañana salir a comercializar algún inmueble que este cerca de ti o que conoces al propietario, la documentación completa de ese inmueble es muy importante ya que sin esa documentación no se podrá comercializar esa propiedad. Los documentos son sencillos.

1. Título de propiedad (escritura). Debidamente inscrita con el registro público de propiedad de tu ciudad o país.
2. Constancia de pago de servicios como luz, agua, mantenimiento, etc.
3. Acta de nacimiento e identificación oficiales del o los propietarios.
4. Acta de matrimonio o constancia de soltería del o los propietarios.
5. Opcional, planos del inmueble en caso de que se cuente con ellos.

Ahora bien, para poder lograr un inmueble, necesitamos *marketing* o un plan de ventas. Tal vez sea la parte más difícil ya que de donde puedes sacar a esos clientes. Hoy en día tenemos muchos medios digitales para lograr eso. Lo recomendable es poner anuncios con un gran diseño fuera del inmueble, necesitaras imágenes profesionales y luego distribuirla en redes sociales, grupos de inmuebles, publicidad de paga, etc. Redes sociales hoy en día hay muchas formas de anunciarlas con algún método de pago. Necesitaremos la mayor promoción que se pueda de ese inmueble para que tenga la mayor cantidad de vistas. Posteriormente necesitamos saber cuánto vale ese inmueble. Tienes que saber que hay diferentes tipos de saber el precio de los inmuebles. Al no ser valuadores, peritos o expertos en la valuación de inmuebles les diré como pueden valuar propiedades de una forma sencilla. Busca diez inmuebles muy similares de la misma zona, con características similares, divide el precio de cada inmueble entre los metros cuadrados de construcción, calcula el promedio de los datos que obtuviste, aumenta o disminuye el 10% en el promedio que obtuviste dependiendo si el inmueble está en bien o mal estado y tú tienes que quedar en medio. Ni la propiedad más cara de la zona ni la más barata, con tal de que estés o tengas que negociar para que la propiedad se pueda vender a un precio de mercado razonable.

El 90% de las personas compran inmuebles con créditos bancarios. Entonces una vez que hayas promocionado el inmueble y tengas al comprador la ira con aun banco (no siempre es así) y se haría la valuación real del inmueble y una vez que haya salido el valor, se firmaría una promesa de compra con el crédito hipotecario en mano. Todo este proceso se hace en notaría, y la notaría se encargará de expedir tramites, expedir todo el proceso. Y todo este proceso lo paga el comprador. El comprador pagara el resto del inmueble y se firmara el resto de nuevos documentos que les entregara la notaría.

Desarrollos inmobiliarios

El desarrollo inmobiliario es la activad de gestión y coordinación de distintos agentes y actividades involucradas para la creación de un inmueble bien raíz, con el fin de satisfacer una necesidad de edificio. Dicha actividad es altamente riesgosa y por lo tanto se espera que este riesgo sea compensado.

Es importante especificar que la palabra "desarrollador". Este término se ha venido usando por la traducción del término en inglés

"Property Development" o "Real Estate Development". El término correcto es el de promotor inmobiliario. Sin embargo, consideremos el idioma español como un ente vivo y cambiante por lo que ambos términos los utilizaremos intercambiablemente en el transcurso del libro.

El desarrollador inmobiliario se encarga, en esencia, de encontrar una necesidad insatisfecha de edificación y satisfacerla. Es un término muy abstracto que se puede aterrizar por medio de ejemplos.

Son ejemplos de promotores inmobiliarios:

- Un médico tiene una cantidad de ahorros considerables y encuentra un terreno con gran potencial en la ciudad. Decide hacer departamentos para venta para generar ganancias y quedarse con uno.
- Una familia quiere una casa para vivir sin embargo no está satisfecha con lo que encuentra, deciden hacer su propia casa para su uso, contratan a un arquitecto y se financian con una hipoteca del banco. Una empresa maquilladora necesita de una fábrica más grande, decide invertir en una nave industrial, la cual sólo ocupará el 33% y buscará rentar el resto para ayudar con efectivo a su negocio.
- Una institución de gobierno necesita unas nuevas oficinas administrativas y decide construir una torre icónica para la ciudad donde albergará muchos de sus procesos. Una empresa urbanizadora ve que hay demanda de casas de interés social y decide comprar un terreno ligeramente a las afueras de la ciudad, se encarga de urbanizar el terreno y lo subdivide en manzanas de 20 lotes más pequeños para después venderlos y recuperar su inversión.
-

Sin embargo, llevar a cabo la promoción de un bien raíz es altamente riesgoso. Diversas situaciones pueden complicar el proceso y las pérdidas potenciales son muy altas: el terreno no es adecuado o está contaminado, hay restricciones en el tipo de edificio que se puede construir, o en la altura, las tasas de interés son muy altas y la construcción se retrasa, los costos del edificio se disparan, el diseño no cumple con lo esperado, los departamentos no se venden bien o la renta es más baja de lo esperado, etc. Por lo que es recomendable que una persona o empresa que está dedicada a este ramo sea la que se involucre en dichas actividades.

En los ejemplos mostrados arriba podemos darnos cuenta de que personas que no necesariamente están involucradas directamente en la construcción suelen ser promotores inmobiliarios a pesar de no tener la pericia en el tema. También se da el caso que los desarrolladores pueden buscar satisfacer la necesidad para su uso o para el uso o goce de alguien más. Usualmente lo segundo es más común.

Desafortunadamente en México y en muchos países de América Latina esta rama de la industria inmobiliaria no está altamente consolidada a diferencia de otros países como Estados Unidos, Gran Bretaña, Australia, Holanda y otros países más desarrollados en donde la línea está muy marcada y numerosos estudios se hacen en relación a este tema.

Esta fuera del alcance de este libro determinaras causas de esta segmentación. Sin embargo, cabe destacar que el proceso del desarrollo inmobiliario es multidisciplinario. Se requieren conocimientos de contabilidad, leyes, finanzas, marketing, administración o gerencia de proyectos, arquitectura, construcción, economía, urbanismo, y ventas. Y a pesar de que cada rama tiene especializaciones en bienes raíces, en México particularmente no se enseña cómo estas distintas ciencias se integran para formar profesionales en desarrollo inmobiliario.

Constructoras

Se entiende por construcción a la técnica o arte de fabricar edificios e infraestructuras y también a las labores de rehabilitación y restauración. Para llevar a cabo todo lo que conlleva a esta labor se requieren de empresas para su dirección y coordinación, por medio de proyectos y planificación; esta es la labor de la empresa de construcción.

Las empresas constructoras cuentan con la infraestructura y mano de obra necesaria para edificar cualquier tipo o forma de construcción, sin importar mucho el tipo de suelo que se tenga (es decir, si es fino o grueso, pedregoso, húmedo, arenoso, mixto, arcilloso o calizo cuando es abundante en sales), además del manejo de los materiales para construcción como cemento, varillas, tabiques entre otros.

Una de las actividades que la empresa constructora requiere realizar es un estudio de las condiciones del suelo para saber qué tipo de materiales empleará para llevar a cabo la construcción.

Entre los materiales más utilizados por las empresas constructoras se encuentran los siguientes: la madera, el acero inoxidable, el hormigón armado, el ladrillo rojo, el tabique gris de uso más común, entre otros.

Las herramientas que complementan el uso de esos materiales son: los andamios, las escaleras, taladros, mezcladoras, espátulas, entre otros.

Antes de iniciar cualquier construcción la empresa necesitará crear primero un boceto que se le mostrará a quien contrata los servicios para recibir su aprobación o realizar todos los cambios convenientes para la obra.

Cuando el proyecto de construcción ha sido aprobado, la empresa constructora iniciará con la mano de obra.

Cada plan de construcción maneja un tiempo de entrega, tomando en cuenta los imprevistos que se pueden presentar.

¿Cómo puedo ganar dinero en bienes raíces residenciales?

La primera y principal forma es arrendar la propiedad, obteniendo un dividendo. La segunda forma es aumentar el valor de los bienes inmuebles a lo largo del tiempo. Si el departamento se compra por un precio y se vende por otro mayor, se consiguen unos beneficios a largo término.

El ROI en propiedades residenciales

El retorno de la inversión es a corto y largo plazo, de forma estable y con alta seguridad. Para amortizar completamente las inversiones y lograr un beneficio neto, puede tomar entre 8 y 10 años, dependiendo de la situación económica y de la región.

Al mismo tiempo, las deducciones estables pueden comenzar a recibirse en el primer o segundo mes después de la compra de la vivienda.

Sin embargo, al invertir en vivienda, es necesario hacer reparaciones mínimas, atraer buenos arrendatarios y asegurarse de que no le pase nada al inmueble.

¿Qué tipo de residencias son las que más conviene comprar para invertir?

Con los años se ha aumentado la demanda de departamentos respecto a las casas. Al invertir en bienes raíces, mejor comprar departamentos, y en general se recomienda que no sean de gran tamaño.

Lo ideal es invertir en departamentos de 1-2 habitaciones medianas, que son más económicos y tienen una demanda mucho mayor.

Inversiones en bienes raíces comerciales

Invertir en bienes raíces comerciales es un tipo de inversión más complicada que requiere que el inversionista tenga buen conocimiento y habilidades analíticas. No es accesible para cualquier persona, tanto por la experiencia que requiere como por las condiciones económicas necesarias.

¿Quién realiza este tipo de inversiones?

Los bienes raíces comerciales son utilizados por empresarios o compañías para obtener ganancias. El beneficio se obtiene de arrendar el comercio, así como del posible aumento en el costo a largo plazo.

En algunos casos, el propietario también recibe un porcentaje de las ventas generadas por la tienda del arrendatario, además de una renta base para incentivarlos a mantener la propiedad en excelentes condiciones.

El sector inmobiliario comercial en los últimos años ha demostrado una dinámica de precios negativa, al tiempo que demuestra una gran caída en la demanda. En cambio, las inversiones en bienes residenciales han ido en aumento.

Inversiones en construcción de bienes raíces

Dentro de la inversión de comercios o propiedades residenciales, hay los que se producen en la etapa de construcción.

Es una etapa interesante para comprar una propiedad, porque es más seguro que la venta en blanco y se puede obtener mejor precio en comparación con fases posteriores.

Cada opción tiene sus ventajas e inconvenientes, pero también deberás tener en cuenta otros aspectos importantes como la ubicación, el tamaño de la propiedad y otros detalles. Si necesitas asesoramiento, nosotros podemos ayudarte.

¿Qué es el éxito sino el resultado de nuestras acciones y conductas para llevar a cabo una misión?

Así lo han demostrado grandes personajes de la historia como Thomas Alva Edison y Henry Ford, de quienes se ha podido desprender una serie de características en común y que toda persona pueda poner en práctica para, precisamente, convertirse en alguien exitoso.

Sin embargo, si del mundo de las inversiones inmobiliarias se trata, es necesario destacar hábitos que no sólo harán que te transformes en un experto del rubro, sino que también te llevarán a ser reconocido como un gran profesional y hombre de negocios.

Porque el dinero no es valioso en sí mismo, sólo se vuelve relevante cuando ayuda a conseguir tus sueños y propósitos.

Estar informado

Si bien no es necesario contar con estudios o un título para dedicarte a invertir en el rubro inmobiliario, es fundamental que, cuando estés dentro del negocio, sepas conceptos básicos de la industria, tales como el diferencial precio/costo, la plusvalía, a generación de valor, el perfil del inversionista y el tipo de inmueble.

El hecho de que no domines el vocabulario del mundo en el cual se desenvuelve tu empresa, puede acarrear, a lo menos, que la gente desconfíe de ti.

En este sentido, una conducta fundamental para estar cada vez más informado del negocio es escuchar con mucha atención a tus interlocutores. De esta manera podrás no sólo acceder a información privilegiada de tus clientes, sino que además irás ganando cada vez más confianza en tu expertise.

Esta misma práctica repercutirá en el método de fijación de precios que ocupes. Ya sea que te bases en los márgenes, los precios objetivos, la demanda, la competencia o el valor más grande posible, siempre resultará fundamental estar informado para definir los montos de tu negocio de la manera más adecuada.

Tener un plan (y acatarlo)

La disciplina siempre se traduce en éxito y este hábito tiene mucha más relación con ser activo y constante en el trabajo, que rígido e incapaz de reaccionar a los cambios. Por esto es que, cuando hablamos de tener un plan y acatarlo, lo que debes entender es que, antes de ingresar al mercado inmobiliario, deberías tomarte un tiempo en diseñar tu plan de negocios.

Este plan no sólo te ayudará a establecer aspectos clave como la visión y metas de tu empresa, también te va a animar a proyectar tu negocio con una serie de reglas que aseguren las decisiones que tomarás a lo largo de tu carrera como empresario del rubro.

Podrás establecer cosas concretas como tu mercado objetivo, criterios de selección e incluso el criterio de selección de tus propiedades, pero también anteponerte a los problemas a través de un plan de contingencia que considere tanto el análisis de riesgo de tu inversión como la viabilidad financiera de una compra o una venta.

Si quieres saber más sobre cómo diseñar tu plan de inversión inmobiliaria, puedes leer este blog.

Buscar aliados

El negocio inmobiliario tiende a ser independiente y solitario en el sentido que permite a quienes lo ejercen una libertad y flexibilidad únicas en comparación con otros trabajos. Por lo mismo, es recomendable acudir a buenos aliados, tanto para mantener una buena red de contactos, como crecer en un mercado altamente competitivo y ágil.

Con aliados nos referimos a leer libros que enseñan métodos para alcanzar la "buena salud" financiera o que incentivan la práctica de hábitos para ser efectivos en negocios, hasta asistir a cursos y seminarios para poder desenvolverse con éxito en el mundo de la inversión inmobiliaria.

También es recomendable relacionarse con agentes inmobiliarios y asesores financieros para escuchar sus experiencias y opiniones, pero sobre todo terminar de insertarse cada vez más en el atractivo y complejo mundo de los bienes raíces.

Si piensas comprar un inmueble para inversión hay diferentes alternativas. Sin embargo, puede que no todas sean ideales para ti. Es por eso que debes tener en cuenta factores como tu presupuesto, expectativas y necesidades inmediatas.

Aquí te mostramos 5 opciones de inversión inmobiliaria.

1. Propiedades residenciales

Es la forma más clásica de invertir en el mercado inmobiliario; comprar lugares para vivir, ya sean casas o departamentos.

Una de las ventajas de este tipo de inversión es que la demanda —en una situación económica estable a nivel nacional— irá en aumento, ya que la población sigue creciendo.

Además, las propiedades residenciales suelen estar más protegidas contra riesgos cambiarios de monedas locales y el valor de la propiedad crecerá con el pasar de los años.

Ahora, la elección entre casa o departamento dependerá de lo que cada comprador busque según sus necesidades y expectativas. Por ejemplo, es distinto si quiere ocuparlo para vivir por un período con su familia a que si solamente pretende arrendar a extranjeros.

2. Propiedades comerciales

La adquisición de locales comerciales y oficinas es uno de los segmentos más dinámicos, por lo que puede dar buenas ganancias a corto plazo. Genera mayor producción de flujo de efectivo en comparación con otras inversiones inmobiliarias.

Asimismo, tiene la posibilidad de tener más contratos de arrendamiento con ciertos tipos de propiedad comercial.

Los inversionistas de propiedades comerciales, además de contar con los recursos necesarios, también deben tener las estrategias apropiadas, por ejemplo, un buen *networking*, asesoría y expectativa económica.

3. Propiedades industriales

Este punto incluye todos aquellos espacios que son usados con fines comerciales. Una de las cosas positivas que tiene esta inversión es que puede destinarse para varios usos, ya sea como almacén, como oficina, para producir bienes o servicios. También puede segmentarse y arrendar los subespacios que se generen.

4. Propiedades retail

En varios países, la construcción de centros comerciales no frena. Actualmente, cada vez hay más tiendas y marcas, lo que genera mayor demanda de estos espacios. (hay que tomar en cuenta que también muchas tiendas en línea están quitándole negocio a los centros comerciales).

En esta alternativa inmobiliaria, hay que considerar variables como la distribución o ubicación. Esta última puede influir en el éxito del local, ya que muchas veces el nivel de ventas depende de la cantidad de gente que pase por ese sector.

5. Fondos de inversión inmobiliarios

Los Fondos de inversión en Bienes Raíces o Real Estate Investment Trust (REIT) en inglés, son aquellas sociedades de inversión que tienen activos inmobiliarios y que obtienen ingresos principalmente de los arriendos de los mismos. Es decir, ofrecen acciones en la Bolsa, como otras empresas que cotizan en el mercado bursátil.

En este caso, los inversionistas aportan el monto necesario para comprar, desarrollar y administrar propiedades inmobiliarias. Sus utilidades se reparten como dividendos.

Una de las ventajas de esta modalidad es que el inversionista puede vender rápidamente las acciones (o cuotas) si necesita liquidez y la inversión en fondos de bienes raíces permite invertir en propiedades comerciales, así como residenciales.

Conclusión

Finalmente, una buena idea para convertirte en un gran inversionista inmobiliario es interactuar con personas comunes y corrientes que sean ejemplos de éxito, ya sea por sus experiencias personales, como por vaivenes económicos en los negocios en general y dentro del rubro.

Es un tipo de inspiración que también podrás encontrar en líderes de opinión con buena presencia en redes sociales y participación en libros, cursos y seminarios del rubro.

Fideicomisos en bienes raíces (FIBRAS)

Es un instrumento de financiamiento para la adquisición o construcción de inmuebles que se destinen al arrendamiento o a la adquisición del derecho a percibir ingresos provenientes de dichos bienes.

Su objetivo es fomentar el desarrollo inmobiliario, ser una fuente de liquidez para desarrolladores e integrar a inversionistas de todo tamaño -pequeños, medianos y grandes- en proyectos inmobiliarios. Así como contribuir a la diversificación de portafolios de inversión, al proporcionar una alternativa atractiva de inversión en un mercado regulado.

Las Fibras en México se diferencian de otros fideicomisos inmobiliarios porque se ofrecen a través de la Bolsa Mexicana de Valores.

Existen dos actores principales en una Fibra. El primero de ellos es el aportante de los inmuebles, quien obtiene el financiamiento de activos inmobiliarios mediante la emisión de certificados en el Mercado de Valores, a través de una oferta pública al distribuirlos entre el gran público inversionista.

El segundo, es el inversionista, a quien se ofrecen pagos periódicos, como resultado del arrendamiento de los inmuebles, y tiene la posibilidad de recibir ganancias de capital en respuesta a la plusvalía.

De acuerdo a la Bolsa Mexicana de Valores las características de la Fibra Inmobiliaria se describen de la siguiente manera:

- Es un instrumento híbrido, ya que pueden otorgar rendimientos fácilmente predecibles producto del arrendamiento y rendimiento variables producto de la plusvalía de los inmuebles.

- No cuentan con plazo determinado ni con calificación.

- Operados en el segmento de Capitales, bajo la normatividad semejante a cualquier acción que cotiza en la BMV.

- Cuentan con un administrador profesional para la operación de los inmuebles fideicomitidos.

- Instrumentos con demanda por parte de inversionista institucional. El régimen de las Afores, Aseguradoras y Afianzadoras les permite invertir en Fibras.

El rendimiento y la inversión en estos instrumentos también se ven afectados por variables macroeconómicas, como la tasa de crecimiento en la actividad económica, shocks en la política monetaria o cambios no esperados en la inflación, así como por un marco regulatorio que genere certidumbre para estas inversiones. El mercado de Fibras se ha robustecido con el incremento del número de participantes en el mercado. Sin embargo, se espera que madure más y disminuya su volatilidad en el mediano plazo, beneficiando tanto a las empresas emisoras como a los inversionistas.

El comportamiento heterogéneo de los Fibras

Los Fibras como instrumento de diversificación para inversionistas se enfocan a diferentes segmentos del sector inmobiliario y presentan comportamientos mixtos en el rendimiento que otorgan. Por ello, todo inversionista deberá analizar con detalle cuál será la mejor opción para incluir en su portafolio.

Esta es una excelente oportunidad de invertir, para muchas personas que prefieren realizar inversiones en bienes raíces, más allá de adquirir una vivienda propia. No obstante, la inversión en este sector presenta una serie de costos que incluye pagos a notarios, mantenimiento del inmueble, el riesgo de rentarlo y muchos otros gastos inherentes; a esto, hay que agregar que el día en que la persona decide vender la propiedad o dejar la inversión, hay que realizar otros gastos y trámites, sobre todo en materia fiscal, que pueden llegar a ser muy costosos, además de que este mercado no es muy líquido y la venta de los activos puede tardar.

Por todo ello es recomendable para las personas que estén interesadas en bienes raíces, que inviertan en Fibras. Además, muchas de las rentas que reciben estos fideicomisos están dolarizadas, lo que los vuelve más seguros, ya que rentar un bien raíz en dólares puede llegar a ser complicado, pero si se tiene un manejo totalmente profesional y realizado por gente experta, se puede llegar a tener ventajas fiscales enormes. Por otro lado, al momento en que se quiera salir, no es necesario esperar a que se venda el departamento o el bien inmueble, en el momento que se desea vender, se vende y listo.

Crowdfunding en bienes raíces

El *crowdfunding* se hace cada vez más popular como una manera de adquirir fondos a lo largo de una gama de industrias, y su lugar en la economía global ha crecido año tras año. Desde su origen la idea fue siempre simple: en vez de buscar prestamos en los bancos o en inversores institucionales, los proyectos pueden juntar fondos de grandes grupos de personas que dan montos relativamente pequeños. Esto permitió a la gente invertir su dinero en proyectos en los que creen, muchas veces por el mero placer de ver que el proyecto tenga éxito.

El modelo de donaciones es donde comenzó el Crowdfunding, y de ahí surgió este Crowdfunding de Capitales, convirtiéndose en una manera legítima de inversión en sí misma. En vez de donar dinero para ideas que le gusten, el Crowdfunding de Capitales les permite a las personas invertir dinero en grandes proyectos con el objetivo de ganar capital de los retornos y ser dueño real de una parte del proyecto.

Este modelo puede ser aplicado directamente al negocio inmobiliario. Siendo similares a otras formas de inversión, el negocio inmobiliario estaba reservado previamente para personas de alto patrimonio neto, pero este ya no es el caso. De la misma manera que el Crowdfunding con base de donaciones ayuda a pequeños proyectos a obviar créditos restrictivos con los bancos, el Crowdfunding inmobiliario ayuda al inversor común a superar las barreras financieras que solían surgir al querer invertir en una propiedad, así como también ayuda a los desarrolladores a juntar fondos por fuera de los bancos e inversores institucionales. Esto a su vez, equilibra el mercado y reduce la desigualdad, evitando que los grandes inversores manejen el escenario.

La idea del Crowdfunding Inmobiliario es muy similar a donar fondos para una causa en la que usted cree, pero en vez de donar dinero, usted y otros Crowdfunders están comprando conjuntamente una parte de una propiedad, compartiendo el ingreso por renta y la ganancia proporcional cuando la propiedad se vende. Esto permite a inversores pequeños invertir su dinero en bienes inmuebles de alta calidad que tienen una oportunidad mucho más alta de mantener y subir su precio, propiedades que anteriormente hubiesen estado fuera de su alcance.

En el pasado, los inversores no institucionales, aunque tuvieran montos de capital relativamente importantes igual tenían restricciones para colocar fondos en propiedades de mediano rango con pocas probabilidades de que mejoren su valuación y que conllevan a más riesgos de crisis o altas vacantes. El Crowdfunding Inmobiliario cambia esta realidad y se abre a un mercado de propiedades de alta calidad a un espectro de inversores más amplio, permitiéndoles a las personas comunes beneficiarse con la valuación de bienes inmobiliarios de lujo.

Podemos tomar como ejemplo la propiedad de Bricksave en Miami.Millicento Apt. 3503en Brickell Village, Miami, es una propiedad de lujo diseñada por Pininfarina, los legendarios diseñadores detrás de modelos de vanguardia de Ferrari, Maserati y Rolls-Royce. Los accesorios que vienen con el departamento incluyen las dos increíbles piscinas del edificio (una de ellas en la terraza), un gimnasio de alta tecnología, una sala privada de cine/teatro y un spa de lujo. El departamento tiene también un balcón grande con una fantástica vista del paisaje de la ciudad de Miami. Esta es una propiedad de alta calidad que no estaría regularmente disponible a un inversor común y corriente, pero el Crowdfunding Inmobiliario significa que los inversores pueden colocar montos de capital relativamente pequeños y ser parte de un grupo grande de Crowdfunders que conjuntamente compran la propiedad. La ubicación exclusiva y la naturaleza lujosa de la propiedad permite que sea mucho más probable que se valúe más que muchos otros departamentos más modestos, lo que resulta en una opción de inversión mucho más segura. Además, las plataformas se encuentran online y es fácil de usar, y la empresa se encarga de toda la administración, lo que hace que el proceso sea mucho más simple que nunca antes.

El Crowdfunding Inmobiliario significa compartir costos y dividir las ganancias, y brindarles a más personas acceso a una inversión en propiedades de lujo, seguras, que tienen muchas más posibilidades de seguir siendo rentables en el largo plazo.

Cada vez más personas están interesadas en participar como inversionistas en bienes raíces a través de plataformas de crowdfunding o financiamiento colectivo, debido a que ofrecen retornos mayores a los que dan instrumentos tradicionales de ahorro e inversión, pero con un riesgo mínimo y montos mucho menores. Pero para invertir de forma segura e inteligente, la primera regla básica que se debe seguir es asegurarse de la solidez de la plataforma.

Aconsejamos seguir cinco reglas básicas en este tema y además conocer los modelos de inversión que ofrecen estos vehículos.

Aunque el crowfunding inmobiliario es un esquema amigable y sencillo de manejar, ofrecemos las siguientes recomendaciones para invertir sabiamente:

1. Asegúrese de la solidez de la plataforma
2. Diversificar la inversión en varios proyectos
3. Invertir dinero que no necesites en el plazo seleccionado
4. Revisar la plusvalía de la zona
5. Las plataformas de crowdfunding en México ofrecen diferentes modelos de inversión, por lo que antes de invertir es importante saber cómo funciona cada uno de ella para elegir el esquema que mejor se adapte a la necesidad del inversionista.

El capital fondeado es entregado al desarrollador como préstamo. Cada inversionista recibe ganancias por los intereses que genera la deuda contraída por el desarrollador. El inmueble es la garantía del préstamo.

Con la inversión se adquiere una porción de la propiedad del inmueble y se obtendrán dos tipos de ganancias: inicialmente por el alquiler de la propiedad y finalmente por la venta de la misma.

El crowdfunding inmobiliario es la categoría de fondeo colectivo con mayor crecimiento mundial, de acuerdo con la plataforma, que estima que en 2020 alcance un valor de mercado cercano a 250000 millones de dólares de forma global.

House Flipping

Si estás buscando una manera de invertir en *bienes de inversión*, entonces Flipping House podría ser justo lo que necesitas. No hay nada más satisfactorio que darle nueva vida a una propiedad y obtener una ganancia por el proceso.

El Flipping House, también conocido como Flipping Inmobiliario, es una estrategia de inversión inmobiliaria que consiste en comprar una propiedad, modernizarla y por consiguiente venderla a un precio más alto para conseguir una ganancia.

La idea es encontrar una propiedad que tenga un gran potencial para ser renovada y mejorada, de modo que después de realizar las renovaciones necesarias, la propiedad pueda venderse por un precio mucho más alto que el coste de compra y renovación. Es imprescindible que sepa realizar el *cálculo impuestos venta vivienda* adecuadamente.

Esta técnica de inversión puede ser muy lucrativa, pero también conlleva ciertos riesgos que debes considerar antes de empezar a pensar en *dónde invertir.*

Beneficios

Hay varios beneficios asociados al Flipping House que lo hacen atractivo para los inversores inmobiliarios. Aquí te presentamos algunos de los beneficios más destacados:

Potencial de ganancias

Es una forma de obtener beneficios a través de la inversión inmuebles, ya que se puede generar una ganancia significativa en poco tiempo si se hace correctamente. Recuerde que toda inversión, ya sea los *tipos de inversiones inmobiliarias* o de algún otro tipo como por ejemplo, *invertir en startups* conlleva un riesgo que tienes que asumir si quieres generar *ingresos pasivos rentables.*

» ***Control del proyecto***

Al comprar una propiedad, el inversor tiene control total sobre la renovación y mejora de la propiedad, permitiendo que se ajuste a sus necesidades y preferencias.

» ***Flexibilidad***

Ofrece una gran flexibilidad en cuanto a la ubicación y el tipo de propiedad a comprar, lo que significa que los inversores tienen la posibilidad de elegir una propiedad que se adapte a sus necesidades y presupuesto.

» ***Mejora de la comunidad***

Cuando los inversores compran y renuevan propiedades en mal estado, mejoran la apariencia y el valor de las casas y del vecindario. Esto lleva a un mayor interés por parte de posibles compradores, lo que a su vez puede atraer más inversión y desarrollo a la zona.

» ***Aprendizaje y experiencia***

El Flipping House es una maravillosa oportunidad para conocer el mercado inmobiliario y obtener experiencia en la renovación y mejora de propiedades. Los inversores que están considerando el flipping house deben estar preparados para enfrentar diversos desafíos, como la evaluación adecuada de las propiedades, la gestión de presupuestos y plazos, la coordinación de equipos de construcción y la comercialización de las propiedades renovadas.

» ***Diversificación del portafolio***

Incluir propiedades de flipping en un portafolio de inversiones puede proporcionar una diversificación significativa.

Al no depender exclusivamente del mercado de valores o de otros tipos de inversión, los inversores pueden protegerse mejor contra la volatilidad del mercado y equilibrar su riesgo.

» ***Contribución a la sostenibilidad***

Renovar y mejorar propiedades existentes es una práctica más sostenible que construir nuevas desde cero. Al reutilizar y mejorar estructuras existentes, se reduce el impacto ambiental asociado con la construcción y se promueve un uso más eficiente de los recursos.

» ***Red de contactos***

El proceso de flipping house también permite a los inversores construir una red de contactos valiosa. Desde contratistas y agentes inmobiliarios hasta otros inversores y profesionales del sector, esta red puede ser crucial para futuras oportunidades de inversión y para obtener asesoramiento y apoyo en proyectos futuros.

Si te interesa saber cómo realizar este tipo de inversiones correctamente, a continuación, te indicamos paso a paso cómo debes hacerlo, ¡presta atención!

» ***Investiga el mercado***

Antes de empezar a buscar una propiedad, es importante que investigues el mercado inmobiliario. Debes conocer las tendencias de precios en el área geográfica en la que deseas invertir, así como también las características más buscadas en las propiedades de la zona.

» ***Encuentra una propiedad***

Una vez que hayas investigado el mercado inmobiliario, es hora de buscar una propiedad que tenga potencial. Puedes buscar en línea, contactar a agentes inmobiliarios o buscar propiedades en subastas o remates.

» ***Financiamiento***

Cuando encuentres una propiedad, necesitarás financiamiento para comprarla y cubrir los gastos de renovación. Por lo que, puedes obtener financiamiento a través de préstamos hipotecarios, préstamos personales, inversionistas privados, entre otros.

» ***Renovación***

Una vez que hayas comprado la propiedad, es hora de renovarla y mejorarla. Por eso, es fundamental tener un presupuesto y un plan de renovación detallado para evitar costes adicionales y retrasos en el proyecto. También es importante que te asegures de cumplir con los códigos de construcción y las regulaciones locales.

» ***Venta***

Luego de que la propiedad haya sido renovada y mejorada, el siguiente paso es venderla. Para esto, necesitarás contratar a un agente inmobiliario o utilizar una plataforma en línea para poner la propiedad en venta. Por otro lado, es crucial establecer un precio de venta adecuado para recuperar la inversión y obtener una ganancia.

Consejos para obtener éxito

» ***Estudia a fondo el mercado***

Antes de empezar a invertir en Flipping House, es importante estudiar a fondo el mercado inmobiliario para conocer la demanda, los precios y las tendencias en la zona geográfica en la que deseas invertir.

» ***Establece un presupuesto y tiempos realistas***

Es fundamental establecer un presupuesto detallado y tiempos realistas para cada etapa del proyecto. Puesto que, podrás evitar gastos innecesarios y retrasos que puedan afectar tu inversión.

» ***Sé paciente***

El proceso puede ser largo y a veces puede haber retrasos o imprevistos. Por eso, es necesario que seas paciente y mantengas una actitud positiva para enfrentar los desafíos que puedan surgir.

» ***Ahorra para poder hacerlo***

El Flipping House puede ser una inversión cara, por lo que, es crucial ahorrar y planificar con anticipación para poder financiar el proyecto de manera adecuada. Antes de invertir en la compra y renovación de propiedades, es importante tener un plan financiero sólido y contar con los recursos necesarios para cubrir los costes iniciales del proyecto.

Se recomienda establecer un presupuesto claro y realista que incluya ahorros mensuales específicos. Es importante identificar gastos innecesarios y reducirlos al mínimo para poder destinar más dinero al ahorro y establecer el *mejor método de ahorro* posible. También se puede considerar aumentar los ingresos a través de actividades adicionales o trabajos de medio tiempo para acelerar el proceso del *método kakebo para ahorrar*.

Otra estrategia efectiva es buscar fuentes alternativas de financiamiento, como préstamos o inversores externos. Sin embargo, es importante evaluar cuidadosamente los términos y condiciones de estos acuerdos antes de aceptarlos, para asegurarse de que sean beneficiosos para el proyecto.

» ***Planifica al detalle todo***

Es importante planificar cada etapa del proyecto al detalle, incluyendo la renovación, el financiamiento y la venta de la propiedad. De esta manera, podrás anticipar posibles problemas y estar preparado para enfrentarlos.

» ***Mantén una comunicación fluida***

Es necesario mantener una comunicación fluida con el equipo de trabajo y los contratistas durante todo el proceso. Ya que, gracias a esto, podrás asegurarte de que el proyecto se esté desarrollando de acuerdo a lo planificado, así como también tomar acciones en caso de ser necesario.

» ***Realiza inspecciones periódicas***

Realiza inspecciones periódicas durante la renovación para asegurarte de que todo se está haciendo según los estándares de calidad y dentro del presupuesto. Identificar problemas temprano puede evitar costosos retrabajos y mantener el proyecto en el buen camino. Contrata a un inspector profesional si es necesario para asegurar la calidad del trabajo y cumplir con los códigos de construcción locales.

» ***Desarrolla una estrategia de salida clara***

Antes de comenzar, define claramente tu estrategia de salida. Decide si vas a vender la propiedad inmediatamente después de la renovación o si planeas mantenerla como una inversión a largo plazo. Conoce el mercado y ten un plan B en caso de que las condiciones cambien. Mantente flexible y dispuesto a ajustar tu estrategia según las circunstancias.

» ***Investiga y utiliza tecnologías avanzadas***

Aprovecha las tecnologías avanzadas para optimizar tu proyecto. Utiliza software de gestión de proyectos, herramientas de estimación de costos y aplicaciones de diseño 3D para planificar y ejecutar tus renovaciones. Mantente actualizado con las innovaciones en materiales y técnicas de construcción que puedan mejorar la eficiencia y la calidad de tu trabajo.

» ***Construye una red de apoyo sólida***

Rodéate de profesionales experimentados y confiables, incluyendo agentes inmobiliarios, contratistas, abogados y asesores financieros. Una red sólida te proporcionará el apoyo y el conocimiento necesarios para enfrentar cualquier desafío y maximizar las oportunidades de éxito. Participa en eventos y seminarios de la industria para expandir tu red y mantenerte al día con las últimas tendencias y prácticas del mercado inmobiliario.

» ***Aprende de cada proyecto***

Después de completar cada proyecto, tómate el tiempo para evaluar lo que funcionó bien y lo que podría mejorar. Analiza tus errores y éxitos para aprender de ellos y aplicar esos aprendizajes en futuros proyectos. Mantén un registro detallado de tus experiencias para ayudarte a tomar decisiones más informadas y estratégicas en el futuro.

Bien. Con esto podemos ver algunas formas de poder obtener altas ganancias e invertir en bienes raíces. Estas son unas de muchas más formas que pueden realizar en el medio inmobiliario. Se puede construir, desarrollar, poner en renta en plataformas digitales, aplicaciones, etc. Y como les había dicho cada tema puede profundizarse tanto como queramos. Pero es un gran activo que deberán tenerlo muy presente en sus vidas. La gran mayoría de millonarios globales tienen un buen porcentaje de sus patrimonios en proyectos inmobiliarios o hacen mucho dinero con bienes raíces. Hay muchos libros, seminarios, cursos sobre estos temas que tendrán que profundizarlos lo más que puedan, siempre teniendo un buen plan e ir tomando acción.

En lo personal creo que hay muchas formas de iniciar. Lo primero es saber que se puede hacer con los bienes raíces, cambiar esa mentalidad y tomar acción. La capacitación es algo importante y es que tienen que estar día a día capacitándose en la materia que puedan. Estos proyectos requieren capital, poco o mucho. Realmente todo requiere capital. Pero no tienen que desesperarse. Hoy en día hay distintas formas de recaudarlo. Lo difícil es tener la suficiente información, experiencia o conocimientos para poder proponerles a tus inversionistas, socios o clientes la mejor forma de inversión para que ellos puedan confiar en ti y tus proyectos.

Antes de pasar al tercer y último activo veremos cómo recaudar capital para todo tipo de proyectos. Este tema no es difícil, pero hay que practicarlo, ganarse la reputación y crear una gran historia.

12
CÓMO RECAUDAR CAPITAL

-

Para mí, este tema es el que más me gusta. Ya que recaudar capital es todo un arte. Para que los inversionistas confíen en ti, crean en tu historia, te busquen o te acepten es todo un reto. Y cuando hayas dominado este tema, el dinero llegará muy fácil para todos tus proyectos.

Como dijimos, todo requiere capital. Tu aprendizaje, conocimiento, información, proyectos, empresas, etc., para empezar bien y el reto será tener una sólida base para poder conseguir clientes y capital. Hasta se pueden dar cuenta que pedirle dinero a familiares o amigos es complicado. Y por qué tendrían que prestarle dinero si aún no están listos para recibir ese capital. Es un proceso y tendrán que ir con calma ya que el capital solo beneficia e impulsa a buenos proyectos y a los malos solo los mantendrá vivos por un tiempo más hasta que se acabe ese capital. En lo personal para mi sigue siendo un aprendizaje día a día para poder recaudar capital. Es cierto que con el tiempo se me ha facilitado y las personas han confiado en mí gestión e invierten conmigo. Pero muchas veces eso tampoco pasa y hay que saber qué clase de inversionistas queremos, podemos atraer y con qué objetivo. Conseguir dinero no es tan difícil si haces las cosas bien. Hoy en día pedirle a un banco, sociedad de créditos, capitales semillas o Ventures capital no es tan complejo. El reto es saber que hacer una vez tengas ese dinero ya que si tus proyectos salen bien los inversionistas volverán a invertir contigo o, al contrario, nunca volverán a creer en ti. Es un arma de doble filo y tenemos que entender esto.

Lo primero es empezar bien, lo primero sería tener un plan claro para qué queremos ese capital. Nuestro objetivo cual es. Si es por ejemplo comprar un terreno para levantar un edificio corporativo, antes de eso debemos tener todo claro para que cuando el proyecto esté en su momento sea el tiempo de ir en busca de ese capital que impulsara ese negocio. El capital no podrá hacer maravillas por ti, ni levantará negocios malos por ti. Un buen proyecto bien planeado debería ser fácil venderlo y la recaudación de capital también. Pero para eso necesitamos algunas cosas que tienes que saber.

Creando una historia

Lo primero es crear tu historia; con esto me refiero a quién eres, por qué haces lo que haces, tu experiencia, tus conocimientos, tu equipo, tus proyectos, etc. Necesitamos que el inversionista crea en ti desde el primer momento. Desde cómo te presentas, tu diálogo, tu forma de ser con ellos, qué mensaje quieres transmitir, por qué deberían confiar en ti, etc.

Lo primero sería crear una identidad profesional. A esto me refiero que necesitamos hacerle ver al inversionista que estas más que preparado para tomar su dinero e invertirlo de la mejor manera. Tenemos que mostrarle que para el tu eres la mejor opción de inversión y con eso debes tener todo perfectamente planeado para que a la hora de salir a recaudar ese capital se pueda cumplir el objetivo.

Una de las cosas más importante es tu presencia. O podemos verlo como confianza que transmites y esto empieza cómo te ven las personas, tu imagen. La primera impresión es sumamente importante ya que esa persona es muy probable que no te conozca, no sabe nada de ti, y si la primera vez que interactúas con ese inversionista, si la primera impresión ese es bueno, se vuelve un avance en la etapa de recaudamiento.

Como dijimos, tienen que creerse que son buenos, y a pesar de que están y siempre estarán en un proceso de aprendizaje, sin acabar, tenemos que empezar a transmitir ese mensaje de éxito a los demás. La primera impresión es como te ven y te comunicas. Aún no saben nada de tu proyecto, quién eres, quién es tu equipo, experiencia, etc. Lo primero es la primera impresión que darás, y desde ahora en adelante, vayas con quien vayas, tendrás que ir bien vestido y bien arreglado. Tu imagen dice mucho de ti y si podemos transmitir esa confianza desde el inicio con una buena imagen, habremos avanzado en la confianza con nuestro inversionista. Unos zapatos bien boleados siempre ayudan, eso es un consejo que les doy. También siempre que quieran acercarse a inversionistas, ir a eventos sociales, lo primero es tener unas buenas tarjetas de presentación. Aunque hoy en día si no tienes una empresa, pero quieres realizar estas actividades, deberás tener unas tarjetas de presentación personales y de buena calidad. Eso habla bien de ti, y recordemos que lo primero que queremos es ganarnos la confianza de los demás.

Después de que tengas unas buenas tarjetas, lo siguiente seria realizarte un sitio web o blog personal. Que hable de ti, tu negocio, quien eres y a que te dedicas. Un sitio web profesional y bien hecho hoy en día es fácil de tener y es una herramienta que deberás tenerla ya que explicara más a detalle quién eres y que haces. Si tú harás el blog procura tener buenos contenidos, incluyendo videos, fotos y artículos interesantes, pueden ser escritos por ti o por gente a la que sigues. Utiliza todas las herramientas que puedas para crear contenidos profesionales.

La información, los artículos y todo lo que publiques será a causa de tener un buen contexto. El contexto lo entenderemos como lo que sabemos. La información que tenemos, lo que estudiamos, aprendemos, si nuestro contexto es grande los demás lo notaran y es algo en lo que tendremos que trabajar.

Tenemos que saber antes que nada que los inversionistas no te darán el capital por el nombre de tu empresa o qué tan bien se vea, si no por quién eres tú. Los vendedores no venden un producto, sino se venden ellos. El producto eres tú y ese producto tiene que ser tan bueno que con tal de acercarte a ellos en poco tiempo ya estarán invirtiendo contigo. Para eso hay que trabajar varios aspectos de tu persona. Tanto en imagen, en contexto, comunicación, en resumen, saber vender. La otra parte dentro de tu historia tiene que ser tu equipo y que es lo que hay dentro de tu equipo. No es lo mismo decir. Mi nombre es tal y vendo tal cosa... a Mi nombre es tal, mi equipo y yo con tantos años de experiencia nos dedicamos a tal, explicando que podrían obtener o perder con nosotros y de esa forma ayudara a entender más fácilmente la necesidad o en que podrán ayudar a ese inversionista. Es un simple ejemplo, pero tienen que entender que la gente los contrata o toma sus servicios por ustedes y no por la empresa que representen. Les contaré una anécdota. A los 22 años llegué a trabajar en la mejor casa de bolsa de mi país. Estudiaba mucho por mi cuenta y aprendía día a día lo que podía. Cuando llegué, pensé que iba a ser muy fácil vender la empresa ya que era la mejor casa de bolsa del país, la realidad era que nadie la conocía y los que la conocían únicamente me decían: "ah, sí la conozco". Yo pensé que con eso iba a ser suficiente para que invirtieran conmigo, pero no fue así. Durante semanas y semanas invirtieron muy pocas personas conmigo, el problema fue que mi contexto y a mi persona le faltaba mucho por aprender, cosa que otros compañeros ya tenían muy dominado. Mi diálogo de venta era mediocre en ese entonces y fue mejorando con el tiempo, pero la verdad de las cosas es que los clientes por algún motivo no invertían conmigo. Me faltaba conocimiento, experiencia, realizar llamadas efectivas, citas de convencimiento, conocer más al cliente, manejar el producto y entorno o situaciones como un acto natural. Eso lo fui aprendiendo con el tiempo, pero en ese momento no tenía nada de eso. Por eso repito y les será muy útil no preocuparse por la empresa en la que trabajan, si no aprender a venderse ustedes como el mejor producto. Si es de asesoría, gestión, bienes inmuebles, etc., lo primordial es que mejoren en cada aspecto que puedan su persona para poder venderse como el producto perfecto y así tendrán un porcentaje de aceptación mucho más alto. Los inversionistas más que lo que les quieras vender es saber quién les está vendiendo, que es lo sabe hacer y por qué debería confiar en ti. La mejor forma de vender es con tus conocimientos enseñarles algo nuevo educándolos con tus conocimientos. La mayoría de las veces los inversionistas no saben con exactitud en que puedes ayudarlos, cómo funciona el instrumento, el proceso, etc. Lo primero es educarlos, sensibilizarlos y después ofertar. Por ejemplo, hoy en día hay miles de empresas que se dedican a los bienes inmuebles y la mayoría hace lo mismo. Por qué invertirían contigo si eres nuevo en el tema, no tienes grandes proyectos, ¿tu contexto e historia es frágil? Por eso siempre repito que hay que reforzar los temas y volvernos profesionales al 100%. Y como cualquiera, uno no puede aprender todo. Siempre es bueno presentarse en equipo para complementar información que falte a la hora de la verdad con algún posible cliente o prospecto. El inversionista entenderá que no sabes todo, pero un buen equipo puede ayudarte a hacerle ver que no estás solo y que todos aportan algo valioso que hará que él pueda confiar en ustedes.

Entonces lo primero que harán cuando quieran presentar un proyecto o recaudar capital es contar su historia. No hablen de la empresa, ni el servicio o el producto. Eso es después. Lo primero es contarles sobre ustedes ya que ellos querrán saber quién es el que está frente a ellos. Después contaran sobre su equipo y empresa. Para posteriormente hablar sobre beneficios y hasta el final el producto que quieran vender.

Es cierto que la forma en que te acercas a inversionistas ira cambiando ya que dependerá del público o personas que tengas en frente. No existe un proceso definido para como acercarte a los posibles inversionistas, pero si es que quieres recaudar capital para tus proyectos, tendrás que contarles de ti.

Una forma buena de llegar a muchos prospectos es con publicidad, tal vez esto es obvio. Pero todo depende de cómo hagas publicidad. Hay campañas de marketing que valen millones y no tienen el resultado esperado. Y hay otras veces que con poca publicidad el resultado es mucho mejor. Todo dependerá de tu plan y el capital con el que cuentes para publicidad. Si no saben cómo hacer publicidad eficiente, hay muchos expertos hoy en día que pueden ayudarte. Pero recuerda: no solo es vender tu empresa, vende tu historia y la de tu empresa. Eso tendrá un impacto mayor a que si vendes una empresa como muchas lo hacen de forma tradicional.

Otro punto importante es que tendrás que convertir tu historia en un breve comercial ya que como dijimos la primera impresión del primer minuto es con la que se quedaran la mayoría de inversionistas. El comercial como le decimos tendrá que durar entre 15 y 30 segundos, en ese tiempo presentarte de la mejor forma para llamar la atención de los posibles inversionistas.

Les expondré un breve ejemplo de cómo yo hablo con mis inversionistas de primera instancia, les será muy útil. Pero si quieren saber realmente como se hace un guion de venta se los enseñare en otra ocasión. Existen 2 comerciales, el de primera vez y el que va después de los 15 a 30 segundos, una vez haya entrado en interés el prospecto.

Ejemplo:

"Buenos días/tardes/noches. Mi nombre es Gerardo Verdugo, mi compañía es [...]. Somos una firma de servicios financieros especializados en inversiones.

»La razón por la que le llamo es que le compartiré una información que le garantizo será valiosa para alguien como usted.

»¿Me regalaría 1 minuto?

Como ven, esta breve introducción no dice más que hablar de inversiones. No especificamos productos, servicios como tal, o bien si queremos hablar de nuestra historia empezaríamos así:

Buenos días/tardes, Sr./Sra. [...]

"Mi nombre es Gerardo Verdugo, soy un especialista en inversiones bursátiles y quiero compartir información valiosa con usted y puedo asegurar que será de su interés.

»¿Me regalaría un minuto?

Sí/No

Si nos dice que no está interesado, no es lo mismo que no tenga tiempo. Muchas veces confundimos eso ya que entendemos que no tengan tiempo, pero de todos modos tenemos que enviarle nuestra información a como dé lugar y si no es de su interés, tendrán que acabar con un "Entiendo, el mercado de valores/bienes raíces no es para todos, y si algún día tiene interés, no dude en contactarme".

Pero si no tienen tiempo, tendremos que preguntarles cuando pueden llamarle o simplemente enviarles información para que posteriormente estén familiarizados con el tema.

Eso solo es la introducción, pero créanme que, si se enfocan en las personas correctas, la mayoría de personas mínimo los escuchara o les dirá que tal día les llamen.

Continuando con nuestro guion. Si el prospecto les dice que sí tiene un minuto continúan con:

»Perfecto.

Y se van directo a lo que hacen y cómo pueden ayudarlo.

Ejemplo:

"Portafolios de inversión sofisticados, para todo tipo de inversionistas y en donde podemos alcanzar rendimientos muy elevados, invirtiendo en instrumentos de mucha solidez y alto potencial".

»¿Eso le suena bien?

Al terminar con un "¿Eso le suena bien?", si no está familiarizado, te dirá que sí, o si te dice que no, es porque realmente no entiende el mercado. Pero no hay que preocuparse, continuaremos con el guion, ahora sí, hablando de la empresa, lo que hacemos y cómo lo hacemos.

Ejemplo:

"Excelente. [Empresa] es una empresa de administración en inversiones regulados por la máxima autoridad en nuestro país, que solo trabaja con los mejores bancos y casas de bolsa para la creación de portafolios de inversión en mercados financieros, invirtiendo y utilizando los mejores activos de inversión para tener un portafolio que cubra todas las necesidades económicas en los tiempos actuales. Como son las acciones, ETF, fondos, divisas, materias primas, deuda y mucho más. ¿Eso te suena bien?".

Si no entienden de lo que hablas, te dirán que les envíes más información y es normal. Hay que sensibilizar a nuestro posible inversionista. Coméntale que para eso estás. Para enseñarle lo grandioso que es tu propuesta y continuaríamos con lo siguiente.

Ejemplo:

"Lo único que le pido sería poder realizar una reunión para poder mostrarle de lo que hablo e iniciar una relación para futuros negocios.

Mi equipo y yo queremos mostrarle que esto realmente lo puede ayudar. Pero necesitamos que nos dé la oportunidad y el único problema que veo es no poder haberlo contactado antes para platicar del tema".

Esto es un breve ejemplo de cómo pueden ir armando su guion de venta. Es verdad que no existe el guion perfecto, pueden agregar sentimientos, tomar el fracaso de ellos de negocios anteriores, o resolviendo necesidades o problemas.

Por ejemplo: "trabajamos con personas que quieran volverse inversionistas, accionistas e invertir como profesionales sin tener que hacer todo esto ustedes".

Tendremos que también preguntar si esto queda con ellos o si realmente no.

También hay clientes que se sienten muy bien de la forma en la que invierten hoy en día y ahí es cuando puede fluir una plática aún mejor ya que están hablando del mismo idioma. Pregunten si ellos pueden contarle más sobre sus inversiones y así entablar una plática. Seguramente se dará una oportunidad de ayudarlos en algo que ellos no inviertan o simplemente puedan gestionar algún otro capital que ellos lo destinen a ustedes.

La presentación puede incluir todo. Tienes que tocar frustraciones, falta de dinero que han querido tener y no han podido conseguirlo, aprovechar oportunidades cuando otros pierden en los mercados financieros es muy común. Y hay muchas otras formas de ayudarlos. Pero por lo mismo debemos tener un fuerte equipo y un contexto amplio para tener todas las herramientas con nuestro prospecto.

Todo esto es parte de tu historia, tu comercial y tu forma de venderte como persona.

Lo que necesitaran para crear su comercial será saber cuál es su mercado objetivo, que problemas resuelven, que soluciones dan a esos problemas, crear emociones involucradas con ellos y enfocarte en tu prospecto y no en tu producto. Realmente ver cómo pueden ayudar a sus prospectos de la mejor manera.

Como les dije antes los prospectos invierten en tu historia y la de tu equipo. No en un producto como tal. Un buen plan, y si realmente ellos puedan ver una ayuda para ellos mismos.

Dónde conseguir inversionistas

Este tema es muy fácil de entender ya que hay muchas formas de conseguir a tus posibles inversionistas. Como dijimos, necesitamos que la gente conozca tu historia. La forma más sencilla de que quieran o les llames la atención es que te vean físicamente, hoy en día muchos hacen videos, conferencias, seminarios, etc. para atraer clientes ya que puede ser una gran oportunidad de negocios, pero si nunca te han visto es difícil que una llamada en frio, sin conocerte les llame la atención. Por qué dijimos no importa qué tan bien esté tu producto o servicio. Ellos invertirán contigo por quién eres, por lo que debemos ver la manera de que nos conozcan en persona y ahí es donde verán que nuestra imagen, historia, equipo y propuesta es realmente algo para ellos. Si no conseguimos que nos conozcan físicamente será realmente difícil o casi imposible que alguien invierta contigo por una simple llamada. Tendrás que vincular a esa persona con alguien o algo para que quiera conocerte o confíe en ti. Realmente no sabemos quién está del otro lado del teléfono y si logras vincular la llamada con algún conocido, amigo, familiar, empresa, etc. será mucho más fácil que te escuchen y quieran tener una reunión contigo para revisar esa buena propuesta que tienes para ellos. Tendrás que trabajar mucho en tus bases de datos, tener reuniones asertivas y dar mucho seguimiento a clientes que ya tuviste un acercamiento con ellos. A mí en lo personal, a pesar de que mis trabajos iniciales fueron en operadoras de fondos, casas de bolsa, bancos, financieras, etc. aun así mi base de datos con clientes no es tan grande. Lo que hice fue crear una base con esos clientes, y conseguir más a través de eventos sociales, conferencias, networking, seminarios, dando tarjetas, asistir a cursos, talleres, etc. y es lo que sigo haciendo todos los días. Ampliando mi red de contactos ya que así tendrás un mayor número de alcance con tus posibles inversionistas. Para conseguir clientes necesitaras de todos los recursos posibles. Redes sociales, convenciones, expos y por qué no asistir a eventos deportivos donde puedas exponer tu marca, historia y negocio. El error más grande que tenemos a la hora de acercarnos a posibles clientes es que no creemos que les interesará. Como dijimos, esto se trata de mentalidad y lo primero es creer que nuestro producto y nosotros somos o estamos en proceso de ser los mejores. Eso es lo que tienes que demostrar vayas a donde vayas. Hay muchos lugares donde puedes encontrar posibles inversionistas. Los mejores lugares seria ir a expos de franquicias, eventos inmobiliarios, financieros, invertir en eventos costosos donde el boleto cueste 100 o 200 o 500 dólares o más. pero sabrás que la gente que visita ese lugar probablemente tenga inversiones, conocimientos y quiere expandir sus negocios o incrementar su patrimonio.

Otra forma es tu presencia *online*. Hoy en día la mayor parte de las personas tenemos redes sociales, páginas web, páginas de negocios, foros, grupos, canales de videos, etc. Tú también deberías empezar a tener tus contenidos online ya que esos atraerán a interesados en lo que te dedicas y el día que los contactes será mucho más fácil recaudar capital con esas personas que te siguen o saben que eres un hombre de negocios listo para ayudarlos a incrementar su patrimonio. Crear contenido interesante ayuda a mejorar la confianza hacia los demás. Mostrar lo que sabes hacer y con esto me refiero al giro que te dediques. Recordemos que este libro es aplicado al giro que tú quieras. Mostrar tus habilidades, contexto y lo bueno que eres ante el público ayudara a transmitirles confianza y la confianza es lo que buscan los prospectos para invertir contigo. Siempre que quiero recaudar capital sea para el proyecto que sea, les hablo de mí y de mi historia. A qué me dedico, qué proyectos tengo y hacia dónde voy ya que ellos podrían darse una idea de mi visión hacia futuros proyectos. También todo eso se puede transmitir en medios online.

Abrir o crear eventos sociales de negocios es una buena forma. Puedes invitar o tú mismo hablar de temas sobre cómo invertir en bienes raíces, negocios o mercados financieros como ejemplo. Ya que puedes crear redes de inversionistas para cualquier tipo de proyecto, puede ser para negocios sobre cultivo, automotriz, medicina, comida, etc. Hay eventos sociales para todo tipo de negocios y es lo que ustedes tienen que buscar o crear. Después de crear tu base de datos es importante ir segmentándola, sobre monto, interés, en que proceso se encuentra cada cliente. Tiene que ser un seguimiento continuo de esa base, ya que así llevaras un orden y sabrán en que instancia está el prospecto. Una red de contactos bien perfilados hará que recaudes capital mucho más fácil y asistiendo a todo tipo de eventos, expos y generando contenidos digitales, realizando presentaciones obtendrás una buena base de datos.

Ya que tengas una base de datos o la estés construyendo, es hora de empezar a tener reuniones con ellos. Como dijimos anteriormente, debemos tener un buen guion en la llamada y para esto hay cientos de formas, ninguna es mejor, si no una que sea natural y a ti te acomode. Un excelente consejo que les puedo dar es que en la primera reunión más que hablar de la oportunidad vayan con la intención de obtener un amigo, una relación a largo plazo, casi que se te olvide que fuiste con el objetivo de platicar de negocios, obviamente el inversionista espera que hablen eso, pues a eso fuiste y se hablara en su momento, pero antes de eso conozcan al cliente, antes de que ustedes empiecen a hablar, conozcan a su cliente, háganle preguntas, si son empresas, pregúntenles a que se dedican, que otras estrategias han tenido o cuales no les ha funcionado, que es lo que hacen actualmente y vean que es lo que buscan. No podemos satisfacer a todo mundo con nuestros servicios, pero por eso debemos tener claro a que vamos y en que pueden ayudar al cliente. Normalmente a la primera cita nunca se cierra nada. Y no se preocupen. Es una línea y procedimiento que tendrán que seguir. Empezar con una cita para saber que buscan, conocer, entender al cliente y saber si realmente lo que se le va a proponer le ayudara. Esos son los buenos hombres de negocios y no los que solo ven por ellos sin importarle el objetivo o meta de su cliente.

El propósito de cualquier primera cita es saber si eres el indicado para ese cliente. Nos aseguraremos de que entienda quienes somos, que hacemos y como lo hacemos para que no solo invierta una vez, si no varias veces ya que habrá varias oportunidades de negocio.

Y para entender quiénes son y lo que buscan simplemente es cuestión de preparar ciertas preguntas para saber cuánto quieren ganar, que esperan de nosotros, sus plazos de inversión, tolerancia al riesgo, si actualmente tienen inversiones, etc. todo eso para realizarle un plan estratégico y ver de qué forma podemos mejorar lo que hoy en día tiene. Si no tiene nada, pues será fácil, pero si cuentan con otro tipo de inversión ahí es donde tienen que estar preparados para poder superar ese modelo actual. Preguntarle sobre su vida familiar, hijos, pasatiempos, gustos, etc. todo lo que nos cuente será de gran ayuda para continuar o posteriormente mantener una relación con ese inversionista. Después de que él ya les conto todo lo que pudo, les tocara a ustedes, con toda esa información tenemos que tocar emociones, decirle que su dinero pierde valor con el tiempo, la inversión bancaria no supera la inflación actual, tal vez la renta que le pagan de un inmueble quitando predial, inflación, mantenimiento de la propiedad y riesgos al final no es tan buen negocio. Y todo eso tienen que usarlo a su favor para encontrar en que ustedes ayudarán a ese inversionista.

Tu misión

Para todo esto deberás tener una misión, y es saber con claridad cuál es el objetivo de que algún cliente invierta contigo. De verdad muchas veces me han planteado planes de inversión o de proyectos que su plan es "a ver qué pasa". Ese es un muy mal plan, con una misión y objetivo muy malo. Cuando ustedes se acerquen con algún posible inversionista deben tener un objetivo y misión clara. Tu misión puede ser encontrar alguna cura para enfermedades, o encontrar el vehículo de inversión adecuado para los clientes para que se sientan seguros a la hora de su retiro u objetivo de vida o ayudar a cientos a tener una educación financiera exitosa, etc. Cada misión es diferente y tienes que saber muy bien la tuya y la de tu equipo. Como mencionamos para que el cliente se sienta aún más seguro y que su dinero está en buenas manos. Aquí tu equipo es esencial a la hora de recaudar capital. Tu equipo tiene que ser lo más sólido y profesional para que el cliente confié en ustedes. Tu abogado, tu director de finanzas, administradores, contratistas, portafolio manager, etc. Mi equipo en lo personal está formado de integrantes muy buenos en el medio financiero. Algunos fueron head traders de grandes bancos, gestores de fondos, analistas, asesores independientes de importantes firmas, etc. y Esto me ha ayudado a tener un equipo sólido a la hora de recaudar capital. Este equipo a la vez tiene que verse y estar en la misma sintonía, buscando los mismos objetivos o que puedan apoyarte a la hora de que te falte algún conocimiento con tu inversionista o pueda rescatar algo que tu no recuerdas cuando estés presentando tu empresa. Para esto es el liderazgo. A la hora de buscar capital tienes que volverte un verdadero líder que juntos en equipo buscaran a los mejores inversionistas que queden con tu propuesta.

Explicación

Los inversionistas preguntaran mucho como es que lograras lo que les propones, aunque tú se los digas, querrán entender cómo es que funciona tu vehículo de inversión y para eso tienes que no solo entender a la perfección el tema, si no saberlo explicar y hacer que el cliente entienda también el tema. En resumen, tendrás que sensibilizarlo y enseñarle cosas que él no sabe en este momento a profundidad. Y no solo eso. Tendrás que saber de procesos, temas legales, sistemas, regulaciones, sobre la industria, números, estadísticas, etc. ya que los clientes le gustan saber eso. Yo en lo personal no invierto con empresas con un equipo que no me presenten todo en legal, estructura, contratos, procesos, rendimientos, retornos, etc.

Cuando expones ante un grupo de personas para obtener mayor número de clientes es aún más difícil, a pesar de que hay más exposición a interesados y posibles inversores no puedes platicar de uno a uno en ese momento y saber las necesidades de cada uno. Posteriormente si se podrá y es lo bueno, pero de inicio solo será exponer tu historia, la de tu equipo, que hacen, como lo hacen, su misión, como ganan, como pueden tener más seguridad con su dinero, etc. También qué rendimiento ofrecerán, qué garantía, en caso de contar con ella, si tienen un historial de operaciones sería bueno enseñarlo en ese momento. Así como ejemplos de operaciones, gráficas, todo tipo de contenido que pueda ser útil para el inversionista.

Si vas a realizar un evento para recaudar capital y exponer tu historia no solo tendrá que ser una invitación llamativa ya que el inversionista no irá a llevarte su dinero, así como si nada. Lo aconsejable sería darles algo a cambio y a eso me refiero un tema como taller, seminario, curso que pueda llamar su atención, para posteriormente hablarles de tu proyecto o empresa. Esa es una forma que muchos empresarios realizan y es efectivo, ya que reúne a gente del interés en el tema. Y así después será más fácil hacerle una propuesta sobre ese proyecto relacionado. Para eso habrá que preparar una buena presentación con todo lo que hemos comentado. Tu historia, tu equipo, que hacen o que proyectos traen en mente, etc. lo más que se pueda sobre el tema sin descuidar para lo que realmente va a acudir la gente. Por qué los invitaste y es por el taller o seminario y que no se vea como un truco para obtener algo para ti. Tiene que ser natural y que de verdad ese día se regresen a sus hogares con otra mentalidad y, por qué no, con una propuesta de negocio.

Cuando reúnas gente, siempre es bueno realizar preguntas en público o con tus inversionistas, ya que de ese modo no es tan aburrido y ellos se sienten más comprometidos con eso. Lo que realmente buscamos con esta presentación es educar, sensibilizar y enseñar al cliente. Para cuando llegue la oportunidad de invertir o de ofrecerle el proyecto en el que pensamos sea mucho más fácil y él ya sepa de lo que hablamos. Entonces si hacemos que nuestros lectores, o asistentes al evento les podemos enseñar la información de manera que aprendan temas nuevos, no les costara entender la verdadera oportunidad de inversión.

Ahora bien, si quieres emprender y levantar capital para tu empresa es el mismo proceso para exponerlo a futuros socios. Muchos me han preguntado eso. Como inicio a recaudar en un inicio, sin una gran historia, sin equipo, sin un buen plan. La respuesta es ir trabajando paso a paso. Lo primero es capacitarte, luego sería empezar a planear tu proyecto. Si tu plan es buscar socios y capital social para la empresa, funciona de la misma forma. Buscaras gente interesada que crea en tu proyecto, se lo presentaras tal como hemos platicado en este libro y buscaras a la persona con más aptitudes posible para poder crecer un negocio sólido. Expondrás la oportunidad, proyecciones, como ganaran dinero, el futuro de su industria, en que favorecen a la sociedad, etc.

Un tema importante como mencionamos es la parte legal y es que los grandes inversionistas o mejores prospectos quieren que esto esté más que claro en todo sentido. Ya que, si eres transparente en el tema legal, me refiero a contratos, clausulas, nada de letras pequeñas, y que a la vez un abogado pueda comentarle todos los puntos legales al inversionista eso ayudara en la negociación.

Ahora bien. Hay muchas otras formas de recaudar capital. Pero todo esto es para recaudar de inversionistas o clientes para proyectos sin deberles nada más que su debido rendimiento. Para levantar tu negocio se puede usar dinero propio o de familiares, préstamos personales con bancos, programas gubernamentales, buscar socios únicamente de capital, financiamiento colectivo, financieras, etc.

Para todo esto es seguir el mismo camino. Transparencia, historia, oportunidad y todo lo que hemos visto.

Fondos de capital privado

La parte que a mí me gusta es usar fondos de capital privado ya que tenemos uno. Existen diferentes fondos como pueden ser los fideicomisos de inversión, los llamados "limited partnership", fideicomisos de administración no empresarial, las Sociedades Anónimas Promotoras de Inversión (SAPI), y otras más.

En estos, los inversionistas se comprometen, mediante la firma de un Convenio de Suscripción, a aportar dinero al Fondo, de conformidad con las reglas que para tal efecto se pacten, una determinada cantidad de dinero (esto es lo que se conoce como el "Compromiso" de inversión). El Fondo celebra un contrato de administración con una entidad denominada el "Administrador" del Fondo.

El administrador, entre otras tareas, realiza tareas de búsqueda, promoción y seguimiento de oportunidades de inversión; analizar potenciales inversiones y administrar proyectos. Por dichos servicios, el Fondo pagará una cuota de administración, típicamente de entre 2% 3% anual sobre capitales efectivamente contribuidos. • Conforme se presentan oportunidades de inversión al Fondo, este requerirá a los inversionistas que contribuyan en efectivo determinada cantidad, hasta que dichos inversionistas hayan contribuido el total de la cantidad comprometida en su Convenio de Suscripción. Una vez cumplidas las contribuciones de capital, el Fondo procede a realizar la inversión en la Sociedad Promovida seleccionada.

Algunas consideraciones sobre los vehículos corporativos anteriores

En el caso de Limited Partnerships, FICAPS y Fideicomisos Transparentes, son transparentes para efectos fiscales y por lo tanto no son sujetos del Impuesto sobre la Renta. Solo los inversionistas son sujetos del ISR y del cumplimiento de las reglas fiscales que les sean aplicables de conformidad con la legislación aplicable en su lugar de residencia.

Tanto la Limited Partnership como el Fideicomiso Transparente son vehículos corporativos muy flexibles, pues permiten a las partes reflejar cualesquiera arreglos económicos y corporativos (a diferencia de ciertos tipos de sociedades, que son más restrictivas) y los mismos son exigibles judicialmente (ya sea mediante arbitraje o directamente ante los tribunales). La flexibilidad del FICAP se encuentra limitada por las restricciones de la Ley del Impuesto sobre la Renta y la miscelánea fiscal.

Los Inversionistas del Fondo se benefician de la responsabilidad limitada que otorga la Limited Partnership y los Fideicomisos, respondiendo por las obligaciones del Fondo solo hasta el monto de su aportación. En el caso de la Limited Partnership, el Socio General tiene responsabilidad subsidiaria e ilimitada.

Todos estos fondos tienen características y documentos legales diferentes para funcionar como fondos transparentes o más privados en temas de impuestos.

El Fondo gobernará la relación entre los Promotores e Inversionistas, por lo que deben contener las reglas necesarias para que el Fondo pueda operar eficientemente. En esta Guía nos enfocaremos en las relativas a la toma de decisiones, las contribuciones de los Inversionistas y el uso de los recursos, sin embargo, un Fondo debe contener reglas que engloben a la totalidad de la relación entre los Promotores del Fondo y sus Inversionistas.

Toma de decisiones de inversión y administración del fondo

La esencia de los Fondos de Capital emprendedor es que los Promotores tengan el control total sobre las decisiones de inversión y administración; si bien suele suceder que los Fondos constituyan comités que asesoran (en forma no vinculante) a los Promotores en materia de inversiones y conflictos de interés y que ciertos tipos de Inversionistas soliciten y obtengan voz y voto en los órganos de decisión del Fondo, la regla sigue siendo que los Promotores tengan amplia libertad sobre el manejo de los recursos.

Como mencionamos arriba, es práctica común en la industria que los Fondos cuenten con comités que los asesoren en materia de inversión. Estos Comités suelen ser para asesorar sobre la pertinencia o no de las inversiones (Comité de Inversión) y para resolver sobre potenciales conflictos de interés entre los Promotores del Fondo y una potencial inversión (Comité de Asesores).

Para resumir, lo que hace un fondo de capital privado es recolectar el dinero de inversionistas para invertirlo en diferentes proyectos de inversión. Generalmente en empresas de reciente creación para buscar altos rendimientos en un mediano- largo plazo. Pero también puede ser para proyectos inmobiliarios, desarrollos, restaurantes, mercados privados, o cualquier buen proyecto que sea una buena inversión para el fondo y sus inversionistas.

Aquí es donde pueden también conseguir capital. Así como estos fondos hay fondos de capital semilla o emprendedor, que pueden usarlos para su beneficio. Lo bueno es que ya deberían de saber cómo acercarse a ellos para que inviertan con ustedes.

Después que dé tengan capital, lo más importante de todo es mantenerlo y hacerlo crecer para tener a tus inversionistas felices. Tendrás que entender que en el momento que falles, o no cumplas, el capital se puede ir por completo. Por lo mismo un equipo sólido debería ayudar a evitar estos tipos de fallos para que la mayoría de proyectos obtengan sean exitosos. Mantén siempre informados a tus inversionistas, siempre ten comunicación con ellos de lo bueno y lo malo, ya que así se sentirán importantes, parte de tus proyectos y mantendrán su capital contigo.

¿Entendemos que todos pueden fallar, y cuando digo todos es hasta los más grandes inversionistas y empresarios han fallado, pero no te desanimes, porque la vida sigue, aprendes de esos errores y con el tiempo te volverás un gran inversionista y gestor de proyectos y por qué no? Levantar algún día tu propio fondo de capital para inversionistas. Para esto debes tener ya todos los conceptos muy bien manejados para no tener grandes errores. O también te puedes volverte tan bueno en la materia de recaudar capital, que alguna empresa te pueda contratar únicamente para recaudar capital. En lo personal tuve y he estado en empresas financieras que me han contratado para levantar capital con productos totalmente nuevos. Áreas patrimoniales con instrumentos que nunca antes el mercado había escuchado de ellos. Como les dije, siempre aprendes cosas nuevas y es algo que quiero compartir con ustedes. Es muy probable que cuando se sepan vender como buenos inversionistas, los busquen diferentes empresas para que los ayuden a levantar capital. Esto es en algo que me estoy especializando día a día y es muy normal que te busquen para eso. Ya que tú serás muy bueno en ello. Ahí lo que tendrás que hacer es seguir los pasos de este libro y no cambies nada. Solo el nombre de la empresa que podrás manejarlo sin problema alguno ya que tendrás una buena historia y te sabrás vender como todo un profesional.

Para terminar este tema tan importante quiero que aprendas todo lo que puedas de cómo recaudar y cuidar el capital de tus inversionistas. Esto atraerá a muchos más clientes. Haz las cosas bien y sé honesto. Harás una enorme fortuna si haces las cosas correctamente. No será fácil, pero estudia lo más que puedas sobre el tema. Prepara tu guion, crea una historia, haz marketing, ve a eventos sociales y preséntate como todo un inversionista con una gran imagen, toma cursos, talleres, enfócate y verás como los resultados serán todo un éxito. Aprende a venderte como persona, es el activo más poderoso que tendrás y montones de personas querrán ser como tú. Si no sabes cómo empezar, busca mentores que te ayuden. Este es el primer paso para convertirte en todo un gestor de capital.

NOTA IMPORTANTE

Necesitas conocer estructuras legales para levantamiento de capital. Si quieres tener socios accionistas que aporten su capital para crear proyectos o invertir en empresas privadas te servirá una SAPI (Sociedad anónima promotora de inversión); otra alternativa más económica es trabajar con contratos de asociación en participación en donde un tercero aporte el capital y tú el expertise o trabajo que los lleve en conjunto a obtener un beneficio mutuo.

13
TERCER ACTIVO: VUÉLVETE UN EMPRESARIO EXITOSO

Este activo es tan importante como los demás, pero más que solo decirte que te vuelvas empresario, queremos decirte como es la mejor manera de hacerlo. En muchos casos las personas responden como: ya sé que tengo que hacer una empresa o volverme empresario ya que las personas que más dinero tienen son empresarios, y sí. No es algo del otro mundo saberlo, los empresarios son los que mejores beneficios fiscales tienen, pueden dejar de trabajar y seguir recibiendo dinero, en cambio un empleado o autoempleado no. Pero es real que para llegar a tener una empresa que se maneje por sí sola, debieron de pasar muchas cosas antes y un largo camino para llegar a ello. Antes de convertirte en un empresario, hay que capacitarse, estudiar, cambiar tu mentalidad, crear un equipo, trabajar en tu liderazgo, imagen, historia, técnicas de negociación, ventas, etc.; sin lugar a dudas es un camino bastante largo y complejo. Pero bueno, todos saben que lo bueno es difícil de alcanzar y tener una empresa solida es algo maravilloso de todas las formas que lo veas. Hay muchas formas de convertirse en empresario y crear una empresa sólida, que sea rentable y que de verdad aporte a la comunidad. Empezaremos con él porque deberías convertirte en empresario, ya que deberás tener un motivo suficientemente fuerte para hacerlo, ya que al no ser nada fácil tu motivo deberá ser muy fuerte para que a pesar de que a veces tengas momentos malos, tu motivo te impulse y te diga que te vuelvas a levantar una y otra vez.

Lo que diferencia a los empresarios de los demás, principalmente, es la perseverancia e iniciativa, ya que adentrarse en este mundo muchas veces con poco conocimiento la mayoría de veces es por lo que fallan las empresas. La prueba y error será algo del día a día. Los empresarios más exitosos son lo que nos dicen que los errores son su mayor aliado, ya que gracias a ello han aprendido y mejorado en distintos aspectos de su vida. Las veces que han acertado compensan sus fracasos, y se levantan aún más fuertes.

Muchos empresarios han iniciado negocios que al principio parecerían locuras, pero que por su visión con el tiempo han cambiado la forma de hacer negocios e industrias completas. Pero es verdad que mientras más loco suene, podría ser que no tuvieses competencia. Claro, esto siempre pensando en cómo aportar a la sociedad o industrias en un futuro.

La formación del empresario siempre lo he dicho es muy distinta a la de un estudiante común, ya que hay que tener una base de conocimientos sólidos y a la vez saber de varias o muchas otras áreas un poco de cada una, para así saber qué es lo que necesitaran en cada área de su empresa y entender si se está haciendo bien el trabajo.

Cómo se llega a ser empresario. Hay diferentes caminos por los que una persona se convierte en empresario, uno bastante común es la necesidad. Lo que diferencia a un empresario de los demás trabajadores es que no recibe un sueldo fijo por lo que hace, sino que invierte su tiempo, sus recursos financieros y su esfuerzo con la esperanza de obtener mejores ganancias que trabajando por un sueldo. El precio de la seguridad es obtener ingresos limitados. Para el empresario no hay límites. Al menos eso es en teoría. Es común encontrar entre los empresarios a exvendedores, acostumbrados a cumplir metas bajo presión o a personas que siendo buenas en su oficio se independizaron. Aparte de aquellos que nacen empresarios, heredando un negocio familiar, por ejemplo, existe un gran número de personas que pasa de asalariado a hombre de empresa, bien por necesidad o por decisión propia.

La cesantía es una importante escuela de iniciativa empresarial, hay personas que al quedar sin trabajo no permanecen de brazos cruzados y salen a trabajar por su cuenta ya sea limpiando autos, manejando un taxi, ofreciendo servicios especializados o montando un negocio o empresa industrial. No hay duda de que para ser empresario se necesitan ciertas características personales: generalmente son personas que prefieren mandar a ser mandadas, que confían en sus propias capacidades, dispuestas a arriesgarse, personas fuera de lo común y que piensan a largo plazo. Sin embargo, también hay empresarios que no tienen ninguna de estas características.

Así podemos decir que no hay reglas fijas para convertirse en empresario, más que el estar dispuesto a hacerlo, aunque algunas de las virtudes señaladas ayudan bastante. Se definen como condiciones importantes de un empresario "la confianza en sí mismo, la capacidad para asumir riesgos, la flexibilidad, la necesidad de realizar y el deseo de ser independiente". Una de las cosas que impiden que el mundo esté lleno de empresarios es que muchas empresas fracasan. Este es un hecho consubstancial a la actividad de emprender y como a la mayoría de nosotros nos gusta la estabilidad y la seguridad mucha gente se conforma con llevar una vida tranquila, con menos logros, pero también con menos riesgos. Si le ofrecen a elegir a una persona entre ganar un sueldo excelente o ser empresario la mayoría escogería lo primero. Luego existen muchos empresarios que lo son solo porque no han encontrado un buen trabajo. Así la vida empresarial presenta ventajas y dificultades y cada cual decide si vale o no la pena arriesgarse para trabajar por cuenta propia.

Es raro el caso de un empresario que no haya fracasado y por ello los que permanecen emprendiendo a menudo son personas tenaces. Si hay algo característico de los empresarios es la voluntad de aceptar los fracasos y aprender de los errores. A pesar de los miles de páginas que se han escrito con las "claves para el éxito empresarial" no existe ninguna receta que pueda garantizar el éxito. El emprender implica riesgo y las grandes ganancias requieren de grandes riesgos, el empresario trabaja en un mundo incierto y en gran medida fuera de su control. Este tema pretende enseñar a tener éxito en los negocios y conocer la naturaleza de los negocios, las oportunidades, los peligros y los costos. Lo que se pretende en este texto es ayudar al pequeño empresario a conocer su negocio más allá del detalle, del día a día entregándole una visión global. No hay recetas que garanticen el éxito, pero sí algunas realidades simples que muchos de quienes se dedican a la actividad empresarial rara vez toman en cuenta. El empresario es un líder Sea cual sea su actitud o manera de ser, el empresario debe convertirse en un dirigente. Existen tantas maneras de dirigir como empresarios, pero el hecho de llevar a otros a que lo sigan es la esencia del trabajo de un empresario. El presidente de Pepsi Cola lo explicaba así: "Y con los hechos en la mano, el individuo puede convertirse en empresario, gerente general ¿Que hace un campeón en una compañía? Corre por los pasillos gritando "síganme muchachos". Y si lo dice en forma lo suficientemente persuasiva, con bastante sustancia, ¿qué ocurre? Que lo siguen". En otras palabras, es normal que un empresario exitoso tenga o adquiera la capacidad de entusiasmarse y transmitir a los demás el entusiasmo. Esto explica por qué personas inteligentes pero indecisas nunca llegan a ser buenos empresarios, la capacidad de dirigir va más allá de la mera inteligencia o habilidad técnica, también es una cuestión de carácter. A veces equivocarse y mantener el entusiasmo resulta mucho más valioso que no equivocarse nunca. Los errores pueden corregirse, el entusiasmo rara vez se recupera.

La capacidad para dirigir es fundamental en todo empresario ya que, si no la tiene o no la adquiere, inevitablemente será un empleado suyo el que manejará su negocio. No siempre coincide el dueño y el jefe en una misma persona. La capacidad de dirigir debe desarrollarse y perfeccionarse día a día y debe estar de acuerdo al punto de vista y la personalidad del empresario. Para dirigir a los demás es fundamental tener un punto de vista respecto al negocio, a los problemas y en general ante la vida. Un dirigente tiene una opinión definida frente a lo que ocurre y se guía por esa opinión para enfrentar los problemas. Mucha gente se deja llevar a la deriva por lo que le va pasando, sin formarse opiniones sobre las cosas. Sin un punto de vista es muy difícil que una persona logre dirigir a otros. En general existen dos grandes estilos de dirección: los que ponen énfasis en los resultados (fijación de metas y su cumplimiento) y los que ponen énfasis en las personas (gratificación, motivación, buenas relaciones humanas). Ambos estilos tienen ventajas y desventajas y es difícil encontrar alguien con un estilo "químicamente puro" ya que los extremos casi siempre terminan en fracaso. Un buen dirigente debe lograr el doble objetivo de obtener resultados y mantener alta la moral de su gente. Esto no es tarea fácil ya que en muchos casos ambos objetivos se contraponen: la fijación de metas difíciles y su cumplimiento se logran con mayor facilidad usando el estilo despótico, pero los efectos de largo plazo sobre la moral de los trabajadores pueden llevar a efectos indeseables como la alta rotación de personal y el deterioro de las relaciones humanas dentro de la empresa. Una cualidad importante de un buen dirigente es predicar con el ejemplo, solo puede exigir trabajo y eficacia quien se muestra como el más trabajador y eficaz, hay que recordar que una relación humana abusiva no puede funcionar bien permanentemente, al final cada uno cosecha lo que ha sembrado, no solo en el plano de los negocios. Así el empresario como dirigente tiene el deber de dar el ejemplo y la necesidad de motivar a su gente, hay que recordar que a menudo el trabajador gana lo mismo haga bien o mal su trabajo y por ello es la motivación la que hace la diferencia. El trabajador desmotivado llega inevitablemente a la ineficiencia, lo que significa el fracaso del empresario como líder. El empresario y el riesgo Existe la creencia común de que existen los "buenos" y los "malos" negocios y que la habilidad de un empresario consiste en descubrir los negocios buenos y evitar los malos. Por eso popularmente se cree que a los empresarios inteligentes les va bien y a los tontos les va mal. Desgraciadamente el asunto no es tan sencillo. Si esto fuera cierto el mundo estaría repleto de empresarios multimillonarios, ya que después de tantos siglos es muy poco lo que queda por descubrir, esta creencia ha hecho la fortuna de miles de "gurús de la administración" que escriben libros muy convincentes con las recetas para tener éxito en los negocios. Lo que explica por qué a personas inteligentes no siempre les va bien y porqué otros sin inteligencia alcanzan el éxito es el azar inherente a toda empresa.

En nuestra vida diaria corremos riesgos constantemente, es imposible evitar todos los riesgos, pero sí podríamos vivir tan seguros como nos sea posible. Ahora bien, la máxima seguridad la alcanzaríamos al no hacer absolutamente nada. El dilema del empresario, en los negocios y en la vida, es encontrar hasta qué punto está dispuesto a arriesgarse: "Un empresario sabe correr riesgos calculados. No rehúsa los desafíos, pero no es un jugador. Evita las situaciones en que el riesgo es muy pequeño, porque no entrañan ningún reto y no prometen gran cosa. También evita las situaciones en que el riesgo es excesivo, porque lo que quiere es triunfar. Evalué con realismo los riesgos que vale la pena correr". Esa es la teoría, sin embargo, en la práctica determinar en qué medida un riesgo es "calculado" o "razonable" resulta imposible. La verdad es que cada uno determina el grado de riesgo que está dispuesto a correr. Sin embargo, hay un factor característico de los buenos empresarios: están siempre dispuestos a aceptar la posibilidad del fracaso, de asumir el fracaso y no culpar a otros o a la mala suerte cuando las cosas no han resultado como esperaban, es por eso que un buen empresario debe ser una persona tenaz, persistente. Si se descorazona con facilidad lo más probable es que termine buscando la seguridad de un sueldo fijo. Es bastante dudoso definir que riesgos son razonables o no, cuales vale la pena correr y cuáles no, especialmente si consideramos que la mayor utilidad, el mayor logro siempre está aparejado a riesgos altos. Muy poca gente está dispuesta a correr riesgos y muchos menos están dispuestos a hacerse "personalmente responsables" de las consecuencias de sus decisiones. Por eso hay un gran campo abierto a los que no tienen miedo de arriesgarse. La lógica dice que un pequeño empresario tiene mucho menos que perder que uno grande y por lo tanto debería estar dispuesto a correr los mayores riesgos. En la práctica sin embargo ocurre todo lo contrario, el empresario pequeño es el que tiene mayor aversión al riesgo. En la medida que se tenga audacia, persistencia y se esté dispuesto a asumir las consecuencias del fracaso mayores serán las posibilidades de éxito en la pequeña empresa. Pero cuidado, la disposición al riesgo tiene que estar siempre acompañada de realismo y capacidad de analizar fríamente las situaciones. Ese es el punto que diferencia a un empresario de un jugador (que en lo demás son bastante parecidos): el jugador juega por la emoción, el empresario juega por cálculo y para ganar. El empresario y la toma de decisiones.

Una de las obligaciones del empresario como líder de su negocio es la de tomar decisiones. En las grandes empresas esta labor se comparte, delegándose en gerentes la toma de decisiones operativas y tácticas, lo que deja libre al empresario para decidir sobre la orientación estratégica del negocio. El pequeño empresario tiene la doble tarea de actuar como dueño y gerente, lo que tiene ventajas y desventajas para el negocio. Por una parte, este doble papel le permite llevar un control más directo sobre la orientación de la empresa, pero tiene la gran desventaja de eliminar al responsable operativo de la marcha de la empresa. El empresario como gerente no se reporta ante nadie sino ante sí mismo lo que tiene muy mal efecto cuando toma alguna decisión equivocada. Es sabido que todos tendemos a ser muy críticos con los errores de los demás y muy indulgentes con los nuestros. Es muy común que un pequeño empresario no sea autocrítico con su gestión operativa y que persista en repetir una y otra vez los mismos errores. Cuando existe un gerente reportándose ante el dueño deberá pagar por cada una de sus equivocaciones que incluso le pueden costar el trabajo, no ocurre lo mismo cuando es el propio dueño quien actúa como gerente. Decíamos antes que la tenacidad es una cualidad que se encuentra en la mayoría de los empresarios, esta cualidad debe ir equilibrada con la flexibilidad, la disposición a reconocer los propios errores y corregirlos. De otro modo tenemos al típico empresario inflexible, porfiado, que tropieza una y otra vez con la misma piedra. La tenacidad no debe ser sinónimo de inflexibilidad o miopía. Para tomar decisiones acertadas hay que ser capaz de analizar las cosas fríamente, estudiar bien cada problema, pesar los pros y los contras etc. Pero eso es solo una pequeña parte del proceso.

La mayoría de las decisiones importantes son imposibles de analizar ya sea porque no se tiene información suficiente o simplemente porque no siguen ningún patrón lógico (como por ejemplo cuando se depende del clima). Así, es importante que un empresario sea capaz de analizar situaciones con inteligencia para decidir acertadamente, pero eso solo no es suficiente, además será necesario que muchas veces acuda al instinto, lo que se conoce como el "buen olfato empresarial". Sobre esto no hay nada que decir ya que es una cualidad que cada uno tiene en mayor o menor medida. Los problemas que enfrenta un empresario tienen un gran componente de azar e incerteza, ya lo hemos dicho antes. Sin embargo, existe un cierto grado de maniobra dentro de las decisiones que se toman día a día. Muchas veces ocurrirá que, aunque se tomen las decisiones "correctas" los resultados serán malos y eso debe ser aceptado como parte del juego empresarial. Sin embargo, el que persiste en tomar decisiones irracionales o de gran riesgo tendrá en su contra dos veces la ley de probabilidades y no será raro que fracase sistemáticamente.

Finalmente, no se puede dejar de mencionar que las emociones son por lo general causa de la toma de decisiones equivocadas. La emoción produce un estado alterado de conciencia y nos lleva muchas veces a actuar de manera irracional, muchísimos empresarios se han arruinado por no haber sido capaces de controlar su orgullo, su miedo o su rabia en el momento de tomar una decisión importante. Las emociones son importantes como combustible de nuestro actuar, pero al momento de tomar decisiones lo mejor es hacerlo con la cabeza fría. Planificando el negocio "La vida es lo que nos ocurre mientras estamos ocupados haciendo planes" Es necesario planificar, primero que nada, para establecer los objetivos de la empresa. Si bien los grandes objetivos son relativamente obvios (crecimiento, éxito en la gestión financiera, prestigio, etc.) los objetivos específicos se pierden de vista con facilidad. Un ejemplo típico es cuando una empresa crece y comienza a generar negocios relacionados, unos mejores que subvencionan a otros no tan buenos. Una planificación cuidadosa es fundamental para identificar y separar los distintos negocios de una empresa y determinar cuáles vale la pena mantener y cuáles no.

Existen dos clases de planificación en la empresa: la planificación estratégica de las grandes decisiones y la planificación de control financiero. En el primer tipo se resuelven problemas como el del párrafo anterior: creación y cierre de líneas de negocio, estudio de los mercados, búsqueda de oportunidades, etc. En el segundo tipo se llevan controles y seguimiento de la gestión financiera: ventas, costos, gastos y utilidades mensuales, control del presupuesto, etc. El control financiero puede delegarse a un contador o un gerente, pero la planificación estratégica no se puede escapar de las manos del empresario. La importancia relativa de estos tipos de planificación varía con el tamaño de la empresa: Mientras menor y más simple sea el negocio más importante es la planificación y control financieros, pero a medida que crece en tamaño y complejidad va tomando importancia la planificación estratégica. En pocas palabras el objetivo de planificar es fijar metas y objetivos y luego controlar si estos se están cumpliendo. Hay planes de corto, mediano y largo plazo (típicamente un mes, un año y más de cinco años respectivamente), mientras mayor sea el plazo más importante para el empresario es su cumplimiento. Por ejemplo, una meta mensual puede que no se logre y no tendrá mayor efecto sobre el negocio, pero si una meta de cinco años no se alcanza es hora de preocuparse seriamente. Cuando existe un plan cada uno sabe con precisión cuál es su tarea y cuál es el rendimiento que se espera de él. Además de la planificación de la empresa es fundamental que el empresario aprenda a planificar su propio tiempo "no tengo tiempo" o "necesito un día de 25 horas" es la queja típica de los que no han aprendido a administrar su tiempo. "Una característica esencial de los empresarios es su capacidad de trabajar de manera organizada. A otros puede parecerles que son muy desorganizados, pero lo cierto es que la mente subconsciente de casi todo empresario está siempre atenta".

El tiempo es un capital muy especial, todos lo tenemos y solo podemos gastarlo. El tiempo pasa igual para ricos y pobres y el tiempo que perdemos jamás se vuelve a recuperar. Así es asombroso cuan poco cuidamos nuestro tiempo, es el ejemplo más claro de que lo que no nos cuesta no lo valoramos. "Recuerde que una de las pocas cosas cuyo dominio está casi totalmente en sus manos es el uso de su tiempo" "Usted no puede elegir entre gastar o no gastar su tiempo. El tiempo es uno de sus recursos más valiosos, pero no tiene más remedio que gastarlo". Aunque no hay regla fija entre lo que significa aprovechar bien o mal el tiempo una buena guía es la siguiente "Sin beneficios su empresa moriría. Tenga esto presente al programar el uso de su tiempo. Todo problema que incida en los beneficios debe ser atendido antes que cualquier otro". Como hacer un plan financiero Un plan financiero es la expresión en cifras de lo que se espera de la empresa.: comprende la fijación de los objetivos, el estudio y selección de las estrategias que se usarán para alcanzarlos, la colocación de metas, etc. Las empresas pequeñas normalmente funcionan sin ningún plan explícito. Pero el empresario que se dedica a diseñar un plan financiero (grande o pequeño, estará en gran ventaja respecto de aquel que se deja llevar por los múltiples factores de azar que influyen en los negocios: los barcos sin timón por lo general terminan encallados.

Los objetivos también tienen distintos niveles de prioridad y podríamos nombre, entre otros a: la rentabilidad (es decir que sea más conveniente invertir el capital en la empresa que depositarlo en un banco), la eficiencia (rendimiento del capital y la mano de obra), el crecimiento en el tiempo, las reinversiones, etc. Cada empresario tendrá sus propios objetivos y prioridades, lo importante es definir de manera explícita cuales son estos. En una pequeña empresa, donde el empresario hace las veces de gerente, su casa la ocupa como oficina, su auto como vehículo de la empresa, etc. es muy importante considerar que, aunque no cuesten dinero, todas estas cosas no son "gratis". Si no se les considera con su respectivo precio el plan financiero estará fuertemente distorsionado. Los elementos básicos del plan financiero para un pequeño empresario son simples: ventas, costos, gastos, utilidad bruta, impuestos y beneficios (o utilidad neta). Sin embargo, son sorprendentemente pocos los pequeños empresarios que fijan metas y controlan estas variables regularmente. Así es un milagro que muchas pequeñas empresas no quiebren y aún prosperen en medio de la más absoluta falta de control y planificación. Un pequeño empresario tradicional gasta el dinero a medida que le va ingresando, ya sea de su capital propio, de préstamos o de las ventas, y solo se da cuenta si el negocio anda bien o mal en la medida en que le quede saldo a favor en su chequera a fin de cada mes. Un buen empresario por otra parte estima detalladamente sus costos y gastos, fijando un sueldo incluso a su propio trabajo, a partir de eso estima cuanto debe vender como mínimo para cubrir sus costos (y no tener que comerse el capital), es decir su "punto de equilibrio". Con base en este dato puede hacer su presupuesto que luego deberá ir controlando mensualmente para saber cómo marcha el negocio. La mayoría de las quiebras se producen porque el empresario no se das cuenta de lo malo que está ocurriendo hasta que ya es demasiado tarde.

Existe una serie de "test ácidos" para determinar si un negocio vale la pena o no, si su endeudamiento es o no aceptable, si vale la pena mantener el volumen de inventario, trata de "termómetros" que marcan la buena o mala salud del negocio. La realidad es que los pequeños empresarios rara vez hacen caso de estos indicadores y muchas veces deciden seguir con negocios que dan todo tipo de señales de alarma con la esperanza de que las cosas mejorarán en el futuro. No es la manera más lógica de llevar una empresa, pero si la más común, y muchas veces resulta debido a que el factor de azar inherente a las empresas produce cambios dramáticos. Esto no quiere decir que la planificación sea inútil, al contrario, pero si hay que tener en cuenta que los indicadores numéricos no son infalibles y que no basta una buena planificación para asegurar el éxito de una empresa. No basta, aunque ayuda bastante.

El dinero es un recurso clave de la empresa y debe ser bien administrado. Mientras más pequeña es la empresa más peligrosa resulta el derroche. Así toda la planificación anteriormente descrita debe servir de base para proyectar el flujo de caja. El "flujo de caja" es el detalle de las entradas y salidas de dinero del negocio y todo buen empresario sabe lo importante que resulta tenerlo controlado. Muchos dejan esta vital tarea a los bancos, fijándose solo en los saldos a fin de mes. Nada más peligroso que esta práctica. Aunque el flujo de caja es difícil de proyectar si se puede controlar diariamente lo que dará al pequeño empresario una importante radiografía de la salud del negocio. El empresario y los sueldos "Después de seis meses yo seguía muy entusiasta, pero había un pequeño detalle que no dejaba de preocuparme: el cheque de mi sueldo no mostraba aumento alguno. El presidente de Pepsi Cola decía que el sueldo es el precio del trabajo, cualquier empresa, aun cuando tenga un solo trabajador (el empresario) debe fijar sueldos. Es práctica normal entre los pequeños empresarios no considerar su propio sueldo dentro de los costos, sin embargo, esto solo aumenta la confusión y dificulta determinar si vale la pena o no seguir una línea de negocios.

El empresario debe fijarse un sueldo aproximadamente igual a lo que ganaría estando asalariado. Si el beneficio del negocio es menor o similar a ese sueldo hay una clara señal de que algo debe ser corregido. Es un lugar común decir que el recurso humano es el capital más importante de un negocio, pero no es solo eso; la calidad de los trabajadores es fundamental para el éxito o fracaso de cualquier negocio. El problema de los recursos humanos debe enfrentarse con realismo, un empresario de buen corazón, que tolera a trabajadores que -sostenidamente -hacen mal su trabajo es un candidato seguro al fracaso. Una cantidad importante de empresas han quebrado por la falta de capacidad y motivación de sus trabajadores.

Existen dos factores claves que hacen la diferencia entre un buen y un mal trabajador: capacidad y motivación y un empresario deberá rodearse de personas capaces y motivadas. Lo que pocos empresarios piensan es ¿por qué un trabajador va a hacer su tarea con entusiasmo?, hay varias respuestas, pero sin duda que la más adecuada es: simplemente por dinero. Desde el punto de vista del contador los sueldos son un componente más de los costos fijos. A menores sueldos menor costo, mayor espacio de maniobra para competir y mayores beneficios. Por otra parte, situaciones coyunturales de cesantía, problemas macroeconómicos, sobreoferta profesional y de mano de obra, etc. hacen posible muchas veces conseguir personas bien calificadas dispuestas a trabajar con sueldos bajos. Así, desde una perspectiva de corto plazo y para trabajos simples puede optarse por la mano de obra barata. Sin embargo, un empresario que desee ganar mercados y crecer con rapidez rara vez lo logra por la vía de bajar costos críticos.

Hay mercados, como los orientales, sin leyes sociales y con mano de obra extremadamente barata que hacen muy difícil competir en esas condiciones. Un pequeño empresario, por regla general tiene que ganar espacios ofreciendo calidad, atención, productos y servicios personalizados. El verdadero nicho de todo pequeño empresario es la personalización, pues en ese campo las grandes empresas con economías de escala no pueden competirle. Ahorrar en sueldos es como echar agua a la leche. Puede que resulte por un tiempo, pero la mala calidad del recurso humano finalmente se paga con creces. No debe entenderse lo anterior como una recomendación a pagar altos sueldos sin relación al desempeño, camino seguro a la ruina. Nada de eso, lo más razonable es tener estructuras flexibles de remuneraciones que aseguren que sean los trabajadores destacados quienes reciban su recompensa constante y sonante. Se podrían llenar libros completos listando pequeñas empresas exitosas por medio de la personalización y la calidad de sus servicios. Sin embargo, esto no puede lograrse con empleados mal pagados, los seres humanos tienden a creer que es posible obtener algo a cambio de nada. No es posible. Solo se puede tener un producto de calidad con empleados de primera, bien incentivados, económicamente, antes que nada, para que hagan su tarea de manera excelente.

Las pequeñas empresas comúnmente ofrecen sus productos a un precio menor pues no cuentan con recursos para publicitarse al nivel de los grandes, esto que es algo inevitable al comienzo debe ser etapa superada en el menor plazo posible. El mercado está lleno de pequeñas empresas que ofrecen productos económicos y de calidad mediocre, sobreviviendo apenas y que nunca alcanzan el despegue. Una preocupación prioritaria de todo pequeño empresario debe ser romper este círculo vicioso y posicionar su empresa en un nivel superior de calidad, con precios adecuados que permitan tener al mejor personal y los mejores beneficios Los créditos A menos que sea hijo de millonarios, lo más usual es que el pequeño empresario comienzo su negocio con pocos recursos. Como por regla general resulta imposible levantar una empresa (legítima) sin dinero, el empresario deberá recurrir al crédito para financiar su negocio. Los empresarios que comienzan suelen tener aversión al crédito, preferirían en lo posible trabajar con recursos propios ya que no tienen ni la experiencia, ni el manejo de los instrumentos, ni el acceso al crédito.

Para el empresario que se inicia todo es riesgo, todavía no tiene la suficiente confianza en sus propias fuerzas ni en su negocio y pasa por un estado de transición donde trata de ser independiente y ganar arriesgando el mínimo. Eso no es posible, solo quien arriesga gana pues el lucro va normalmente en proporción a los riesgos. Si alguien desea ser empresario y le da miedo endeudarse, mejor que se busque otro trabajo o que se conforme con un micronegocio de subsistencia. La primera norma al pedir un crédito es que el dinero prestado debe emplearse en inversión y nunca en gasto. Inversión es cualquier cosa que genere dinero y el dinero que genere la inversión debe ser mucho mayor que el interés que se paga por el crédito. Esto que parece obvio no es siempre entendido por los empresarios que comienzan, no es raro ver pedir un crédito para comprar un vehículo o un equipo costoso que va a generar (supuestamente) la misma ganancia que otro más económico. Ese diferencial, así como muchos gastos personales u otros que no generan ingresos son los gastos, el peso muerto. Los lujos, así como cualquier gasto improductivo jamás se deben financiar con dinero prestado.

El negocio de los bancos es comprar y vender dinero. Las personas que tienen dinero sobrante y desean una ganancia pequeña con mínimo riesgo son los depositantes. Aquellos que necesitan dinero y se arriesgan a comprarlo con la esperanza de generar ganancias son los que piden crédito. El interés es el precio del dinero, si las ganancias son menores al interés aparece un agujero. Todas estas verdades triviales es necesario repetirlas pues no falta quien cree que el banco presta dinero porque son filántropos y luego que cobran intereses se convierten en usureros. El corolario de todo esto es que los créditos para fines de consumo están por lo general prohibidos para un empresario, a menos que su negocio esté tan bien establecido que le asegure una renta fija suficiente para cubrirlos. Entre las diversas fuentes de financiamiento de un empresario tenemos el capital propio, los préstamos de familiares o amigos, los préstamos bancarios, los créditos directos de proveedores, los préstamos de fomento de entidades estatales, el leasing, etc. Las fuentes de financiamiento son muchas y el costo del dinero varía en cada caso, lo mismo ocurre en cuanto a la exigencia o no de garantías para avalar los créditos. Con la enorme diversidad de modalidades de crédito que ofrece el mercado, la propaganda, engañosa en muchos casos, de los bancos y financieras, es indispensable que el pequeño empresario se asesore por alguien especializado y de su confianza a la hora de escoger sus fuentes de financiamiento. De no hacerlo así y al escoger basado en el instinto o en la propaganda no tendrá derecho a quejarse cuando lo estén embargando. Lo fundamental es que sería absurdo pedir dinero si no se va a utilizar con provecho, esto es, con una seguridad razonable que se va a invertir bien y que se obtendrá un beneficio muy superior a los intereses que se pagarán por el crédito. Para ello hay que tener bastante claro el costo real del crédito y los beneficios esperados de la inversión.

Sin riesgo no hay ganancias, pero con demasiado riesgo lo más probable es que haya un embargo. Es trabajo del empresario encontrar el punto de equilibrio. Las relaciones con los demás. Un empresario debiera aprender, antes que nada, a llevarse bien con los demás "si quieres recoger miel, no des puntapiés sobre la colmena" recomendaba Dale Carnegie con mucha razón. Las buenas relaciones personales —no solo con sus superiores— son parte del capital intangible más valioso que puede tener un empresario. Quien lleva una empresa depende fuertemente, día a día de los demás: Depende desde luego de sus empleados, que ganarán el sueldo, aunque hagan bien o mal su trabajo, depende fundamentalmente de sus clientes, de sus proveedores, de los bancos. La buena o mala voluntad que le tengan las personas que lo rodean pueden determinar el éxito o el fracaso de su negocio.

En los tiempos difíciles (que no serán pocos) puede bastar la buena voluntad de un amigo para salvarlo, o la antipatía de un enemigo para hundirlo. No se trata simplemente de cultivar amistades interesadas de quienes lo puedan ayudar, el servilismo solo da ventajas de corto plazo. El empresario debe cultivar una actitud abierta y servicial hacia todos como parte de sus activos. Ya vimos lo importante que resulta que la gente simpatice sinceramente con nosotros. El problema es cómo lograrlo, hay personas con más o menos "ángel" natural y no puede hacerse nada al respecto. Pero si hay actitudes que pueden mejorar o empeorar nuestras condiciones naturales para que los demás nos aprecien. Primero que nada, el empresario debe aprender a controlar su tendencia a la polémica y a la crítica, que es uno de los principales factores que nos hace desagradables. "es imposible vencer con argumentos a un hombre ignorante", más aún, es imposible que cualquier persona cambie de idea en el curso de una discusión. Si finalmente se le demuestra que está equivocado, usted acaba de ganar un enemigo para el resto de su vida. Un amigo le escribió a un importante gobernador lo siguiente: "Eres insoportable. Tus opiniones son como una cachetada para quien difiera contigo. Tanto es así, que ya a nadie le interesan. Tus amigos van descubriendo que lo pasan mejor cuando tú no estás con ellos. Sabes tanto que ya nadie te puede decir nada...". El gobernador entendió el mensaje y desde ese momento cambió su actitud... ¿somos nosotros capaces de lograr eso? No hay manera más segura de hacerse antipático que polemizar y criticar a los demás. La única forma de ganar una discusión es evitándola. Interesarse en los demás, escucharlos, ponerse en su lugar es otra de las maneras seguras de sembrar amistades. Se pueden ganar más amigos en dos meses si se interesa uno en los demás que en dos años si se hace que los demás se interesen en uno. El mundo está lleno de personas egoístas y aprovechadoras. De manera que los pocos individuos que sin egoísmo tratan de servir a los demás tienen enormes ventajas. No hay competencia contra ellos.

Cultivar amigos y buena voluntad entre los demás es gratis y constituye uno de los principales bienes intangibles de un empresario. No se trata de vivir al servicio de los demás y hacer todo lo que le digan, basta con comprenderlos, ponerse en su lugar y tratarlos con respeto. Como el mundo está lleno de prepotentes el resultado no se verá de inmediato. Pero la siembra de amigos es a la larga, un seguro mucho más eficaz que cualquier actitud prepotente o aprovechadora. La personalidad de ave de rapiña puede dar resultados inmediatos y muchas veces positivos, pero va inevitablemente acompañada de la siembra de enemigos. Y una de las características fundamentales del empresario es pensar y actuar a largo plazo Los sistemas de control. Existe la creencia que el control y la eficiencia en un negocio van en sentido contrario; a mayor control menos eficiente son los métodos y sistemas de trabajo. Desgraciadamente muchas veces es así: un control demasiado fino sobrecarga el trabajo y demora la ejecución de las tareas. Por otra parte, la ausencia o la deficiencia de control ha sido causa de innumerables quiebras. Es asunto de vida o muerte que el empresario sepa, con cierto grado de certeza, lo que está ocurriendo en su negocio. Así y todo, es increíble la cantidad de empresarios que no tienen idea de cuanto han ganado o perdido en el mes, en el semestre o aun en el año, cuál es su verdadera situación de inventario, la tendencia de las ventas, todas estas variables indispensables de controlar en cualquier negocio.

El control, así como la seguridad absoluta no existen, al empresario le toca definir el nivel de control razonable que le permita manejar el negocio de la mejor manera y sin sobrecargar sus actividades directamente productivas, además es sabido que el control tiene un costo, bien en salarios, equipos y programas de computación, auditorías etc. El control es visto a menudo desde una perspectiva demasiado estrecha por algunos empresarios: un control de inventario con el solo propósito de que sus empleados no le roben difícilmente será amortizable por obra de sus beneficios. Pero si se toma en una perspectiva más amplia un control de inventario puede ser de gran utilidad para decidir racionalmente las compras de reposición o para tener el valor exacto de la mercadería en bodega, lo que ayudará en gran medida a conocer de manera fidedigna la real situación financiera del negocio en un momento dado. Los sistemas de control deben ser vistos primariamente como generadores de información. Algunas veces el negocio puede tener una muy buena situación de caja, pero con un inventario sobrevalorado, el empresario tendrá un espejismo de prosperidad inexistente. Al contrario, si tiene problemas de caja y un buen inventario puede liquidar para hacer efectivo sin riesgo de estar comiéndose el capital. Todo esto a condición de que tenga el valor actualizado y fidedigno de su inventario, cosa que muchas veces no ocurre. Como los sistemas de control no son fáciles de implementar y causan muchas veces problemas en el trabajo cotidiano, muchos empresarios optan por no llevar controles o llevarlos de manera reducida o intuitiva, es decir optan por bajar el control en beneficio de eficiencia y menores costos. Lamentablemente la intuición muchas veces engaña ya que tendemos a ver las cosas como nos gustaría que fueran más que como son, así no es raro que estos empresarios sean los últimos en entregarse que el negocio está en quiebra.

El control de un negocio no tiene por qué ser complicado, ni menos detallado. La mayoría de las veces basta con controlar las grandes cifras, tal como lo hacen los inspectores de impuestos. Es fundamental para cualquier negocio disponer de un informe ejecutivo, ojalá mensual, que detalle lo siguiente: Ventas del mes, Costo de las ventas, Gastos del mes, Impuestos y Leyes Sociales, Utilidad del mes (ventas menos costos, gastos e impuestos) Valor del Inventario a fin de mes. El empresario que logre conocer estas seis variables cada mes no tendrá necesidad de preocuparse por controles más complicados, es como dicen en inglés "The Bottom-line", la última línea del balance lo que en realidad importa. Lamentablemente es más fácil decirlo que hacerlo, como veremos en El Empresario y las Computadoras, donde se abordará la tarea de elaborar este aparentemente sencillo informe.

El empresario y los computadores

Las computadoras son subconjuntos de un todo más grande cual es el sistema de información de la empresa. En los últimos años se ha notado un avance explosivo en el desarrollo de la computación, tanto que muchas veces siembra duda y confusión entre los empresarios que hacen grandes inversiones en equipos y sistemas que nunca llegan a cumplir con las expectativas que generaron en su origen. Primero que todo hay que tener claro que las computadoras y los programas no son el sistema de información, son solo herramientas que ayudan a generar reportes. Comprar computadores sin tener establecido un sistema de información eficiente es garantía de fracaso. Lo primero entonces es disponer de un sistema de información eficiente. La compra de equipos y programas debe ser siempre el último paso de un proceso de diseño de métodos de control, implementación de controles manuales y finalmente uso de computadoras para automatizarlos. Para un pequeño empresario un sistema de información puede ser bastante simple: informes diarios de movimiento (compras, ventas) e informes mensuales de resultados e inventario. En la mayoría de los casos eso es suficiente. Sin embargo, es fundamental un buen diseño ya que la mayoría de los negocios tienen un funcionamiento y requerimientos distintos. En el diseño de un sistema de información siempre aparecen compromisos: no es practico controlarlo todo y hay que hacer concesiones entre lo que es fundamental, lo deseable y lo superfluo. Lo fundamental es usualmente el control de la mercadería y los resultados (compras, ventas, costo de las ventas, gastos, impuestos, utilidad). Hay aspectos del negocio no vale la pena informatizar; por ejemplo, la contabilidad formal en negocios pequeños es a veces preferible la lleve un contador externo y no se gana gran cosa informatizándola. Esos son los aspectos que deben considerarse en el diseño, separando lo importante de lo que no lo es tanto.

La mayoría de los sistemas computarizados exitosos han sido creados de manera evolutiva, muchas veces comienzan como controles manuales que se van refinando con el tiempo y luego se comienzan a informatizar paulatinamente. Es muy conocido el caso de los grandes rediseños que terminan en un fracaso de recriminaciones mutuas entre los técnicos, los operadores y los ejecutivos. Existe un paso intermedio de computarización que consiste en el uso de utilitarios de propósito general, especialmente las planillas de cálculo. Es muy recomendable que un sistema manual pase por una etapa de planilla de cálculo en algún momento, ya que esto ayuda a prever los problemas prácticos que surgirán al implementar programas, además de registrar información histórica que puede ser posteriormente aprovechada. Otra consideración se relaciona con el uso de programas estandarizados versus los que se hacen a la medida del negocio. Los primeros son más caros, más eficientes y más riesgosos (puede que nunca lleguen a funcionar), los segundos tienen la ventaja de estar bien probados, ser más económicos, pero a menudo resultan tan poco flexibles que no vale la pena usarlos. Una solución interesante para el pequeño empresario consiste en contratar un alumno en práctica, son económicos, disponen de mucho tiempo y están ansiosos por probar su competencia. Sin embargo, el diseño es fundamental que lo haga alguien con experiencia en ambos campos, los negocios y la computación Finalmente no puede dejar de mencionarse la necesidad de diseñar sistemas sencillos. La imaginación popular ve a los computadores como máquinas capaces de hacer tareas muy complicadas; ese es un gran error, el computador es fundamentalmente una maquina tonta que se destaca haciendo tareas muy sencillas, repetidamente con enorme rapidez. Un diseño limpio, sencillo es clave para el buen éxito de un sistema de información computarizado.

Selección de personal

Una experiencia real: Algunos años atrás me tocó abrir una sucursal en Santiago de la empresa donde trabajaba y para contratar al jefe de local coloqué un aviso en el periódico. Era época de recesión y me llegaron cerca de 200 currículum. Desde la primera revisión se destacó un postulante que calzaba a la perfección con nuestros requisitos, por lo que quedó entre los cinco seleccionados para la entrevista personal. Su desempeño durante la entrevista fue perfecto por lo que arreglé una conversación telefónica con mis jefes que tomarían la decisión final. El hombre quedó contratado y yo me quedaría un mes viendo su desempeño. A los pocos días de su período de pruebas apareció golpeado y con evidentes signos que había estado borracho, luego dejo de ir a trabajar. Nunca más se supo de él hasta que varios años después apareció implicado en un asalto que tuvo amplia cobertura en los medios. Allí estaba nuevamente nuestro candidato ideal. "El personal competente no suele ser un recurso abundante en ninguna empresa. Pero si usted quiere triunfar, debe saber cómo encontrar y conservar buenos colaboradores". Esa es la teoría, pero la historia anterior muestra cuán difícil es saber de antemano la calidad laboral de un postulante.

Escoger los empleados clave es una de las tareas complicadas que debe enfrentar el empresario. Por ello una buena idea es ir ascendiendo a los que se tienen de acuerdo a sus méritos. Cuando se necesitan nuevos trabajadores siempre existe el riesgo de equivocarse. Una buena fuente donde buscar es en los recién egresados del colegio o universidad, ellos tienen instrucción y motivación, pero poca o ninguna experiencia lo que los hace inútiles para puestos claves. Sin embargo, muchas veces existe gente talentosa entre ellos con capacidad para adquirir la experiencia con relativa rapidez. Lo razonable es que partan en puestos que no impliquen responsabilidades clave, sino que vayan evolucionando desde los trabajos menores, no hay que olvidar que aparte de la falta de experiencia, la gente muy joven tiene también poco conocimiento de las relaciones humanas y del funcionamiento del sistema laboral como un todo, cosas que solo se aprenden durante el trabajo práctico.

Otra fuente muy usual es buscar personas que desempeñen o hayan desempeñado un trabajo similar en otras empresas. Algunos empresarios cuando necesitan llenar un puesto clave se lo ofrecen a un empleado que trabaja o ha trabajado en una firma competidora, ya que, tratándose de un producto "probado" y con experiencia se puede esperar un buen rendimiento desde su primer día de trabajo. Las recomendaciones personales son también uno de los factores más importantes a considerar al contratar a un nuevo empleado. Al recomendar a alguien, nos convertimos de alguna manera en fiadores de su capacidad para efectuar bien el trabajo, por ello es tan importante la recomendación de alguien que nos merezca confianza "La contratación de personal es una tarea de gran responsabilidad. Tómese todo el tiempo que necesite para seleccionar los mejores candidatos, son precisamente estos quienes pueden contribuir en mayor medida al éxito de su empresa". Buscando oportunidades de negocio, uno de los errores más frecuentes de los empresarios que comienzan es pensar que basta con tener un buen producto y con eso el negocio irá a las mil maravillas. Lamentablemente no es tan sencillo, hay muchas empresas con productos realmente buenos que no llegan nunca a venderse bien pues no han descubierto o aprovechado correctamente las oportunidades del mercado. El concepto de "oportunidad" tiene algo que ver con tiempo y espacio, algo es oportuno en un momento y un lugar dado, puede que en otro momento o en otro lugar no lo sea, exagerando un poco, no basta con que vendamos excelentes impermeables en un lugar donde nunca llueve o que vendamos lindos trajes de baño en pleno invierno.

El empresario exitoso por lo general no parte con un buen producto al que luego le busca mercado, mucho más fácil es hacer todo lo contrario, estudiar el mercado en busca de oportunidades de negocio y luego aprovechar esas oportunidades. Es más fácil adaptarnos nosotros al mercado que intentar que el mercado se adapte a nuestro producto. Para estos efectos es necesario estudiar cuidadosamente el mercado, lo que implica Encontrar mercados rentables elegir productos vendibles enterarse de los cambios en las costumbres y los gustos de los consumidores mejorar las técnicas de comercialización fijar metas de ventas ajustadas a la realidad La tendencia natural de decidir basado en las preferencias y sentimientos personales es muchas veces el primer paso al fracaso, pocas veces resulta que lo que preferimos personalmente coincida con una buena oportunidad de negocios, aunque no existe en esto una regla fija (se dice que al presidente de Sony, Aiko Morita se le ocurrió la idea del Walkman porque le gustaba escuchar música mientras jugaba golf).

El problema mayor de cuando elegimos productos con base en nuestras preferencias es que no somos muy racionales a la hora de evaluar y nos cuesta mucho más aceptar cuando resultan un fracaso. Las oportunidades de negocio se examinan usualmente por medio de estudios de mercado, es muy importante que estos estudios resulten realistas y no estén influenciados por un excesivo optimismo. No es raro que se hagan estudios solo como una forma de dar justificación racional a nuestros sentimientos personales, la trampa del estudio tendencioso es algo que debe evitarse a toda costa, pues son un desperdicio de tiempo y recursos que además nos puede afirmar en caminos equivocados. Una observación sistemática del mercado y de los posibles (o actuales) clientes es el primer paso para identificar las oportunidades de negocio, el empresario deberá estar siempre atento a señales que lo puedan alumbrar en el camino de encontrar nuevas oportunidades. Luego de identificada la oportunidad de manera más o menos intuitiva, conviene asegurarse por medio de un estudio formal de mercado que considere al menos los siguientes aspectos: Definición clara de lo que queremos averiguar con el estudio; recopilación de datos de fuentes propias (cifras de ventas, compras, costos, etc.); recopilación de datos de fuentes externas (libros, revistas, encuestas, estadísticas del gobierno, etc.); e interpretación de los datos.

Algo importante de mencionar es que el estudio de mercado es solo una herramienta más del conjunto que posee el empresario para tomar sus decisiones. Las decisiones de esta clase son inciertas por lo que los números no son el único factor que pesa. Lo fundamental es hacerse un buen panorama general de la situación y decidir con base en este.

Como comercializar los productos

Acostumbramos a pensar en la comercialización o marketing como sinónimo de publicidad, la verdad es que el asunto es mucho más que eso. Hace años tuve un trabajo en que llegué a conocer cómo funcionaban las cosas en los departamentos de markerting de una empresa japonesa y me llamó la atención que la publicidad era solo un pequeño subdepartamento dentro de un sistema enfocado principalmente a la inteligencia comercial. Para ellos era mucho más importante estudiar el mercado que persuadirlo. La comercialización puede verse desde el punto de vista del deseo de colocar un producto persuadiendo a los consumidores o bien del que estudia el mercado para comprender su mecanismo, detectando nuevas oportunidades de negocio.

Es cosa bien sabida que por muy eficaz que un empresario sea en todos los demás aspectos de su negocio, no tendrá éxito si no vende sus productos y servicios. el éxito de una empresa depende ante todo de la demanda de sus clientes La empresa debe satisfacer una necesidad o demanda de los clientes y debe hacerlo mejor que la competencia o a un precio más bajo. Luego es necesario descubrir estas necesidades (oportunidades de negocio) y crear los productos y servicios para satisfacerlas. Esta es la secuencia lógica de una pequeña empresa pues crear un mercado independiente de las satisfacciones actuales (como fue el caso del Walkman, por ejemplo) es algo que requiere grandes esfuerzos, mucho capital y un largo tiempo sin ganancias, lujos que el pequeño empresario rara vez se puede dar. Así, vemos que existen dos enfoques en este campo: crear un mercado que no existe o ingresar a competir en un mercado ya existente ofreciendo mejor calidad, menor costo o ambas cosas a la vez (algo que es por lo general muy difícil). La pequeña empresa tiene todas las ventajas para esta última estrategia, en cambio para la primera (crear un mercado) las ventajas están de parte de las empresas grandes. Algunos indicadores significativos para el pequeño empresario son las ventas: comparar las ventas con el mes o período anterior son uno de los índices más obvios de problemas en la comercialización.

Hay que recordar que incluso los malos tiempos presentan oportunidades de negocio, ante una baja en las ventas algunos empresarios se limitan a quejarse, mientras otros lo ven como un síntoma de algo que anda mal, y si se diagnostica que está suficientemente mal, es hora de planificar un cambio en el negocio La cantidad de clientes: si aumenta la cantidad de clientes que visitan el negocio o que son visitados por los vendedores pero las ventas permanecen igual, ese es otro claro signo de alarma. Lo normal es que a mayor cantidad de clientes sigan mayores ventas. Las quejas o devoluciones: la tendencia a auto justificarnos es universal, y también es difícil aceptar que las quejas sean responsabilidad nuestra, sin embargo un buen empresario sabe que el cliente tiene siempre la razón (eso lo sabe hasta un niño, lo difícil es actuar de acuerdo a ese principio). Algunos puntos fuertes de las pequeñas empresas que siempre deben tenerse en cuenta para sacar el respectivo provecho son menores costos: lo que permite políticas agresivas en la fijación de precio de venta Flexibilidad: que permite a las empresas pequeñas cambiar con rapidez y "nadar con la corriente, ajustándose a los deseos y preferencias siempre cambiantes de los clientes".

Finalmente, es de primera importancia ampliar la base de clientes, para lo cual existen medios que no requieren de grandes inversiones en publicidad. Primero que todo está la recomendación de parte de los clientes satisfechos, que constituye un importante activo de la empresa, luego está el nombre, logotipo, marcas y todo aquello que facilita que la reconozcan también es importante que el propio empresario tome un interés personal en la venta de su producto. No espere que los nuevos clientes vengan a usted, salga a buscarlos. Un empresario estudia su negocio Mucho se habla acerca del olfato empresarial, de esa capacidad para predecir y adelantarse a los cambios del mercado y aprovecharlos favorablemente.

Popularmente se cree que es una especie de don de la naturaleza con el que algunas personas nacen y del que otros carecen. Aunque algo puede haber de cierto en esto, no es menos verdadero que el olfato de los empresarios es a menudo solo una consecuencia lógica del grado de conocimiento profundo que tienen de su negocio. Mucha gente se lanza a la actividad empresarial armados solo de fe y confianza en sí mismos. Estos tienen tanta oportunidad de triunfar como el que apuesta a un pleno en la ruleta y sus posibilidades de permanecer en el negocio son aún mucho menores. Si bien el entusiasmo, la perseverancia y la confianza son importantes para el éxito inicial, para mantenerse con éxito es indispensable que el empresario gaste gran parte de su tiempo en estudiar cada uno de los detalles de su negocio, que aprenda su mecanismo no solo de la experiencia sino también de las cifras y que sepa usar provechosamente estos conocimientos. Los empresarios exitosos son a menudo los que toman su actividad tan seriamente como un profesional que estudia una carrera, los que en lugar de dedicar gran parte de su tiempo a "apagar los incendios" del día a día ponen gran parte de su empeño y de su talento en comprender la naturaleza y los resortes ocultos de su actividad.

El empresario debe aprender a leer las señales del mercado, aún las menos perceptibles, para poder adelantarse a las tendencias y tomas decisiones atinadas. Numerosas son las pequeñas empresas que quiebran, la mayor parte de ellas en los primeros años de existencia. No se desanime, pero sepa que, en su calidad de empresario, usted deberá hacer frente a muchos problemas que pueden tener consecuencias graves para su negocio. En más de una ocasión deberá decidir sin disponer de toda la información que quisiera y sin comprender a fondo todos los aspectos de su problema. En muchos casos, la información o la ayuda que un empresario necesita existe en alguna parte, pero él no sabe dónde, o sencillamente no está predispuesto a pedir ayuda. Para comprender bien un negocio no basta con la propia experiencia, hay conocimientos y puntos de vista diferentes que son imprescindibles para tomar buenas decisiones y el buen empresario estará siempre atento a adquirirlos. No debe caer ciegamente a la influencia de los asesores, pero tiene que considerar otros puntos de vista. Mientras más información y más puntos de vista recabe, mejor informadas estarán las decisiones y en la medida que se haga el hábito de considerar puntos de vista diferentes al suyo le sorprenderá comprobar que a veces los otros tienen la razón, un conocimiento valiosísimo para cualquiera en cualquier área.

Las principales fuentes de información disponibles para un empresario son las siguientes:

El personal: la propia gente que trabaja en el negocio en la línea de combate normalmente tiene valiosa información que aportar para el conocimiento del negocio. Acostumbre a conversar y obtener tanta información de ellos como le sea posible.

Los clientes: todos sabemos que "el cliente tiene siempre la razón" aunque a veces se nos olvida, un contacto fluido y franco con los clientes le permitirá aprender mucho sobre su propio negocio.

Los proveedores: hay interés mutuo en que su empresa tenga éxito, por lo que no dude en pedir consejo e información a sus proveedores.

La competencia: aunque no es probable que le den información de buena gana es importante estudiar la competencia como un factor vital de su negocio.

Los asesores profesionales: contadores, abogados y otros profesionales a honorarios podrán venderle su experta. Pero no confié en ellos ciegamente, los profesionales suelen tener criterios muy extremados en relación al riesgo. Recuerde que por algo ellos mismos no son empresarios.

Asociaciones gremiales, industriales, etc. Organismos del estado. Un pequeño empresario tiene poco personal, poco tiempo y poco dinero, pero necesita mucha información, ideas, consejos y ayuda. No tiene, necesariamente, que seguir los consejos que le den, pero es fundamental escucharlos para tener un conocimiento lo más completo y profundo del funcionamiento de su negocio y de su área de actividad.

El problema fundamental de la microempresa

Las microempresas normalmente trabajan con márgenes muy altos y volúmenes de venta muy pequeños, a medida que crecen, lo normal es que las ventas suban y los márgenes bajen. Un vendedor callejero de comida margina fácilmente un 200% o más, mientras que un restaurant con suerte obtiene un beneficio final del 10%. La diferencia es que el callejero vende unos US$ 800 al mes, mientras que el restaurant debe vender más de 10 veces esa suma para llegar al punto de equilibrio. Por eso el problema fundamental entre una microempresa y otra pequeña o mediana es que a la microempresa le cuesta mucho aumentar las ventas, mientras que a la empresa pequeña o mediana le cuesta mucho bajar los costos. Son problemas completamente distintos y lo peor es que los consultores de empresas y los políticos que diseñan leyes no se den cuenta de esto por lo que ofrecen soluciones de fomento inútiles.

Esta incapacidad de entender el problema fundamental hace que los gobiernos malgasten millones en subsidios y beneficios inútiles. Pongamos un ejemplo práctico:

Juan tiene una microempresa que se llama BGL Asesorías Económicas y Proyectos, donde son dueños al 50% él y su esposa. El año pasado facturó un solo proyecto por US$ 20.000.- Manejando correctamente el asunto de impuestos puede llegar a un margen del 500% o mayor. Este año no ha hecho ni una sola factura. Si va donde un consultor de los que pone el gobierno a los pequeños negocios, le preguntará donde tiene su oficina "en mi casa" será la respuesta -¿Y haces publicidad?- "claro que no, con qué dinero" -¿Y cuál es tu plan de negocios?- "ninguno, solo hago lo que yo sé hacer" -¿Tu capital de trabajo?- "normalmente cero" -¿Y cómo consigues los trabajos?- "bueno, me buscan los amigos, los que me conocen, en la universidad o por Internet" -¿Tienes cuenta corriente o trabajas con algún banco?- "claro que no, desde que salí de la universidad, gracias a un antigua deuda académica no soy sujeto de crédito". El consultor recordaría la plantilla que le enseñaron y le recomendaría hacer un plan de negocios, le regalaría algo de plata -unos 2 o 3 mil dólares- le recomendaría arrendar una oficina y hacer algo de publicidad. ¿Qué haría Juan entonces? con ese dinero se compra un auto y se tomó lo que sobre en pagar sus deudas personales, así todo volvería a quedar como antes, yo andaría en un auto un poco más decente gracias a la generosidad fiscal y cuando le caiga otro cliente podría echar gasolina y disfrutarlo, mientras le dure la plata. la microempresa es más rentable y requiere de menos trabajo. Y claro, el problema de Juan es que vende muy poco, exactamente el mismo problema de todos los microempresarios del mundo, bajo volumen de ventas con márgenes altos. Por supuesto que su problema no es de capital de trabajo, ni publicidad, ni falta de oficina sino de bajas ventas, y para la microempresa no funciona la publicidad genérica, porque son negocios de nicho.

Veremos unos ejemplos. Se han creado muchas empresas y con gente experta de otros países y diagnosticaron certeramente este problema y se convirtieron en el agente de ventas de las pequeñas empresas, el resultado está a la vista: los booms del salmón, de la fruta y del vino. Luego las empresas pasaron a ser manejado por teóricos sin experiencia, desde hace varios años que dejó de ser un factor importante del desarrollo exportador, hoy se mueve con los lugares comunes del emprendimiento (que palabra más antipática) y nunca más volvió a gatillar nada importante. Existe una enorme brecha de comercialización entre el productor microempresario y el mercado.

Las habilidades necesarias para el desarrollo de una empresa serán las bases para el éxito de cualquier proyecto. Hoy en día existen muchos programas empresariales que justamente los ayudaran a formarse como empresarios, pero en la fórmula de la riqueza les diremos que es en lo que tendrán que enfocarse para poder tener éxito en un buen proyecto.

Primero necesitan tener la capacidad de desarrollar, planificar y organizar su propio trabajo y tomar acción.

-Desarrollar aptitudes y destrezas que permitan adaptarse a diferentes situaciones, desde temas legales, tener un comportamiento ético y un compromiso social.

-Desarrollar una iniciativa y espíritu de empresario.

-Capacidad de analizar necesidades y demandas de empleados aplicando estrategias de recursos humanos.

-Capacidad de dirigir e influenciar a grupos humanos, con tal de entender las necesidades grupales en la gestión del personal.

-Desarrollar estrategias de marketing y distribución de tu producto o servicio.

-Saber cuáles son tus objetivos como empresa y priorizarlos en función de su grado de importancia y urgencia.

-Desarrollar tu capacidad de razonamiento y deducción.

-Desarrollar estrategias con tal de obtener ventajas competitivas con las demás empresas.

-Capacidad de entender el mercado global y hacia donde se está moviendo.

-Capacidad de tomar decisiones profesionales, de acuerdo a las normas y objetivo de tus planes de trabajo.

-Desarrollar la gestión de recursos disponibles, productividad del equipo de trabajo y ahorro de tiempo.

-Entender las relaciones laborales entre el empresario y el empleado.

-Capacidad de comunicación con las distintas áreas de tu empresa.

-Saber recaudar capital de la manera correcta.

-Tener la capacidad de presentar tu empresa al mundo.

-Liderazgo.

-Entender la tecnología y medios sociales.

Estas son una de las muchas cosas que se necesitaran para ser empresario. Por eso cada vez cuando alguien me pregunta como empezar, yo siempre les digo que se capaciten primero antes de iniciar cualquier proyecto. ¿Por qué? Por qué el camino en estos tiempos está muy competido, y hay muchas personas queriendo hacer lo mismo, pero si ustedes son capaces de desarrollar distintas áreas, no cabe duda de que pueden lograr crear una gran empresa.

Un propósito bien definido

Es el principal secreto de todos y cada uno de los empresarios exitosos. Todos han iniciado sus negocios con grandes propósitos a nivel personal, con sueños para perseguir, con una gran misión y con objetivos claros para alcanzar.

Hacer dinero es en ultimas el objetivo de toda empresa, pero los emprendedores deben fundamentar sus iniciativas en propósitos mucho más valiosos que el dinero. Hacer dinero es más una consecuencia de realizar las cosas con pasión y determinación, pero no debe ser visto como la razón de ser del negocio o podrás rendirte fácilmente cuando las finanzas no anden muy bien.

Velocidad de implementación

Hacer las cosas de una manera rápida y tomar acción en el momento indicado es una habilidad fundamental para alcanzar las metas y objetivos en nuestro negocio, es lo que se conoce como. Los empresarios deben ser decididos y hacer las cosas en el momento, con eficiencia y esfuerzo hasta terminar con lo que empezaron. El emprendimiento se trata más de hacer, de ser productivos y de tener la capacidad de llevar las ideas a la acción.

Buena gestión de las finanzas

Es importante ser eficientes en el manejo del dinero y de las finanzas, tanto a nivel personal como en nuestro negocio. Es clave tener presupuestos asignados a cada rubro importante en el modelo de negocio, de esta manera se optimiza el uso de los recursos financieros y se evitan los gastos innecesarios. Antes de gastar dinero en algo, piénselo dos veces y pregúntese si ese gasto va a influir positivamente en la empresa a largo plazo.

Otro consejo es ahorrar en épocas de abundancia (en lugar de gastar las ganancias en lujos y excentricidades) para poder hacer frente a las épocas de "vacas flacas", recuerda que un empresario prevenido vale por dos, y la planificación financiera es fundamental para el crecimiento de una empresa. Los primeros años deben ser de sacrificios, ya luego habrá tiempo y dinero para lujos.

Habilidades sociales

El networking es otro elemento clave para el éxito en los negocios. Tener a la mano un directorio con las personas más influyentes y poderosas de la industria, representa un inmenso potencial para el desarrollo de tu empresa. ¡Imagínese poder resolver los problemas en la empresa tan solo con hacer una llamada! Como empresarios, debemos estar en constante relación con el medio y establecer relaciones con otros empresarios. Crear alianzas en el entorno empresarial supone una gran ventaja para expandir los alcances de tu negocio.

Autodisciplina

La autodisciplina es base del éxito en todo lo que queramos emprender. Sin disciplina es imposible alcanzar grandes objetivos, aunque se cuente con un gran talento y con muy buenas ideas. Con disciplina se puede superar cualquier obstáculo que se interponga en nuestro camino y en el de nuestro negocio.

Determinación

Es posible que al emprender nos encontremos acechados por la inseguridad, por temores, por críticas y por muchos otros factores que harían rendir a más de uno, pero es allí donde la determinación se convierte en la mejor herramienta para que los emprendedores luchen incansablemente hasta lograr sus objetivos. Debemos ser lo suficientemente determinados como para levantarnos una y otra vez, aunque las cosas se pongan difíciles, porque al final todo se reduce a trabajar como nadie lo haría para lograr cosas que nadie más lograría; de eso se trata emprender.

Adaptarse a los cambios

Nada peor en el entorno empresarial que "dormirse en los laureles" o temer a los cambios. El mundo es cada vez más dinámico y requiere de empresarios preparados en el cambio y dispuestos a adaptarse a las tendencias del mercado.

Los cambios son como "meteoritos" que acaban con las "empresas dinosaurio" y abren paso a nuevos mercados conformados por organizaciones más flexibles y abiertas. Como emprendedores debemos estar constantemente pendientes del entorno, las tendencias y los cambios que puedan afectar la industria a la cual pertenece nuestro negocio, de esta manera podemos ir un paso adelante de la competencia y aprovechar los cambios a nuestro favor.

Capacidad para conseguir capital

El flujo de caja es la sangre de un negocio, por lo tanto, una empresa que no cuente con el capital suficiente para el desarrollo de su modelo de negocio está destinado a fracasar. Según varios gurús "El principal deber de un empresario es recaudar capital. Un empresario que no pueda obtener capital deja de ser un emprendedor".

Las habilidades financieras son cruciales para gestionar eficientemente un negocio, no solo se trata de ser capaces de obtener capital sino también de hacer el mejor uso de los recursos y continuamente estar aumentando el capital de los inversionistas y proveedores y de esta manera poder crear más valor para los clientes.

Enfoque

La falta de enfoque es la principal causa de fracaso empresarial. Es común que un emprendedor tenga en mente diversas oportunidades de negocio, pero para llegar a ser un empresario exitoso es necesario enfocarnos en un solo negocio y dar lo mejor de nosotros para sacarlo adelante.

Se vale soñar desde el principio y mantener una gran visión, pero la clave está en trabajar con los pies sobre la tierra y hacer una cosa a la vez. Querer hacer de todo al tiempo solo logrará complicarte la vida. Recuerda que el éxito se construye paso a paso; ¡no existen atajos!

Confianza

Si no crees en ti mismo, ¿quién lo hará?... Un empresario debe estar constantemente tomando decisiones y asumiendo riesgos, por ello es importante que tenga confianza en sí mismo y en que las decisiones tomadas van a impactar positivamente su negocio. “Las inversiones más rentables son las que representan el mayor riesgo”, y solo aquellos dispuestos a asumir grandes riesgos van a lograr grandes objetivos. Debes creer en ti mismo y en tus capacidades, tú debes ser el líder que guíe el negocio hacía el éxito.

Pasión

Un empresario exitoso ama lo que hace. Ya sea que le guste lo que hace su negocio o simplemente la idea en sí no tenga importancia, un buen emprendedor debe disfrutar y sentirse satisfecho con por su obra. Debe sentir que está confirmando sus puntos fuertes y ayudando a mejorar sus debilidades. La pasión de un empresario exitoso debería brillar en su nivel de confianza. Ellos confían en que sus negocios son buenos y no tienen miedo a promocionarse. Ellos toman seriamente sus negocios y los ven como una oportunidad de inversión.

Organización y dedicación

Ser dueño de tu propio negocio es algo más que comercializar un gran producto o servicio. Se trata también de los pequeños detalles; papeleo legal, contratar empleados, encontrar a alguien para limpiar la oficina y crear facturas. Por esta razón, tienes que considerar que la meta de tu negocio requiere tiempo para cada cosa, incluso minucias que parecen poco importantes. Además, debes ser capaz de administrar bien tu tiempo para tener la energía suficiente para cuidar de todo. La organización desempeña un papel importante en esto, debes asegurarte de que eres capaz de acceder a lo que necesitas en un momento dado, para no perder tiempo y energía.

Competitividad

Los empresarios exitosos son buenos comunicadores, si están hablando con los empleados, clientes o representantes de un banco que podría darles un préstamo. Para iniciar con éxito un negocio, debes saber cómo comunicarte con eficacia en una variedad de situaciones. Por ejemplo, debes saber cómo y cuándo promover tu negocio, además de comprender cómo motivar a los empleados. Mientras mantengas comunicación civil, profesional y cortés, también debes ser competitivo para tener éxito.

Debes estar dispuesto a defender lo que es tuyo y hacer cambios que eclipsen a tus competidores.

Innovación

Los empresarios tienen éxito porque saben cómo proporcionar productos o servicios que los clientes necesitan y no están disponibles actualmente. Para hacer esto, debes ser creativo e innovador, nunca estés satisfecho con el statu quo. Mientras que tu idea podría ser similar a la de otra persona, debes estar preparado para hacer que se destaque. Debes proporcionar algo que el producto de la otra persona o servicio no incluya. Por ejemplo, si deseas iniciar una panadería en una pequeña ciudad con un supermercado que cuenta con una panadería, es posible que desees ofrecer panes y pasteles especiales que el supermercado no tiene. Puedes abrir una tienda de dulces que ofrezca cómodas sillas, libros de bolsillo usados y conexión wifia en tu panadería, o dar clases de panadería para niños los fines de semana.

Concentración y balance

Como empresario que inicia un pequeño negocio, será fácil para ti ponerte al día rápidamente en todos los aspectos de tu negocio, como asegurarte de que los pisos están limpios para asegurar que los productos salen según lo planeado. Si bien es posible que tengas que dedicar tu atención a estas cosas cuando tu negocio es nuevo, cuando crezca, debes aprender a delegar trabajo y concentrarte en los problemas que sólo tú puedes manejar. Además, debes aprender a equilibrar tu vida laboral con tu vida personal. Aun cuando toda la atención se centra en ti como dueño, todavía tienes que tomar tiempo para ti. De lo contrario, te distraerás y te frustrarás, y serás incapaz de dar tu mejor esfuerzo para resolver los problemas en el trabajo.

Muchas de las personas que tienen grandes ingresos económicos actualmente no siempre los tuvieron y han tenido una serie de dificultades para lograr el éxito que disfrutan actualmente.

Con mucha persistencia y trabajo han logrado materializar sus objetivos por lo que son un claro ejemplo de cómo se puede obtener el éxito económico y empresarial en la vida.

Algunos consejos que todos ellos dan en común son:

- **Tú diriges tu camino**: El responsable de tu vida eres solo tú así que evita estar culpando a otras personas por lo que te pueda estar ocurriendo.

- **Haz lo que más te guste**: Tu negocio o empresa debe estar dedicado a alguna actividad que te agrade porque en caso contrario a la larga producirá tu ausencia o incluso tu deseo de abandonarla.

- **Ten en mente grandes objetivos**: No te conformes con pequeñas cosas claro que en un inicio debes empezar con pequeños negocios, pero el objetivo a largo plazo debe ser muy ambicioso.

- **Mucho trabajo**: Ninguna empresa se ha formado de un día para el otro sin dedicación y esfuerzo, si has iniciado algo debes trabajar para su puesta en marcha.

- **Ser el mejor**: No te conformes con ser uno más en el mercado lucha por ser el primero.

- **Aprender**: El proceso de aprendizaje nunca acaba y más aún en los negocios,

- aprende de tus errores, así como de los éxitos y fracasos de tu competencia.

- **Fíjate en los detalles**: Observa todo lo que ocurre en tu empresa a veces el más mínimo detalle es el responsable del éxito o fracaso de una empresa.

- **El cliente refleja tu trabajo**: Un cliente satisfecho es sinónimo de haber realizado un buen trabajo y su retribución llegara tarde o temprano a través de recomendaciones a otros clientes o su asidua asistencia a nuestro negocio.

- **Honestidad**: Nunca trates de engañar a tus trabajadores o a tus clientes, la desconfianza es una de las causas que originan conflictos en las empresas.

- **Desarrolla una marca y reputación**: Acostumbra que tu marca sea sinónimo de alguna cualidad como por ejemplo calidad, satisfacción, bajo precio, etc.

- **Creatividad e Innovación:** No te estanques por un éxito pasajero siempre ten en mente sacar nuevos productos o servicios nuevos en el mercado.

- **Escoge muy bien a tus empleados**: Busca gente que pueda aportar mucho para tu empresa, trata de evitar contratar amigos y familiares.

- **Persistencia**: La persistencia es una característica de todo empresario no te dejes llevar por una derrota pasajera si no por el contrario aprende de ella.

- **Ahorro**: Siempre que sea posible ahorra una pequeña cantidad de tus ganancias por si necesitas dinero para alguna emergencia o para invertir en tu propia empresa.

En el mundo actual, crear empresa es el primer motor que genera riqueza, y la cantidad de opciones a las que se enfrenta un emprendedor son enormes; entonces, ¿por qué todos no llegan al mismo fin? Porque ser empresario no es una profesión, es un proyecto de vida. Según estudios en la mayoría de países del G20 se crean más de 100 mil de empresas anuales, pero resulta, a su vez, con el mayor número de cierres de empresas; se argumentan, entre otras razones, la gran competencia, la falta de consumidores o los problemas financieros. Montar una empresa es la primera idea que pasa por la mente de cualquier emprendedor. Mejorar sus ingresos personales y alcanzar una mayor independencia, son las principales motivaciones de los nuevos empresarios. También alcanzar su realización personal y profesional. Querer ser independiente, autónomo, exitoso. Sin embargo, no es una tarea fácil. Algo ocurre en este proceso que hace que unos lleguen y otros cierren. Y no es suficiente poseer algunas de las características que determinan la personalidad de un empresario. Hay que asumir a profundidad un estilo y un esquema de vida que van mucho más allá de un simple querer. Esto muestra el alto nivel que debe presentar un empresario en el proceso de consolidación de su carrera. Un proyecto de vida empresarial es una búsqueda continua, planeada estratégicamente. Capacidades y habilidades se unen para estructurar un plan de negocios que configure un horizonte de vida. Es una toma de decisión profunda. Un empresario tiene claras sus aspiraciones, sus expectativas; además, es consciente de su desarrollo familiar y social, de su educación y de sus valores. Familia y trabajo van de la mano. Son personas cuya mayor riqueza está en su capacidad de transformar, de encontrar otros caminos y de crear nuevas necesidades. Todo emprendedor exitoso debe tener un pensamiento empresarial, que se puede resumir en tres pasos:

1. Análisis complejo de las ideas, maximizando el número de variables.

2. Formulación de proyectos concretos.

3. Realización de situaciones simples.

El mundo actual exige más retos. Eso supone, al mismo tiempo, nuevas visiones de empresarios. La economía globalizada está determinada por nuevos factores de conocimiento, tecnología y capital humano. El empresario de hoy debe tener la capacidad de ser altamente productivo y competitivo, factor primordial de riqueza. La sociedad de mercado demanda, de modo más exigente, profesionales auténticos que tengan un conjunto de características indispensables en lo personal y empresarial, para afrontar los caminos que se ha señalado. Ya no son negocios pequeños e informales, o chispazos de ideas lo que hacen a un empresario. Es la capacidad para visionar y estructurar a largo plazo. Es frecuente encontrar que los empresarios no conocen detalles del mercado, que ignoran características esenciales de los proveedores en su ramo, que desconocen la competencia. La claridad con la que un empresario vislumbra su vida y su futuro hace que disponga de una mayor facilidad en la puesta en marcha de sus proyectos empresariales. Sus competencias, disposición, capacidad, habilidades, aptitudes y actitudes configuran todo su capital humano. Por eso, ser empresario no significa simplemente ejecutar una obra: es prever un futuro personal y empresarial en forma optimista.

Desde luego, no existe una teoría única para que un empresario estructure su proyecto de vida, porque, así como cada empresa necesita su diseño, cada empresario necesita su estrategia. Lo que le sirve a uno puede no funcionarle a otro. En los negocios, las fórmulas exactas no siempre funcionan y hay que estar dispuesto a una continua creación para no correr el riesgo de fracasar. Los seres humanos tienen etapas claramente definibles y se pueden predeterminar en un orden aproximado, pero las empresas no comparten ese desarrollo. Por esto, hay que saber combinar y equilibrar muy bien estos dos factores para constituir un buen proyecto de vida, acorde con la realidad personal y del mercado. Ahora, si bien la fórmula exacta no existe, ¿qué ocurre? ¿Cómo prepararse para el cumplimiento del objetivo de conseguir un proyecto de vida? Hay una serie de pasos comunes que un empresario puede estudiar y estructurar en su proyecto.

Definición de metas: Si las metas no se encuentran bien definidas o medianamente definidas, si el punto de llegada es un lugar nebuloso, existen problemas. Además, porque no basta definir la meta próxima, como puede ser la naturaleza de la empresa, porque se incurre de nuevo en el error de ser un empresario de profesión. Se debe tratar de definir una totalidad, un proyecto global lanzado a mediano o largo plazos y que incluya rasgos tan importantes como las aspiraciones personales, por un lado, y el tamaño y sostenibilidad de la empresa, por otro. Y un tercero que es el riesgo de tolerancia. Qué clase de empresa quiero formar: ¿grande o pequeña? Si es grande, ¿cómo voy a hacer soportar su estructura? Si es pequeña, ¿qué ganancia voy a tener?

Estrategia adecuada: Cuando el empresario piensa en mediano o largo plazos, es innegable que debe diseñar una estrategia para su empresa. Para los emprendedores de corto vuelo, la táctica en las operaciones es suficiente; a un emprendedor de verdad, esto no le sirve. La estrategia es el arma básica que sirve para resolver una infinidad de problemas: personales, de control, de dependencia, etc. Los empresarios que planifiquen su estrategia pueden sobrevivir. Desde luego, debe estar bien definida, ser fácil de entender, con puntos clave para que sea útil, y dispuesta a variaciones por estar expuesta al largo plazo. La estrategia tiene que ver con la agilidad de dirigir los asuntos de la empresa.

Saber comunicar: El empresario debe aprender a ser efectivo en su comunicación verbal y no verbal y eso supone establecer contactos clave y en forma oportuna. Desde conseguir una cita hasta obtener una información por internet, pasando por la entrevista con el gerente del banco, exige que el empresario se prepare para hablar asertivamente. De nada sirve saber con quién se debe hablar si luego se enmudece y se desaprovecha la oportunidad. Otro aspecto que a menudo se descuida es la presentación personal; se pasa de la formalidad del empleado a la informalidad del 'independiente', olvidando que el empresario es la imagen de su empresa.

Claves para mejorar la comunicación emprendedora

- Lea por lo menos un libro al mes sobre el tema de su negocio.

- Revise cuánto domina el correo electrónico, las videoconferencias, las redes sociales y demás herramientas tecnológicas a su alcance.

- Si aún no habla otro idioma, dedique tiempo a su estudio.

- Revise su imagen y si está alineada con el negocio que ha elegido emprender.

- Prepare una presentación clara y concisa, de corta duración, sobre su negocio.

Crear e innovar

El empresario debe destinar buena parte de su tiempo a pensar en crear proyectos originales o innovar con los ya existentes. Tener mentalidad emprendedora es proponer nuevos caminos o novedosos destinos para llegar al éxito. Algo que alimenta la creatividad del empresario es estudiar casos de negocio; lo puede sorprender descubrir cómo en el mundo entero inventan negocios que encuentran seguidores por ser innovadores.

Claves para desarrollar la creatividad emprendedora

- Piense en cuántas categorías pueden existir de un mismo producto; por ejemplo, en champús: para cabello liso, tinturado y de uso frecuente. En leches: semidescremada, de alta digestibilidad.

- Haga asociaciones de palabras en su mente y busque en el diccionario las raíces y las diferencias. Ejemplo: paradigma, paracaídas, parabrisas, parafrasear.

- Dibuje con un lápiz, trate de plasmar lo que llega a su mente.

- Vaya con frecuencia a museos, cine o actividades culturales; de allí surgen buenas ideas.

- Pregúntese, por ejemplo: ¿qué pasaría si no existiera la gravedad?, ¿qué pasaría si existiera un motor sin combustible?, etcétera.

Trabajar en equipo

Un empresario sabe que para alcanzar sus sueños debe recibir y manejar el talento de muchas personas, como instructores, socios, accionistas, proveedores, aliados, colaboradores o clientes. La clave es saber conformar el equipo y no sentirse solo, estableciendo la comunicación y el contacto necesarios para pedir ayuda en el momento oportuno. Ya no existen los empresarios exitosos que solos pueden sacar su empresa adelante: esos mitos en la actual economía han desaparecido.

Claves para trabajar en equipo

- Aprenda a escuchar y reciba las críticas.
- Reconozca cuando no sabe hacer algo y llame a la persona indicada para que lo haga.
- No maltrate a nadie por el hecho de ser el dueño del negocio; los demás están para colaborarle, pero no son súbditos.
- Valore el talento de los demás mediante remuneración y condiciones justas.
- El mejor grupo de trabajo es aquel que se complementa interdisciplinariamente. En un grupo donde todos saben hacer lo mismo, posiblemente sobran todos.

Asumir riesgos

Si bien el objetivo de estructurar un plan apunta, entre otras cosas, a minimizar riesgos y a tener planes de contingencia, el simple hecho de emprender un negocio obliga al empresario a asumir las consecuencias de sus decisiones. Algunos riesgos pueden incluir no tener ingresos fijos durante algún tiempo, desestabilizar su familia o exponer su capital o recursos para invertir en su empresa. Necesitará mucho valor para defender y seguir adelante con su proyecto.

Claves para desarrollar fortaleza

- Durante la elaboración del plan de negocio, establezca claramente sus potenciales mercados, sus necesidades de ingresos, sus obligaciones y el flujo de caja que tendrá en cada etapa.
- Reafirme su mentalidad emprendedora. Usted ha dado un salto en busca de la prosperidad y tiene el talento para lograrlo.
- Rodéese de gente optimista que ojalá haya superado obstáculos y tenga su propio negocio; además de inspirador, será reconfortante oír que es posible lograr sus metas.

Saber negociar

Diferente de saber vender, esta competencia se refiere a su capacidad de conseguir lo que quiere en un escenario de equidad y respeto. Ser empresario es muy diferente de ser negociante y querer siempre obtener ventaja. Si también ganan, los que negocian con usted tendrán ganas de ampliar las transacciones y sentirán confianza. El empresario debe saber negociar su tiempo, su producto y su aspiración. Ante el gerente del banco, con sus socios, proveedores o empleados, se verá enfrentado todo el tiempo a negociar.

Claves para negociar

- Conozca los beneficios, el costo y el precio de lo que usted ofrece, así sabrá hasta dónde puede aumentar o disminuir su oferta.

- No subestime a nadie; en el mercado hay múltiples competidores, directos o indirectos, así como personas que le pueden dar impulso o generar obstáculos.

- Aprenda a reconocer cuándo está en ventaja, en desventaja o en igualdad de condiciones, y no pierda de vista lo que quiere conseguir, que no siempre es dinero: puede ser tan solo la autorización para que sus productos se exhiban en determinado sitio.

Ser líder

Convertirse en empresario no es empezar a ser jefe, sino tener la oportunidad de liderar su proyecto y saber influir en los demás para que aporten lo mejor de su talento en la consecución de sus metas. Si antes no ha tenido la oportunidad de dirigir equipos, valdría la pena capacitarse para hacerlo. Un buen empresario lidera con el ejemplo y logra que su equipo (empleados, proveedores, accionistas, socios, aliados, familia) lo siga con entusiasmo.

Claves para ser líder

- Conforme acertadamente su equipo y conozca a sus integrantes.

- Defina su estilo de liderazgo. El líder que logra influir y persuadir con instrucciones precisas suele obtener mejores resultados que aquel que se limita a dar órdenes.

- Construya sus relaciones a partir de la confianza; si usted la inspira, tendrá seguidores.

- Trate con respeto a los demás.

Investigar y ser curioso

Estar actualizado es una de las fortalezas de un empresario. Se debe estar atento a los sucesos del entorno y de su categoría de negocio. El empresario debe ser curioso y siempre querer saber más, para lo cual es indispensable que sepa dónde buscar información y determinar la calidad de la misma. Un empresario que investiga tiene más ideas para innovar y mantener diferenciadores en su negocio.

Claves para saber investigar

- Haga foco en los temas que necesita investigar: producción, desarrollo tecnológico, talento humano, distribución, exportación.

Errores que enfrenta un emprendedor

- **No empezar:** una de las principales causas del fracaso de un emprendedor es la falta de investigación de mercado y no contar con un plan de negocios bien estructurado.

- **Pensar que no hay competencia:** suele suceder que los emprendedores se entusiasman a tal punto con sus ideas, que tienden a pensar que para ellos no existe competencia.

- **No formar buenos equipos:** creer que, solo, puede sacar adelante los proyectos.
- **Pensar que hacer empresa es una actividad de medio tiempo:** creer que es posible hacer empresa mientras se tienen otras ocupaciones es una mala estrategia.
- **No tener presentes los aspectos legales:** los emprendedores tienden a conocer hasta los más mínimos detalles del aspecto operacional, pero olvidan por completo su aspecto legal.
- **Crecer más rápido de lo posible:** el principal error respecto al crecimiento es pensar que se debe maximizar, cuando lo importante es que sea sostenible.
- **Exceso de optimismo:** la mayor queja de los inversionistas en el mundo es que a los emprendedores les falta realismo en sus proyecciones.
- **Incapacidad para afrontar el cambio:** la poca capacidad para encontrar caminos distintos que superen dificultades, es una de sus principales causas de fracaso.
- **Falta de conocimiento de sí mismo:** todo emprendedor, antes de montar empresa, debe contestarse unas preguntas básicas: ¿tengo claridad en mis metas? ¿Estoy pensando en la estrategia correcta? ¿Puedo ejecutarla?
- **No ponerse en los zapatos de los inversionistas:** los emprendedores y los inversionistas manejan dos lenguajes distintos: los primeros piensan en productos, los segundos en rentabilidad.

La idea de negocio

Un emprendedor nato puede haber tenido muchas ideas de negocio desde su infancia y probablemente puso en marcha varias de ellas en su colegio, barrio o universidad. Tener ideas de negocio es una de las características del emprendedor, pero convertirlas en organizaciones formales, sostenibles en el largo plazo, es algo que sólo logra el empresario.

No existen fórmulas para descubrir el negocio perfecto, pero sí un proceso para filtrar una idea hasta saber si es viable, rentable y duradera. Hay que diferenciar entre idea, oportunidad de negocio y empresa. Las ideas de negocio pueden provenir de diversas fuentes:

- **Imitación:** Se replica algo que se ha visto funcionar con éxito en otra ciudad o país y que aún no existe en nuestro entorno. Casi todas las modas se incluyen en esta categoría, y pueden ser un negocio pasajero, de oportunidad, distinto de crear empresa. Ejemplo: la venta del cubo de Rubrick.

- **Demanda insatisfecha:** Cuando se detectan quejas de un gran número de clientes que no están conformes con lo que reciben, y la cifra de consumidores es atractiva porque los 'oferentes' no cubren la totalidad del mercado. Ejemplo: empresa de servicios de internet.

- **Afinidad:** Es algo que le gusta hacer al emprendedor: conoce a fondo, tiene demanda, considera que puede proponer alguna innovación, y quiere comercializar a gran escala. Ejemplo: fábrica de mermeladas.

- **Investigación de mercados:** Se descubre que determinado grupo de población está necesitando un nuevo producto o su complemento. Ejemplo: con la llegada de celulares se abrió paso el mercado de accesorios: estuches, forros, manos libres, cargadores para la casa o el carro, etc. La idea de negocio Un emprendedor nato puede haber tenido muchas ideas de negocio desde su infancia y probablemente puso en marcha varias de ellas en su colegio, barrio o universidad. Tener ideas de negocio es una de las características del emprendedor, pero convertirlas en organizaciones formales, sostenibles en el largo plazo, es algo que sólo logra el empresario. Las ideas de negocio pueden provenir de muchas fuentes, pero el tamaño de la oportunidad hará que se conviertan en empresa. Crear empresa se refiere a establecer una cadena productiva con algún grado de especialización, para satisfacer necesidades específicas en el largo plazo, cumpliendo una función social y generando utilidades. Es diferente iniciar una empresa de tejidos que hacer negocio vendiendo bufandas; la empresa puede transformarse y crecer con innovación, manteniendo la esencia del negocio que consiste en tejer. La venta de bufandas se puede convertir en un negocio para la temporada de invierno. Una idea de negocio debe ser analizada y estructurada con un modelo formal denominado Plan de negocio, que obliga al empresario a entrar a la formalidad y llegar hasta un documento en el que deben quedar consignadas todas las variables internas y externas que influyen y determinan la viabilidad de su iniciativa. No es el documento el objetivo sino la construcción misma del plan, que exige determinar con precisión cada variable, como veremos en la cartilla número

- **Definición de empresa:** Existen múltiples definiciones de empresa, pero la mayoría coincide en afirmar que es un sistema, un conjunto, una entidad que reúne talento, trabajo y capital para el desarrollo de actividades industriales, comerciales o de prestación de servicios con fines lucrativos, al tiempo que cumple una función social. Los negocios suelen ser pasajeros, las empresas pueden ser duraderas si basan su origen y crecimiento en un esquema formal con procesos de investigación, trabajo en equipo, creatividad, desarrollos tecnológicos, estudios de demanda, alianzas empresariales y satisfacción de necesidades. Montar un negocio puede ser un impulso para obtener dinero, pero la empresa obliga a quien la crea a establecer el compromiso de generar riqueza para sí mismo y para la sociedad, como acto de responsabilidad social. Abandonar un negocio puede ser fácil, mas no se cierra fácilmente una empresa; de ahí la importancia de evaluar si las ideas de negocio pueden llegar a ser una buena oportunidad para forjar empresa.

- **Oportunidades:** Un emprendedor está siempre a la caza de oportunidades de negocio, bien sea porque va a crear una empresa o porque va a ampliar o diversificar la operación de la que ya tiene. Para detectar en forma oportuna las oportunidades de negocio, el emprendedor debe afinar especialmente dos de las habilidades personales o competencias: investigar y saber comunicarse.

- Las oportunidades pueden aparecer o encontrarse en diversos medios; no existe uno mejor que otro, pues depende de su manejo y combinación. Internet Sin duda, es la herramienta clave de la comunicación actual si se aprovecha apropiadamente y se usa para encontrar aquella información que resulta más costoso obtener en forma directa. Evite navegar por navegar, sin tener claridad en lo que busca, y aproveche este medio para estudiar a fondo el sector o categoría de su negocio en la ciudad, región, país y el mundo entero; la gran virtud de la red global es que no hay límites. Además, por internet, usted hace contacto directo con empresas, personas, universidades, entidades, y se informa de ferias, ruedas de negocios o seminarios.

Existen empresas de comparación, que consisten en visitar o contactar empresas similares para descubrir "mejores prácticas". De su habilidad para comunicarse dependerá que le permitan tener acceso y abrir una fuente permanente para intercambio de información.

Ferias nacionales e internacionales: Seleccione bien el tipo de feria y, sobre todo, el nivel, así como posibles apoyos de organismos públicos especializados o cámaras de comercio; generalmente, en las ferias nacionales usted va a encontrar a su competencia, y en las internacionales alcanza una mayor visión. Procure buscar a alguien que ya haya asistido para que le comparta experiencia y le dé una idea de las empresas que asisten, así tendrá usted criterio para decidir si vale la pena. Ruedas de negocios Son un espacio en el que se dan cita oferentes y demandantes para hacer transacciones. Exigen inscripción previa y algunos requisitos relacionados con los productos y servicios, precios, antigüedad, tamaño y estado de su empresa. Se diferencian de las ferias en que aquellas son una muestra sin que necesariamente se lleguen a cerrar acuerdos.

- **Eventos sociales:** El empresario debe ser una persona social, dispuesta a asistir a cocteles, presentaciones, desayunos y demás encuentros sociales; en el momento menos pensado, en el lugar menos imaginado y con la persona que usted nunca consideró, puede aparecer una oportunidad.

- **Impacto y actitud:** Es indispensable que el empresario mantenga una buena imagen personal y una buena actitud. Muchos negocios se truncan por un comportamiento descortés o una apariencia que genera impacto negativo. No se trata de andar siempre formal y sonriente, sino de estar en la forma adecuada y con la actitud correcta de acuerdo con el sitio, el tipo de encuentro y las personas que asisten. Hoy en las relaciones comerciales priman valores humanos como el respeto, la prudencia y la lealtad. El empresario no puede burlarse, difundir información confidencial o hablar mal de su equipo de trabajo, clientes o proveedores.

- **Tendencias:** Un emprendedor estudia el entorno: su ciudad, su país y el mundo. Debe estar al tanto de los cambios tecnológicos y sociales que hacen que la gente cambie sus hábitos, motivaciones y estilos de vida, de ese análisis se desprenden nuevas oportunidades de negocios. Presentamos algunos hábitos que han cambiado y conceptos que se han puesto de moda en los últimos años. Lo invitamos a pensar lo que puede seguir cambiando y hasta dónde se imagina que llegarán las tendencias. La comunicación humana Internet, la televisión satelital, el teléfono celular, la fotografía/video digital y los sistemas GPS han sido incorporados en la vida cotidiana con aparente facilidad. Adicionalmente, la mezcla de tecnologías ha logrado que un teléfono no sólo sirva para llamar sino para grabar imágenes fijas o en movimiento y oír música. Los negocios visibles de este cambio son empresas de prestación del servicio de telefonía celular e internet, empresas que fabrican celulares y accesorios, fabricantes de computadores, software, cámaras digitales de video y fotografía, micrófonos, empresas que producen tarjetas de minutos, empresas que venden minutos, etc., constructores de plataformas y artefactos de GPS, creadores de portales de internet que envían mensajes a celulares y arman comunidades que comparten imágenes en tiempo real.

- **Responsabilidad social:** El afán de hacer fortuna a costa de perjudicar a personas o al ambiente está pasado de moda y las empresas de manufactura o servicios destinan grandes presupuestos para la contribución a programas sociales. Una empresa sin programas de responsabilidad social tendrá menos aceptación. Las empresas no sólo adquieren responsabilidad con sus empleados, socios y clientes, también tienen responsabilidad con la comunidad en general.

- **Producción limpia:** Los evidentes cambios climáticos en todo el mundo hacen que la conciencia ecológica empiece a estar en la agenda de las empresas y los individuos. Las fábricas han incorporado materiales biodegradables y han redefinido procesos buscando el menor daño ambiental. Esto hace que los consumidores sientan necesidad de contribuir al comprar o usar productos que no atenten contra el ambiente. Las oportunidades han sido aprovechadas por empresas de todas las categorías, que hacen esfuerzos por mostrar que protegen el ambiente o que por lo menos no lo afectan. Los aerosoles tienden a desaparecer. Envejecimiento tardío Hoy, una persona de 60 años luce mucho más joven y es posible que tenga mayor disponibilidad de gasto que una de 60 de varias décadas atrás. Las empresas que han contribuido al cambio y aprovechado oportunidades, son laboratorios farmacéuticos de remedios alternativos, fabricantes de cremas antiedad, máquinas de hacer ejercicio para la casa, gimnasios, proveedores de comida sana. Quedan muchas oportunidades de negocios y servicios para un segmento de personas que aún se sienten productivas.

Testimonio de un empresario Rodrigo, un llanero de 37 años, soñó durante mucho tiempo con la aviación e inclusive hizo un curso técnico en esta área. A pesar de las ganas, ese sueño no se le hizo realidad, pero uno que jamás se imaginó es el que le está dando una de las mayores satisfacciones de su vida. Torres encontró en su trabajo en Panamá, como asociado de una precooperativa, lo que realmente lo motiva. Un día, a los dos años de trabajar como temporal, la compañía le dio la oportunidad de convertirse en empresario. "Primero empezamos jugando a los empresarios y hoy somos empresarios –afirma orgullosamente–. Este llanero parece tener innato lo que muchos estudian en la universidad: liderazgo y visión empresarial. Durante el año y medio que tiene la cooperativa, se ha desempeñado como gerente, motivando con su ejemplo, entusiasmo, cooperativismo y ganas de superación, a sus compañeros. La cooperativa, que comenzó ofreciendo servicios generales como aseo y atención de la cafetería, se extendió a otras unidades de negocio que ha encontrado Rodrigo en sus recorridos diarios barriendo la planta. "Yo dirijo mi empresa detrás de una escoba; doy la vuelta a la planta barriendo, y ahí me nacen ideas, como ver que puedo arreglar más rápido y más eficazmente la caja de gaseosa que están arreglando otros".

Detrás de un gran empresario siempre hay una persona de confianza

Una de las primeras empresas que monté fue una cadena de comida para fiestas. Es un negocio muy dependiente de la persona que lo lleva, porque cada evento es diferente, se tienen que tomar decisiones el mismo día de celebración, se suele contar con mucho personal temporal externo, muchas veces poco profesional, con el condicionante adicional de que muchos eventos son en fin de semana, con lo cual tu vida personal suele verse afectada.

Intenté de todo, tener personal de reserva para incidencias, controlar los riesgos al máximo, hacer buenos contratos incluyendo penalizaciones, pero al final siempre ocurría algo, por lo que tocaba "pringar". Tras haber dedicado casi dos años a dirigirlo, decidí que no quería llevar algo donde yo fuera una pieza imprescindible, quería montar negocios que funcionaran independientemente de mí, así que puse al frente a una persona que llevaba conmigo más tiempo. Sin duda era un gran gestor, pero no tenía cualidades para ser una persona de confianza, un número dos en la empresa, así que al poco vino la crisis y tuvimos que cerrar un año más tarde.

Esta situación seguro que es común a muchas empresas, en las que se depende tanto de nosotros (o eso pensamos), que nos esclavizan cuando debería ser justo al revés. Dediqué mucho tiempo a intentar resolver este asunto, hasta que un amigo que hizo un curso avanzado de gestión de empresas en universidades importantes me comentó que una de las cosas que más le impresionó fue cuando le dijeron: "¿No tienes un número dos?, pues en cuanto vuelvas lo primero que tienes que hace es encontrar una persona de confianza para tu negocio".

Le habían explicado la importancia de tener un segundo a bordo de plena confianza en cualquier empresa, alguien que te pueda sustituir en cualquier momento. Esto, que puede parecer muy obvio, ni es sencillo ni todo el mundo lo tiene en cuenta. Para empezar, hay que entender bien qué es realmente una persona de confianza, en mi caso lo descubrí por propia experiencia, cuando montamos Baker Hidalgo. El equipo de trabajo se componía de cuatro personas y aunque yo tuviera más porcentaje y fuera el CEO, todos sentíamos el proyecto como algo nuestro por igual.

Creo que una persona de confianza no se puede pagar con dinero (como decía aquel anuncio) y que también es independiente de que tenga acciones de la compañía. Tengo un amigo que tiene el 15% de la sociedad donde trabaja y siempre le he oído hablar como un mero empleado, como si la compañía le fuera algo ajeno. También he tenido en alguna empresa a personas de confianza que no querían ni hablar de acciones, sino que preferían un buen salario y llevaban el negocio como si fuera suyo. Pienso que es esa precisamente la principal característica de una persona de confianza es alguien que vive la empresa tanto como nosotros. Por tanto, si encuentras a esa persona, seguro que serás lo suficientemente inteligente para retenerle y ofrecerle aquello que le pueda interesar.

En las grandes compañías tenemos numerosos ejemplos, como el de Pablo Isla para Amancio Ortega en Inditex

Y tú, ¿tienes una persona de confianza?

El futuro

Estamos viviendo en una sociedad que está completamente conectada. Esto ha dado pie a una enorme cantidad de información disponible generando una explosión de datos sin precedente. La tecnología ha penetrado en todos los aspectos de la vida cotidiana. Tenemos nuevas formas de trabajo y de conectividad. El 90% de los datos que existen actualmente fueron creados en los últimos dos años, por lo tanto, es oportuno afirmar que los datos son el recurso natural del siglo XXI.

Nuestra época es la era de la revolución digital, donde las empresas tienen valor, no por sus activos físicos, ni por su capacidad de producción, ni por cuán eficientes son, sino por su capacidad de gestionar los datos para comprender mejor a sus clientes, gestionar la información y obtener insights de ellos. El juego ha cambiado y todos los sectores están siendo impactados por la tecnología. Los datos están por detrás de todo este cambio.

Para aprovechar al máximo los flujos de datos, extraer el conocimiento mediante su análisis, alcanzar su valor de negocio y su potencial social, se requiere de la Inteligencia Artificial. Esta tecnología tiene la capacidad de analizar, comprender, aprender y generar insights de todo tipo de datos, estructurados y no estructurados, lo cual permite el aprovechamiento de los mismos, ayudando a resolver los desafíos que hasta entonces parecían insuperables e impulsando el potencial de los negocios basados en tecnología hacia un nuevo nivel. Al fortalecer la tecnología cognitiva, las personas transformarán por completo sus negocios e industrias, así como al mundo.

A fin de poder alcanzar esta promesa y garantizar el éxito de las nuevas plataformas, las empresas, los gobiernos, la academia y en general la sociedad, tenemos el desafío de atender las implicaciones sociales y de política pública que estas nuevas tecnologías conllevan.

Otro importante reto es la seguridad. Incluso antes del lanzamiento de la inteligencia artificial, considerábamos que las organizaciones que recogen, almacenan, administran o procesan datos tienen la obligación de tratarlos con responsabilidad. Como líderes globales en sistemas de seguridad corporativa, muchas empresas tecnológicas tienen una perspectiva integral acerca de las crecientes amenazas que enfrentan el mercado y la esfera pública en un contexto cada vez más abierto. Con relación a la propiedad, las empresas sostienen que los datos son propiedad de quien los genera. Por ello, los datos de los clientes son de su propiedad y las políticas de datos de los gobiernos deben ser justas e imparciales, priorizando la transparencia. Los clientes no deben renunciar a los derechos sobre sus datos para tener los beneficios de las soluciones tecnológicas.

Todo lo anterior indiscutiblemente nos lleva a replantearnos nuevos desafíos como empresarios y como líderes organizacionales. El momento de actuar es ahora. Necesitamos crear una sinergia entre la inteligencia artificial y la inteligencia humana. Los sistemas cognitivos son una realidad que está impactando no sólo a las empresas, sino también a sus profesionales. Por esta razón, debemos responsabilizarnos en la creación duradera de puestos de trabajo que se adapten a esta nueva revolución tecnológica, donde la computación cognitiva es aplicada para incrementar las capacidades del ser humano, democratizando su uso para el beneficio y progreso de la humanidad.

Desde reemplazar los archivadores con carpetas digitales, hasta el teletrabajo, la tecnología ha permitido a las empresas evolucionar en sus labores y cambiar los paradigmas con los que se guían sus actividades. La administración de personal, las bases de datos, los trámites y pagos, cada vez más han ido saliendo del papel y entrando a los documentos digitales y a la nube. De correos electrónicos pasamos a chats grupales en los smartphones. Y así, las empresas seguirán cambiando irremediablemente con los avances tecnológicos.

Hoy sabemos de muchas tecnologías que se usan en las empresas, pero ¿qué viene en el futuro? Veamos algunas de las cuatro tendencias más importantes en tecnología empresarial.

Robots

De acuerdo con un estudio de la universidad de Oxford, la mitad de los empleados de Estados Unidos podrían ser reemplazados por robots en las próximas dos décadas. Serían más de 20 millones de empleos. Los empleos con más riesgo de ser automatizados son los relacionados con transporte, logística y ocupaciones administrativas.

¿Es este un panorama por el que debamos preocuparnos? Según algunas empresas que ya empezaron a reemplazar trabajadores humanos por robots, como muchas empresas, las labores que se están asignando a máquinas son repetitivas y monótonas. Para esa empresa, este puede ser un incentivo para que las personas se capaciten para otros empleos que no están en riesgo de ser reemplazados.

Es muy difícil predecir lo que va a suceder en cuanto a tecnología y aplicaciones y cómo van a cambias los negocios como los conocemos. Pero los expertos opinan que el trabajo humano aún no se puede reemplazar por completo, o al menos esos no son los planes que tienen los científicos. Por el momento los robots se quieren usar para labores técnicas, como ensamblaje, organización de bases de datos, construcción y servicio al cliente.

Y no tenemos que irnos tan lejos para ver que la tecnología ya nos está haciendo la vida más fácil en las empresas. Por ejemplo, muchas de las labores que antes hacían las personas ahora las hacen los smartphones a través de aplicaciones. Hoy tenemos aplicaciones para todo; para organizar agendas, hablar con los compañeros de trabajo, hacer reuniones virtuales o crear presentaciones en minutos.

Inteligencia artificial

La inteligencia artificial es una de las tecnologías que más nos ha sorprendido en los últimos años. Google y Facebook son algunas de las empresas que más han invertido en desarrollar máquinas que piensan y aprenden por sí mismas. Decenas de proyectos de AI han salido al aire y otros más permanecen en los laboratorios de las compañías de tecnología. Google creo una máquina que compone música y robots que aprenden cómo recoger objetos según su tamaño y forma. Los asistentes personales con AI se están tomando el mercado, con opciones como el Google Home, Alexa de Amazon y sistemas incorporados en smartphones y PC, como Siri o Cortana.

Aunque aún no son claras muchas de las aplicaciones específicas de los avances en AI, se puede especular sobre los beneficios que podrían brindar estos sistemas en el futuro, particularmente a nivel de empresas. Por ejemplo, Facebook le enseñó a su sistema de AI a leer y entender todo el texto en su plataforma para crear un navegador dentro de la red social con toda la información de los más de 1.650 millones de usuarios de Facebook. ¿Imaginas un buscador similar dentro de todos los archivos y bases de datos de una empresa?

Publicidad inteligente

De nuevo Facebook es ejemplo de las tecnologías que moverán las empresas del futuro. Hoy en día sabemos que las formas de publicidad no tienen límites. Tradicionalmente los avisos estaban en las calles, luego llegó a los hogares por medio de la televisión y el periódico. Y ahora en internet, los anuncios rodean toda la información a la que accedemos. Facebook sabe que le conviene ese negocio. Es por eso que le ha invertido en tecnología, y el año pasado solo en ingresos por publicidad recibió unos 17.000 millones de dólares.

Hace poco expandió su red de publicidad a todos los usuarios de Internet, sin importar si tienen cuenta en Facebook o no. Es decir, si alguien pauta con Facebook, tiene casi asegurado un público suficiente al que le va a llegar su mensaje. Además, la publicidad en Facebook viene filtrada por los intereses que detecta el sistema en la red social. Su última función le asegurará a sus pautantes saber qué tanto sirven los anuncios en Facebook para atraer personas a las tiendas. Los anuncios tendrán mapas para decirle a los usuarios dónde está la tienda más cercana donde venden cierto producto.

Facebook es pionero en estas tecnologías, pero es probable que en el futuro más empresas sean capaces de organizar la publicidad de forma inteligente y sistemática. Las empresas de publicidad podrán tomar los modelos de Facebook y aplicarlos en Internet. Porque ya no se trata solo de mostrar un anuncio, sino de saber qué respuesta se obtiene con una publicidad.

Ecología y sostenibilidad

Ser 'amigable' con el medio ambiente se ha convertido en una prioridad empresarial, ya sea por verdadera motivación ecológica, o por estrategia de imagen. En todo caso la sostenibilidad ya no está en segundo plano de las compañías, y así nos lo demuestran las principales corporaciones tecnológicas. Por ejemplo, Apple hace algunos meses presentó un robot que desintegra sus iPhone para reutilizar sus partes en otras aplicaciones. Además, tiene como objetivo hacer que todas las actividades de la empresa sean movidas con energía sostenible, por ejemplo, con energía solar.

En el futuro cada vez más empresas modificarán sus actividades para que no afecten el medio ambiente, o tengan el menor impacto ambiental posible. Y para eso, las tecnologías de energía sostenible y la disminución del uso de papel y plástico (y su reciclaje), entre otros, serán claves en este proceso. Los líderes de las que triunfen considerarán que su éxito fue consecuencia de haber tenido una buena estrategia y políticas empresariales acertadas. Mientras tanto, el entorno competitivo en que se desenvuelvan evolucionará.

Las organizaciones o empresas de ayer no son las mismas, en la generalidad de los casos. Actualmente el mundo se encuentra compuesto por organizaciones o empresas, donde todas ellas requieren ser bien administradas para poder sobrevivir y operar en forma eficiente y rentable, siguiendo una visión y misión bien definidas y trazadas de acuerdo con un plan estratégico. Para administrar, los gerentes o administradores conducen de forma racional y con conocimiento empresarial, las actividades respectivas, ya sea con o sin fines de lucro. Ello implica la previsión, planificación, organización, integración, dirección y control de todas las actividades, funciones o tareas. Sin planes de acción bien llevados, las organizaciones o empresas jamás tendrían condiciones para existir y crecer.

Por todo lo anterior, el papel de los gerentes o administradores es de suma importancia. Son ellos los responsables de lograr que las cosas sucedan, ya sea bien o mal. Así de simple. Sin los seis pasos importantes de la administración, las organizaciones o empresas no pueden funcionar exitosamente y lograr las metas y objetivos propuestos. Mucho menos, pueden ser rentables y competitivas. Las organizaciones o empresas de hoy cuentan con mayor tecnología. Al haber cambiado las empresas u organizaciones, de igual forma se hace necesario un cambio en las personas que las dirigen y un cambio en todo el personal que trabaja en ellas. Hoy, las empresas están orientadas a satisfacer a los clientes.

La gerencia para el futuro

La gerencia para el futuro nos ayudará para las mejores tomas de decisiones, cubriendo todos los aspectos ya que el cliente es el que define el mercado y no el fabricante o productor. El conocimiento apropiado del mercadeo nos será muy útil para esta época de globalización competitiva y se requiere las acciones más propicias en los siguientes puntos:

- En los últimos años, los negocios medianos se han vuelto más competitivos y los grandes menos competitivos.

- Las desventajas de los trabajadores que laboran en los medianos negocios han desaparecido. Hoy en día, son más competentes.

- La economía globalizada permite a las nuevas empresas u organizaciones que innoven, tener capacidad de liderazgo con apoyo de la información y tecnología y poder ser competitivos en cualquier tipo de mercado, aumentando su productividad.

Los indicadores del mercado deben basarse en:

- Posición en el mercado
- Desempeño innovador
- Productividad-Liquidez y flujo de fondos, y
- Rentabilidad de un negocio

Las organizaciones y empresas del futuro

En los próximos años, brindar un excelente servicio al cliente determinará el éxito de toda organización o empresa. La idea es tan simple y consiste en crear clientes leales en el tiempo mediante la elevación de la calidad profesional del personal. Por otro lado, debemos avanzar en forma decidida en el desarrollo de "Gestión de Calidad". Existen diversas razones para invertir en un programa de mejoramiento de la calidad, que varían en función del mercado buscado y de la tecnología necesaria para el proceso, pero aparecen siempre tres razones de peso que son aplicables a cualquier actividad y a cualquier mercado:

1. Las fronteras comerciales, en todo el mundo, están siendo cada vez más permeables, por lo que tendremos nuevos competidores que ya han trabajado durante décadas en esta dirección.

2. Si se pretende colocar productos o servicios en el exterior, se debe, por lo menos, poder alcanzar las normas de calidad internacionales, así como ser competitivos en los precios, condiciones de entrega, diseños. etc., y

3. Los consumidores, hoy por hoy, demandan mayor calidad en sus adquisiciones y su lealtad a una marca, producto o servicio, se debilita al adoptar una actitud de búsqueda permanente.

Conclusiones y consideraciones generales hacia el futuro

Definitivamente, para enfrentar el futuro, necesitamos crear aprendizaje organizacional con base en como el cerebro funciona, modificando los procesos escolares, empresariales y de gobierno para enfrentar los años por venir. Quien no lo haga, no sobrevivirá. El primer cambio es aprender a aprender. Los colegios y escuelas públicas no deben enseñar datos, sino formar hábitos, valores, actitudes para cambiar las conductas, para encauzar las organizaciones, para transformar al hombre y hacerlo más humano, más sensible, más verdaderamente humanístico. Después, en secundaria, desarrollar los conocimientos científicos y humanísticos junto con valores, actitudes, sentimientos, sentido de pertenencia, desarrollo humano, crecimiento personal y la ética. Ya, los que puedan acceder a las instituciones de educación superior, especializarse en sus respectivas áreas y aquellos que vayan en la dirección de las Ciencias Administrativas o Gerenciales, entender y ejercer los preceptos y nuevas líneas permanentes de cambio sobre las actuaciones en las organizaciones o empresas del momento, para convertirse, por supuesto, en los nuevos líderes organizacionales o empresariales del futuro.

Todo estará enfocado a conocer y moverse en los diferentes mercados. Como señaló una vez el Gurú de la Gerencia del Siglo XX, Peter Drucker, nadie posee una bola de cristal para saber cómo será el futuro, pero según las tendencias actuales se podría determinar que:

- Habrá nuevos métodos de organización e interacción.
- Los nuevos avances nos conducirán a una nueva esfera de productos y servicios.

- Mayores innovaciones, pero con sentido de negocio.

- La información y el conocimiento como elemento básico de la competitividad, y

- La capacidad de las organizaciones o empresas para comprender las tendencias claves que conformarán el futuro de la tecnología, de los comportamientos sociales y de los consumidores así como de sus mercados que serán determinantes para su supervivencia.

14
LA INTELIGENCIA ARTIFICIAL: QUÉ ES, CÓMO FUNCIONA Y CÓMO USARLA EN LA ACTUALIDAD

1. Introducción a la Inteligencia Artificial (IA)

La Inteligencia Artificial (IA) es una de las áreas más fascinantes y disruptivas de la tecnología moderna. Se trata de la creación de sistemas capaces de realizar tareas que, en el pasado, solo podían ser ejecutadas por seres humanos debido a la necesidad de habilidades cognitivas como el razonamiento, el aprendizaje, la planificación, la comprensión del lenguaje y la percepción sensorial. En otras palabras, la IA busca emular las capacidades humanas de pensar, aprender y tomar decisiones, pero a través de máquinas y algoritmos.

El concepto de inteligencia artificial no es algo completamente nuevo. De hecho, su origen remonta a mediados del siglo XX, cuando pioneros como Alan Turing comenzaron a explorar la idea de crear "máquinas pensantes". Sin embargo, fue en las últimas décadas, con el avance de la potencia computacional, la disponibilidad de grandes volúmenes de datos y el desarrollo de algoritmos más sofisticados, que la IA ha alcanzado un nivel de madurez y aplicabilidad impresionante.

En la actualidad, la inteligencia artificial no solo está presente en campos científicos y tecnológicos, sino que también ha permeado nuestras vidas cotidianas, desde los asistentes virtuales hasta los vehículos autónomos y la personalización de contenido en plataformas de *streaming*. Pero ¿qué es exactamente la IA y cómo la estamos utilizando en la práctica?

2. Tipos de Inteligencia Artificial

Para entender mejor el campo de la inteligencia artificial, es útil diferenciar entre los diferentes tipos de IA. Estos se pueden clasificar en varias categorías, dependiendo de su capacidad y sus objetivos.

» **IA débil o estrecha (Narrow AI):** Este es el tipo más común y accesible de inteligencia artificial en la actualidad. La IA débil está diseñada para realizar tareas específicas y limitadas, con un rendimiento muy superior al de los humanos en esas áreas. Sin embargo, carece de consciencia o comprensión general. Ejemplos incluyen:

- **Asistentes virtuales** como Siri, Alexa o Google Assistant, que son expertos en tareas como responder preguntas, poner alarmas, controlar dispositivos inteligentes y más.

- **Sistemas de recomendación** como los utilizados por Netflix o Amazon, que analizan patrones de comportamiento y preferencias para sugerir productos o contenido.

- **Sistemas de diagnóstico médico** que analizan imágenes de resonancias magnéticas, radiografías o análisis de sangre para detectar enfermedades.

- **IA fuerte o general (General AI):** A diferencia de la IA débil, la IA fuerte sería capaz de realizar cualquier tarea cognitiva que un ser humano sea capaz de hacer. Esto implica que tendría capacidad de razonamiento, aprendizaje, adaptación, consciencia de sí misma y comprensión del entorno. Aunque es el objetivo a largo plazo de la investigación en IA, todavía no hemos alcanzado este nivel. Sin embargo, sus implicaciones son vastas: podría revolucionar prácticamente todas las industrias y transformar la relación entre humanos y máquinas.

- **IA superinteligente (Superintelligent AI):** Este concepto se refiere a una inteligencia artificial que supera a la humana en todas las áreas, desde la creatividad hasta la resolución de problemas complejos. Aunque aún es un concepto futurista, muchos investigadores y filósofos debaten sus posibles consecuencias, tanto positivas como negativas.

3. ¿Cómo funciona la Inteligencia Artificial?

La base de la inteligencia artificial moderna está en el **aprendizaje automático (machine learning)**, que es un subcampo de la IA. A través de este proceso, las máquinas aprenden de los datos y mejoran su rendimiento sin intervención humana directa. La clave de este enfoque radica en el uso de algoritmos que permiten a las máquinas identificar patrones, hacer predicciones y tomar decisiones basadas en grandes volúmenes de datos. A continuación, exploramos los diferentes tipos de aprendizaje automático:

- **Aprendizaje supervisado:** En este tipo de aprendizaje, el modelo se entrena con datos etiquetados, es decir, con ejemplos en los que ya se conoce la respuesta correcta. El objetivo es que el sistema aprenda a hacer predicciones o clasificaciones basadas en esos ejemplos. Por ejemplo, si se entrena a un modelo con imágenes de gatos y perros, etiquetadas adecuadamente, el sistema aprenderá a identificar nuevas imágenes como "gato" o "perro".

- **Aprendizaje no supervisado:** A diferencia del aprendizaje supervisado, en este caso no se proporcionan etiquetas predefinidas. En su lugar, el modelo debe identificar patrones y relaciones dentro de los datos por sí mismo. Es utilizado, por ejemplo, en **agrupación de clientes** o segmentación de mercados, donde los algoritmos buscan agrupaciones o características comunes sin una clasificación preexistente.

- **Aprendizaje por refuerzo:** En este tipo de aprendizaje, un agente (la IA) interactúa con un entorno y toma decisiones para maximizar una recompensa acumulada a lo largo del tiempo. Este tipo de aprendizaje es muy utilizado en el entrenamiento de **agentes autónomos**, como los robots o los sistemas de inteligencia artificial aplicados a videojuegos o simulaciones. Los sistemas de IA, como los que usan en la investigación de vehículos autónomos, se entrenan a través de este enfoque, probando constantemente sus decisiones y adaptándose a los resultados.

- **Redes neuronales y aprendizaje profundo (Deep Learning):** Las redes neuronales son modelos inspirados en el cerebro humano, compuestos por capas de neuronas artificiales. El **aprendizaje profundo** es una técnica dentro del aprendizaje automático que utiliza redes neuronales profundas, es decir, con muchas capas, lo que permite a los sistemas aprender representaciones jerárquicas de datos complejos, como imágenes, sonidos o texto. Esta tecnología ha sido crucial en avances como el reconocimiento de voz, el reconocimiento de imágenes y la traducción automática.

4. Aplicaciones de la Inteligencia Artificial hoy en día

La IA no es solo un concepto teórico, sino que está transformando industrias y sectores clave. Algunas de las aplicaciones más impactantes de la inteligencia artificial incluyen:

- **Salud y medicina:** La inteligencia artificial está revolucionando la medicina, desde el diagnóstico de enfermedades hasta el desarrollo de nuevos tratamientos. Sistemas de IA, como los utilizados por empresas como IBM Watson, analizan grandes volúmenes de datos médicos, incluyendo historias clínicas electrónicas, imágenes médicas y estudios genómicos. Esto permite mejorar la precisión en diagnósticos, identificar patrones ocultos en datos masivos y personalizar tratamientos para cada paciente.

  Ejemplo: Un sistema de IA como DeepMind, desarrollado por Google, ha demostrado ser capaz de detectar enfermedades oculares, como la retinopatía diabética y la degeneración macular, con una precisión superior a la de los oftalmólogos humanos.

- **Transporte y movilidad:** La llegada de los vehículos autónomos es uno de los avances más visibles de la IA. Los automóviles sin conductor están equipados con sensores, cámaras y algoritmos que les permiten analizar su entorno y tomar decisiones en tiempo real, todo ello sin intervención humana. Esto promete transformar el transporte, reducir los accidentes y mejorar la eficiencia en el tráfico.

  Ejemplo: Tesla, Waymo y otras empresas están desarrollando coches autónomos que pueden navegar de manera segura por las calles, ajustando la velocidad, cambiando de carril y tomando decisiones de manejo en función de las condiciones del tráfico y el entorno.

- **Industria financiera:** En el sector financiero, la inteligencia artificial se utiliza para la detección de fraudes, el análisis de riesgos y la automatización de servicios al cliente. Los sistemas de IA pueden analizar transacciones en tiempo real para identificar patrones sospechosos y predecir comportamientos fraudulentos antes de que ocurran.

  Ejemplo: Los bancos y compañías de tarjetas de crédito usan IA para detectar transacciones fraudulentas, alertando a los usuarios en tiempo real cuando hay actividades inusuales.

- **Comercio y marketing:** La IA está cambiando la forma en que las empresas se relacionan con los consumidores. Los sistemas de recomendación, basados en IA, analizan el comportamiento del cliente para sugerir productos o servicios relevantes. Además, los chatbots y asistentes virtuales ofrecen atención al cliente 24/7, brindando respuestas inmediatas a las consultas de los usuarios.

  Ejemplo: Amazon utiliza IA para recomendar productos a los usuarios basándose en su historial de compras y navegación, lo que mejora la experiencia de compra y aumenta las ventas.

- **Educación:** La inteligencia artificial también está incidiendo en el ámbito educativo, brindando nuevas formas de enseñanza personalizadas. Herramientas como plataformas de e-learning utilizan algoritmos para adaptar el contenido educativo al ritmo y necesidades del estudiante, asegurando que cada uno aprenda de manera más eficiente.

  Ejemplo: Duolingo, una plataforma de aprendizaje de idiomas, utiliza IA para ajustar las lecciones según el progreso y las áreas en las que el usuario necesita mejorar.

5. Beneficios de la Inteligencia Artificial

Los beneficios de la inteligencia artificial son vastos y abarcan una gran cantidad de sectores y actividades humanas. Algunos de los beneficios más destacados incluyen:

- **Automatización de tareas repetitivas:** La IA permite automatizar tareas que anteriormente requerían intervención humana constante, lo que aumenta la eficiencia y reduce el margen de error.
- **Mejora en la toma de decisiones:** Al analizar grandes volúmenes de datos en tiempo real, los sistemas de IA pueden proporcionar información valiosa que facilita la toma de decisiones informadas en una variedad de contextos, desde la salud hasta los negocios.
- **Innovación continua:** La IA permite el desarrollo de nuevas soluciones tecnológicas que antes parecían imposibles, impulsando la innovación en áreas como la biotecnología, la energía renovable y la automoción.

6. Desafíos y riesgos de la Inteligencia Artificial

A pesar de los numerosos beneficios, la inteligencia artificial también plantea desafíos significativos que deben ser considerados cuidadosamente:

- **Impacto en el empleo:** La automatización de tareas puede llevar a la pérdida de empleos en ciertas industrias. Sin embargo, también se están creando nuevas oportunidades laborales en campos relacionados con el desarrollo, la implementación y la supervisión de sistemas de IA.

- Ética y sesgo: Los sistemas de IA pueden reflejar sesgos humanos si los datos con los que se entrenan no son representativos o si están mal etiquetados. Esto podría llevar a decisiones injustas, especialmente en áreas como el crédito, la justicia penal y el empleo.

• Privacidad y seguridad: A medida que los sistemas de IA recopilan y analizan más datos personales, surge la preocupación sobre cómo se protegen esos datos y quién tiene acceso a ellos. La seguridad también es una preocupación, ya que un mal uso de la IA o una vulnerabilidad podría tener consecuencias graves.

7. Cómo usar la Inteligencia Artificial de la mejor manera

Para utilizar la inteligencia artificial de manera efectiva y ética, es esencial adoptar un enfoque balanceado. Algunas estrategias incluyen:

- **Educación y conciencia:** La comprensión de cómo funcionan los sistemas de IA y su impacto potencial es crucial para garantizar su uso responsable y maximizar sus beneficios.

- **Desarrollo ético:** Es importante desarrollar sistemas de IA que estén diseñados teniendo en cuenta principios éticos, como la equidad, la transparencia y la privacidad.

- **Adaptación continua:** Dado que la tecnología de la IA está en constante evolución, es fundamental mantenerse al día con las últimas innovaciones y comprender cómo estas pueden aplicarse en diferentes contextos.

8. Historia y evolución de la Inteligencia Artificial

La historia de la inteligencia artificial es fascinante y está marcada por avances científicos y tecnológicos clave que han configurado lo que conocemos hoy como IA. Su desarrollo se puede dividir en varias etapas significativas:

Década de 1940 - Los primeros pasos: La computadora y la teoría de la inteligencia

La historia de la IA comienza con los trabajos de matemáticos y científicos como **Alan Turing**, quien propuso la famosa "Máquina de Turing" en 1936, una idea que se convirtió en la base de la computación moderna. En 1950, Turing también presentó su **Test de Turing**, una prueba para evaluar si una máquina puede exhibir un comportamiento inteligente equivalente al de un ser humano.

Durante las décadas de 1940 y 1950, las primeras computadoras electrónicas fueron desarrolladas, lo que proporcionó las herramientas necesarias para procesar grandes volúmenes de información y realizar cálculos a alta velocidad. La noción de "inteligencia artificial" no existía como tal, pero las ideas precursoras comenzaron a tomar forma.

1956 - El nacimiento formal de la IA

El término "inteligencia artificial" fue acuñado oficialmente en 1956 por el científico informático **John McCarthy** en la conferencia de Dartmouth, donde se sentaron las bases para el estudio de la IA como campo académico. Durante esta época, pioneros como **Marvin Minsky**, **Allen Newell** y **Herbert Simon** comenzaron a explorar cómo las máquinas podían realizar tareas que requerían inteligencia, como jugar ajedrez o resolver problemas matemáticos.

Décadas de 1960 a 1980 - La IA simbólica y los primeros programas inteligentes

En estas décadas, se desarrollaron las primeras aplicaciones prácticas de IA, como los sistemas expertos y el procesamiento de lenguajes naturales. Los **sistemas expertos** eran programas diseñados para tomar decisiones en campos específicos (por ejemplo, diagnósticos médicos), basándose en una base de conocimientos y reglas predefinidas.

Al mismo tiempo, las investigaciones en **IA simbólica** (que se centraban en el uso de representaciones explícitas de conocimiento) dominaban la escena, buscando replicar el razonamiento lógico humano a través de representaciones simbólicas.

1990 - El renacimiento de la IA: Aprendizaje automático y nuevas técnicas

La década de 1990 vio un resurgimiento de la IA, especialmente con el auge del **aprendizaje automático (machine learning)**. Los algoritmos de aprendizaje automático comenzaron a ser más sofisticados y capaces de aprender de los datos sin la necesidad de reglas predefinidas. Uno de los hitos más significativos fue la victoria de **Deep Blue**, la supercomputadora de IBM, sobre el campeón mundial de ajedrez **Garry Kasparov** en 1997, lo que demostró el potencial de las máquinas para competir en tareas cognitivas complejas.

2000 en adelante - La revolución del aprendizaje profundo y la IA moderna

A partir de los años 2000, el desarrollo de redes neuronales profundas (deep learning) y la mejora en el acceso a grandes volúmenes de datos y mayor poder de procesamiento, permitió la creación de sistemas de IA capaces de superar a los humanos en tareas como el reconocimiento de imágenes, la traducción automática y el reconocimiento de voz.

En 2011, el sistema de IBM **Watson** ganó el concurso de televisión **Jeopardy!**, lo que demostró la capacidad de las máquinas para procesar el lenguaje natural y responder a preguntas complejas en tiempo real.

IA hoy en día y el futuro

Hoy, la IA está en una fase de rápido crecimiento y adopción en múltiples sectores. Tecnologías como el **aprendizaje profundo**, las **redes neuronales convolucionales (CNN)** y las **redes neuronales recurrentes (RNN)** están llevando la IA a nuevos límites. Además, la IA está cada vez más presente en nuestra vida diaria, desde asistentes virtuales en nuestros teléfonos hasta sistemas de conducción autónoma y aplicaciones de análisis predictivo.

En cuanto al futuro, la IA está avanzando hacia la creación de sistemas más autónomos y con mayor capacidad de razonamiento general. Se espera que en las próximas décadas se logren avances significativos hacia una **IA general**.

9. Implicaciones filosóficas y éticas de la IA

El desarrollo y la implementación de la inteligencia artificial no solo tienen un impacto tecnológico, sino que también plantean profundas preguntas filosóficas y éticas sobre el papel de las máquinas en la sociedad y en nuestras vidas. Algunas de estas cuestiones incluyen:

Conciencia y autonomía en las máquinas

Una de las preguntas filosóficas más debatidas sobre la IA es si alguna vez las máquinas podrán tener **conciencia**. Si una máquina alcanza la capacidad de tomar decisiones autónomas o incluso desarrollar emociones, ¿deberíamos considerarla un ser consciente? ¿Tendría derechos? ¿Cómo definiríamos la "conciencia" en este contexto?

El problema del control: ¿Quién controla a las máquinas?

A medida que los sistemas de IA se vuelven más complejos y autónomos, surge la preocupación de que las máquinas puedan tomar decisiones que no podamos prever o controlar. Esto plantea la cuestión de cómo **supervisar y regular** la IA. Si una IA toma decisiones sin intervención humana, ¿cómo podemos asegurarnos de que esas decisiones sean éticas y estén alineadas con los intereses humanos?

IA y el desafío del empleo

El impacto de la IA en el empleo es un tema crucial. Si las máquinas pueden hacer el trabajo de los humanos de manera más eficiente, ¿qué sucede con la fuerza laboral? La **automatización** masiva podría provocar la desaparición de ciertos tipos de empleo, lo que plantea desafíos sobre el futuro del trabajo, la distribución de la riqueza y la capacitación de la fuerza laboral para nuevas funciones.

Bias y discriminación algorítmica

La IA se basa en datos para aprender y tomar decisiones, pero los **datos históricos** pueden estar sesgados. Si los algoritmos se entrenan con datos sesgados, las decisiones tomadas por la IA también estarán sesgadas. Esto puede perpetuar **inequidades** en áreas como la justicia penal, los servicios financieros y la contratación. El sesgo algorítmico es un tema ético crítico en la investigación y el desarrollo de IA.

El futuro de la relación Humano-Máquina

A medida que las máquinas se vuelven más inteligentes, las líneas entre las capacidades humanas y las capacidades de las máquinas se difuminan. Esto plantea preguntas sobre el **futuro de la interacción humana con la IA**. ¿Nos convertiremos en una sociedad en la que los humanos dependen completamente de las máquinas para tomar decisiones? ¿Podremos equilibrar el control humano con la capacidad de las máquinas para hacer tareas por sí solas?

10. IA y los avances en la investigación científica

La inteligencia artificial está revolucionando la **investigación científica** en múltiples campos. Su capacidad para analizar grandes volúmenes de datos, detectar patrones complejos y realizar simulaciones avanzadas está acelerando el progreso en áreas como la física, la biología y la química. Algunos ejemplos de cómo la IA está impulsando la investigación científica incluyen:

Descubrimiento de medicamentos

El uso de algoritmos de IA en la investigación farmacéutica ha acelerado significativamente el proceso de **descubrimiento de medicamentos**. La IA puede analizar grandes cantidades de datos de investigación y encontrar patrones que podrían ser invisibles para los científicos humanos. Esto permite la creación de nuevos tratamientos para enfermedades complejas como el cáncer y las enfermedades neurodegenerativas.

Ejemplo: En 2020, investigadores de la Universidad de Toronto utilizaron IA para identificar una molécula que podría ayudar a combatir el COVID-19, acelerando el proceso que normalmente tomaría años.

Astrofísica y exploración espacial

La IA también está siendo utilizada para analizar los datos recopilados por telescopios y sondas espaciales. Algoritmos de IA pueden identificar señales de interés en los datos del espacio exterior mucho más rápido que los humanos, ayudando a descubrir planetas, estudiar las estrellas y explorar los límites del universo.

Genómica y Bioinformática

La IA ha tenido un impacto significativo en el campo de la **genómica**, ayudando a mapear el ADN, identificar variantes genéticas asociadas con enfermedades y predecir cómo los genes afectan la salud de una persona. Con algoritmos de aprendizaje profundo, los científicos pueden procesar datos genéticos complejos y acelerar la investigación sobre enfermedades genéticas.

11. La IA en el futuro: Retos y oportunidades

En el futuro, se espera que la inteligencia artificial continúe evolucionando, trayendo consigo tanto oportunidades como desafíos. A medida que los sistemas de IA se vuelvan más avanzados, surgirán nuevas preguntas sobre cómo utilizarlos de manera segura, ética y beneficiosa para la humanidad.

Retos

- **Desigualdad tecnológica:** La brecha entre los países que tienen acceso a la IA y los que no podría generar una desigualdad aún mayor en términos de desarrollo económico y poder.

- **Pérdida de control:** Con sistemas cada vez más autónomos, el riesgo de perder el control sobre los sistemas de IA podría llevar a decisiones impredecibles con consecuencias graves.

Oportunidades

- **Mejora de la calidad de vida:** La IA tiene el potencial de resolver problemas globales como el cambio climático, la escasez de recursos y las enfermedades.

- **Innovación sin precedentes:** Las oportunidades de innovación en áreas como la biotecnología, la robótica y la educación permitirán un avance sin precedentes en la capacidad humana de resolver problemas.

15
RIESGOS

Los riesgos financieros, también conocidos como riesgos de crédito o de insolvencia, hacen, en definitiva, referencia a las incertidumbres en las operaciones financieras derivadas de la volatilidad de los mercados financieros y de crédito, mercados que están en constante cambio.

El riesgo financiero está estrechamente relacionado con el riesgo económico, puesto que los activos que una empresa posee y los pro ductos o servicios que ofrece juegan un gran papel a la hora de determinar su nivel de endeudamiento, como es lógico. Cuanto más ingrese una empresa por la venta de sus productos, más probabilidad de hacer frente a sus deudas y, por ende, disminuir dicho nivel.

Los mercados financieros reciben continuas amenazas procedentes de las diferentes constantes que lo conforman. Ello provoca que sean muchos los **riesgos** financieros que debamos tener en cuenta en nuestro día a día. La medición del riesgo financiero es fundamental para cualquier empresa, sea del sector que sea, ya que dicho riesgo afecta a todas las empresas en mayor o menor medida. Además, serán muchos los tipos de riesgos financieros con los que una empresa puede toparse, debiendo analizarlos de manera detallada y actuando en consecuencia.

Riesgo de crédito

Asociado al hecho de que puedan producirse impagos, incumpliendo el tiempo y la forma en que debería recibirse el dinero. Ante impagos de créditos, la empresa puede sufrir pérdidas de intereses, disminución del flujo de caja, gastos por el proceso de recobro, etc.

Riesgo de liquidez

Este tipo de riesgo financiero implica que una de las partes del contrato financiero no puede obtener la liquidez que necesita para asumir las obligaciones, a pesar de disponer de activos (que no puede vender) y la voluntad de querer hacerlo.

Por tanto, el riesgo financiero de liquidez se da en el caso de que a una empresa le han prestado dinero, pero luego no dispone del líquido suficiente para saldar dicha deuda. No obstante, dispone de activos (locales, viviendas, automóviles) que, de venderlos, saldarían la deuda. Podemos encontrarlos en dos vertientes:

- **Riesgo de liquidez de activos**: queriendo vender un activo, no se materializa la compra o, de hacerse, se hace a un precio inadecuado.
- **Riesgo de liquidez de pasivos**: éstos no pueden ser satisfechos en su fecha de vencimiento o, de hacerse, se hace a un precio inadecuado.

Riesgo de mercado

Hace referencia a la probabilidad de que se produzca una pérdida de valor de una cartera, debido al cambio desfavorable en el valor de los factores de riesgo de mercado. Los factores de mercado comunes son:

- **Riesgos de tipos de interés**: asociado al cambio en contra de los tipos de interés. Para evitar esto, las empresas pueden contratar coberturas de tipos de interés, productos financieros que les permiten eliminar o, al menos, reducir el impacto de los cambios en los tipos de interés.

- **Riesgos de tipos de cambio o riesgo de la divisa**: asociado a las variaciones de los tipos de cambio al a hora de realizar cambio de divisas, sobre todo para empresas que trabajan a nivel internacional y deben operar en multitud de monedas (euros, dólares, yenes, pesos). Estas empresas suelen tener contratado un seguro para evitar tales fluctuaciones del mercado y, por ende, del tipo de cambio a la hora de comerciar.

- **Riesgo de mercado** como tal. Hace referencia al cambio en el valor de instrumentos financieros, tales como bonos, acciones, etc.

Riesgo operacional

El riesgo operacional, o riesgo operativo, hace referencia a las posibles pérdidas en que pueda incurrir la empresa debido a diferentes tipos de errores humanos, errores en los procesos internos o en los diferentes sistemas tecnológicos que permiten la actividad diaria de la empresa.

Consulta toda la información sobre el riesgo operacional y los diferentes factores que intervienen en él

Gestión de riesgos

Los riesgos financieros forman parte de la gestión diaria de cualquier empresa. Diariamente, se ofrecen multitud de créditos, necesarios para la puesta en marcha de diferentes proyectos, se pagan intereses, etc. Pero, todas estas operaciones conllevan riesgos financieros.

La gestión de riesgos financieros es el proceso de medición del riesgo y de la elaboración y aplicación de diferentes estrategias para gestionarlo y hacerle frente, en función de su gravedad y en función de las consecuencias que pueda tener dentro de la empresa.

Gestionar de manera eficaz el riesgo financiero se traduce en una minimización del mismo y una rentabilización de los procesos financieros internos de la empresa. Puesto que, gestionando los riesgos financieros, la empresa obtiene información constantemente, permitiéndole ello saber en qué invertir, en qué periodo de tiempo, etc. Igualmente, la empresa deberá tener muy presente el índice de riesgo financiero, para saber qué dirección tomar, qué recursos emplear y en qué periodo de tiempo.

La medición de riesgos es fundamental para su adecuada gestión. De ahí la importancia de tener siempre presente la fórmula de riesgo financiero, que divide la deuda a medio y largo plazo entre el ahorro bruto. El resultado, habrá que multiplicarlo por 100.

Índice de Riesgo financiero= (Deuda a medio y largo plazo / Ahorro bruto) x 100

Minimizar riesgos

Las gestiones de los riesgos financieros son necesarias para reducir el impacto negativo que puedan tener en la empresa. Por ello, su continuo control ayudará a minimizar los daños.

Aquí te mostramos algunos consejos para reducir este tipo de riesgos:

- Controla la rentabilidad de la inversión y los resultados obtenidos

- Diversifica las inversiones para no jugártelo todo a una carta

- Anticípate a lo que vaya a ocurrir en el mercado

- Proteger activos mediante seguros

Existen 3 formas de asumir un riesgo:

- Transferir el riesgo: Trasladamos el riesgo a otra parte. Mediante la venta de ese activo o contratando una póliza de seguros.

- Evadir el riesgo: Simplemente no exponerse al riesgo que se haya identificado.

- Retener el riesgo: Asumimos directamente el riesgo y tendremos que tomar la decisión de cómo vamos a cubrir las posibles pérdidas.

- Ninguna de estas estrategias es más ventajosa que la otra, todo dependerá del tipo de actividad que estemos realizando y el tipo de riesgo al que están orientadas.

Control y gestión

Es normal si eres empresario que intentes reducir al máximo el riesgo que pueda correr tu empresa, para no encontrarte con problemas financieros a largo plazo.

Esta es una de las cuestiones que más suele preocupar a los empresarios a la hora de hablar del sustento de la empresa. Y lo entendemos perfectamente porque toda la compañía podría derrumbarse con tan solo cometer un error.

Es imposible eliminar por completo la existencia de riesgos, pero sí es posible disminuirla. Por eso, y yendo directamente al grano, hemos hecho una lista, breve, pero de gran utilidad, que te ayudará, si no a reducir, al menos a poder controlar y gestionar los riesgos que corre tu empresa.

Evalúa la rentabilidad de cada inversión. Esto es algo que nunca debes olvidar. Debes tener siempre en cuenta que, cuanta mayor información poseas sobre las operaciones, menor será el riesgo.

Anticípate al futuro. Sabemos que esto es algo imposible, pero en referencia al punto anterior, puede que nos acerquemos bastante a lo que puede ocurrir más adelante si tenemos una gran información que nos ayude a comparar situaciones, toma de decisiones y estrategias.

Diversifica. Algo fundamental que nunca puede faltar en toda estrategia de control de riesgos es la diversificación. Esto lo podemos hacer mediante el planteamiento de inversiones de varios tipos, por ejemplo, inversiones de alta peligrosidad que compenses otras de muy bajo riesgo. Esto hará que tengas una cartera de inversiones más amplia y que puedas obtener mejores resultados, de una forma más segura.

Evalúa los resultados obtenidos. No debes olvidarte de esto, es muy importante que cada vez que obtengas los resultados de una operación los estudies con detenimiento para analizar lo que está ocurriendo. ¡Esto nos podrá también ayudar a predecir el futuro!

Cuenta con un equipo profesional. La administración de tus cuentas merece un conocimiento especializado sobre las nuevas tendencias financieras.

Seguros. Siempre podrás proteger algunos de tus activos mediante la contratación de seguros.

El hedging. En la misma línea que la diversificación, también podemos combinar algunos activos de una misma cartera, con el objetivo de que las variaciones de unos contrarresten las del resto.

Establecer coberturas. Nos referimos a aquellas operaciones que consten de divisas diferentes al dólar, donde una variación en la cotización seguramente pueda tener un coste financiero alto.

Nuestro consejo: Mejorar las finanzas de tu empresa, a través de la inversión y así obtener mejores resultados. Para ello, hay que asumir un riesgo. Evaluar un riesgo, desarrollar una estrategia y reducirlo al máximo.

Al hablar de "riesgos" se piensa en la posibilidad de que ocurran eventos no deseados. Pero una parte de los riesgos en los mercados financieros ocurren por sucesos a los cuales no se les asocia ninguna probabilidad. Asignar una probabilidad a todos los eventos que puedan alterar las utilidades de las empresas, es lo que se denomina "Análisis de Riesgos". Financieramente, se puede definir el "Riesgo" como la probabilidad de que los precios de los activos que se tengan en un portafolio se muevan adversamente ante cambios en las variables macroeconómicas que los determinan. Por lo tanto, es de interés toda distribución futura de utilidades, asociándole así una probabilidad a cada posible valor que puedan alcanzar las utilidades, con el objeto de caracterizar el perfil de riesgo que representa cada escenario factible. La rentabilidad de las empresas está directa o indirectamente vinculada con los precios de activos financieros; la sobrevivencia misma de las compañías depende de los movimientos en dichos mercados. Razón por la cual, se ha tornado cada vez más relevante poder anticipar las posibles variaciones de las tasas de intereses, las cotizaciones de las acciones en los mercados bursátiles y el tipo de cambio, entre otras variables. No habría ninguna decisión financiera que tomar, si se pudiera determinar con precisión los cambios en estas variables. En la medida en que se enfrenta a la incertidumbre del futuro de estas variables, es necesario considerar los distintos cursos de acción posibles y las consecuencias que cada uno de ellos tiene si se presentan diferentes escenarios. Por este motivo el análisis de riesgos está íntimamente relacionado con el proceso de toma de decisiones de portafolio, de hecho, en el área financiera se estudian de manera paralela. El problema en la administración de riesgos se torna más complejo al tener que diferenciar entre distintos riesgos financieros.

Existen posibles cambios de precio que sufriría una posición si se intentara liquidar cuando el mercado es poco profundo, mientras que al estudiar riesgos de mercado interesan las fluctuaciones normales de precios. El riesgo crediticio está directamente asociado a una posible disminución del precio que sufre un título financiero cuando existe la posibilidad de que el suscriptor incumpla. Sistema de Gerencia de Riesgo En todo proceso de toma de decisiones de portafolio es necesario considerar sistemáticamente los elementos fundamentales de riesgo y permitir la agregación consistente de riesgos a través de las mesas de operación, teniendo presente las coberturas naturales que puedan existir entre ellas. También, el proceso de toma de decisiones debe permitir optimizar portafolios con un enfoque prospectivo considerando la visión de mercado que se tenga. El modelo propuesto en este artículo puede servir de marco referencial importante sobre el cual cualquier institución financiera podría construir su sistema integral de gerencia de riesgo. Se puede verificar sistemas similares estén presentes en todos los grandes Bancos Centrales (Money Center Banks) y las grandes firmas de Banca de Inversión. Para ellos es una absoluta necesidad tener estos sistemas integrados para poder operar en múltiples zonas geográficas con una plétora de instrumentos financieros. Estos sistemas integrales muchas veces son una mezcla de sistemas hechos en casa y sistemas comprados a especialistas como Algorithmics de Canadá, Reuters Risk Management, una división de Reuters PLC o General Electric Capital, una división de General Electric Corp. para sólo nombrar algunos. Hasta una pequeña sociedad de corretaje cuyo negocio fundamental es el intermediar títulos de renta fija para clientes institucionales, está expuesta a los mismos tipos de riesgo que los grandes Bancos. Hasta ahora la mayoría de las gerencias de riesgo de las pequeñas instituciones financieras ha sido de carácter empírico, basada en la experiencia en los mercados, el conocimiento personal de sus contrapartes y el manejo conservador con respecto a los instrumentos. La infraestructura tecnológica, por lo general, es una red de área local; los sistemas de información son un sistema administrativo-contable "off the shelf" y hojas de cálculo para llevar la posición e inventario de instrumentos de mercado. En una sociedad de corretaje pequeña es usual encontrar una estructura organizativa conformada por: un operador de mercado, dos personas de Back Office y el director ejecutivo; generalmente se realizan entre 3 a 5 operaciones por día. Mensualmente mueven en valor facial de títulos unos 20 a 50 millones (cifras para una pequeña sociedad de corretaje). Bajo las premisas anteriores, se puede observar que una sociedad pequeña de corretaje no debería adquirir un sistema integrado que cueste 2 millones de dólares, ya que probablemente no le resultaría atractivo si se analiza desde la óptica de una relación costo beneficio.

La infraestructura de sistemas. Es atender a los principios del marco referencial de gerencia de riesgo propuesto en este texto: llevar una posición de todas sus cuentas de efectivo y títulos valores. Probar esta posición contra valores de mercado y proyectar, generando un mapa en el tiempo, los flujos de caja que el efectivo y los valores generan, aunque los valores vayan a ser traspasados después. Permanentemente plantearse escenarios posibles y no posibles a futuro sobre tasas de cambio, niveles de tasa de interés que puedan afectar la posición de efectivo y títulos. Ver el Valor en Riesgo de la posición de títulos y efectivo usando la hoja de cálculo. Sobre la base de los resultados del Valor en Riesgo, establecerse límites operativos y políticas tanto con respecto al mercado y sus contrapartes como de remuneración a su operador y "Back Office". Es decir, se puede conformar un sistema de Gerencia de Riesgo con los cinco pasos o fases antes descritas. El paso previo para el establecimiento de un Sistema de Gerencia de Riesgo es establecer herramientas que faciliten el análisis. Para esto será necesario conocer el comportamiento histórico de los instrumentos que están o estarán dentro del portafolio de inversión de la Sociedad. Siguiendo los 5 pasos descritos anteriormente: Captura de Operaciones – Debe existir en la empresa un sistema central que capture todas y cada una de las operaciones según los límites previamente definidos por la gerencia por contrapartes, operador, zonas geográficas, instrumentos, montos por vencimientos, etc. Adicionalmente debe existir una rigurosa división entre los que negocian las operaciones (front office) y quienes las ejecutan físicamente (back office). Back office debe tener el poder de veto de una operación que no se ajusta a los parámetros preestablecidos. El sistema central debe mostrar ayudas y alarmas a Front Office como calculadores, o poder ingresar operaciones teóricas y así ver su efecto sobre los límites.

Llevar o administrar la posición. Este paso permite un sencillo y rápido acceso tanto del inventario de instrumentos que forman parte del portafolio en la actualidad, como el de las transacciones realizadas en el pasado. En todas y cada una de las operaciones deben elaborarse mapas y proyectarlos a futuro, valorados según su valor de mercado. El sistema central deberá poder mostrar la posición en conjunto o disgregada por operador, mesa institución, instrumento, día de pago, contraparte, etc. Al valorar la posición según valor de mercado el sistema debe poder proyectar los flujos de caja a futuro

(Time Buckets, Análisis de Gap o Análisis de flujos de caja). Esta fase es indispensable y fundamental en el proceso de administración de riesgos, que es la base del sistema.

Fase se administran los riesgos tácticos. En esta fase es necesario reconocer los factores de riesgo e identificar su proceso estocástico, determinando la interrelación entre el precio de los instrumentos y los factores de riesgo. La gerencia de riesgo debe poder simular los factores de riesgo, permitiendo crear escenarios de los precios de los instrumentos financieros en forma consistente y simultánea, tomando en cuenta el proceso estocástico. La estructura por plazos actuales de las cotizaciones y la visión de mercado de las áreas o personas involucradas en el proceso de toma de decisiones. Se debe poder hacer lo mismo considerando escenarios muy poco probables, lo que se llama situaciones extremas (también conocidas como situaciones de "stress") para ver el comportamiento de sus activos en estas situaciones. Esta es la única manera de enfrentar los riesgos sistémicos. Esta es una labor llevada a cabo por el "middle office" y la gerencia de riesgo. El gerente de Riesgos cuenta con el apoyo de especialistas en sistemas, matemáticas y finanzas.

Visualización y control de riesgos. En esta fase se administran los riesgos estratégicos y consiste en medir la exposición a los riesgos, a la vez que se monitorean los límites de riesgo internos y externos tratándose de intermediarios financieros. Se han sugerido muchas medidas de riesgo, todas intentando caracterizar la distribución de las utilidades futuras que se derivan de la posición financiera. Entre estas medidas de riesgo destaca el llamado "valor en riesgo" (VAR, de sus siglas en inglés "Value at Risk"), que significa la cantidad de dinero que se podría perder en el caso en que se presentara el escenario más desfavorable y el RAROC, el cual ajusta las ganancias según el capital puesto en riesgo, y por lo general ajusta el capital necesario para cubrir el 99% de las máximas pérdidas esperadas en un horizonte de un año. Calcular el VAR y RAROC de la cartera global, así como para la cartera disgregada con los mismos elementos de los límites permite tener el VAR o el RAROC asociado a un activo particular (Marcos) o una clase de activos (Monedas). La flexibilidad para dar visión de los riesgos de mercados en forma global o en forma disgregada, es lo que se conoce, en inglés, poder hacer un "Drill Down" del riesgo, que no es fácil de traducir en español, pero consiste en ir de lo general a lo particular. Pudiéndose llegar incluso al VAR o RAROC de un operador de mesa de tesorería. Entonces se emplea el VAR como medida objetiva, cuantificable del riesgo de mercado (estratégico) que se asume al entrar en una operación. La institución financiera entonces podrá asumir ese riesgo o traspasarlo (venderlo) a quien lo desee asumir. Es importante resaltar que la medición de riesgo no es suficiente para un análisis completo (ni siquiera cuando se establecen límites en la operación, para que las medidas de riesgo no rebasaran los topes establecidos), ya que no se garantiza que los estándares de riesgo se alcancen de la manera más eficiente, maximizando el rendimiento esperado del portafolio dado su riesgo. Se considera como una administración pasiva de riesgos, a la administración basada exclusivamente en el establecimiento de límites sobre determinadas medidas de riesgo ya que la simple medición del riesgo no dice nada acerca de cómo se debe reestructurar óptimamente el riesgo.

Asignación de capital y retroalimentación (reestructuración de riesgos). Basándose en lo anterior se debe asignar capital para aquellos negocios que presentan el mejor retorno ajustado a riesgo, establecer el capital mínimo que debe tener la empresa para cubrir pérdidas, y redefinir los límites en la captura de operaciones. No sólo es de interés conocer la magnitud del riesgo al que se está expuesto, sino también cómo se puede controlar dicho riesgo seleccionando el portafolio de instrumentos financieros que reporte el mayor rendimiento esperado para cada nivel de riesgo. Esto permite seleccionar una mezcla de riesgo y rendimiento adecuado a los objetivos del portafolio analizado. Razón por la cual es necesario tener en consideración las restricciones presupuestales, de liquidez, estructurales y operativas del portafolio. Estos cinco pasos integrados pueden cambiar radicalmente los procesos gerenciales y operativos de la gerencia de riesgo de las empresas e instituciones financieras. Primero, sistematiza la gerencia de riesgo y le agrega una dimensión objetiva a un proceso de gerencia de riesgo que a todas luces se ha caracterizado por ser, subjetivo y empírico. Segundo, le permitirá expandir las operaciones a otros mercados. Tercero, le permitirá construir sobre el marco referencial y los sistemas básicos a escalas mayores. Como el uso de un sistema basado en una base de datos relacionados, integrando la contabilidad y el "back office" con las aplicaciones de "front office", siempre según sus necesidades. El proceso de implementar el sistema de gerencia de riesgo debe estar liderado y respaldado por el Director Ejecutivo y la Junta Directiva. Ya que puede ser visto por los operadores y el "back office" como simplemente más trabajo. También requiere de un proceso educativo dentro de la organización para que se entienda por qué debe tener una visión integrada del riesgo, por qué se debe medir retorno ajustado a riesgo y cómo afecta éste a la institución. La implantación de la metodología de los pasos descritos en este tema permite la creación de una gerencia de riesgo objetiva en la institución, la cual es factible incorporar sin desembolsos mayores facilitándole a la institución un control con mejor grado de efectividad de los riesgos antes descritos. Esto se puede lograr mediante la incorporación de un gerente de riesgo que sea responsable de administrar y velar por las operaciones ejecutadas por los distintos operadores, mesas y/o la institución en general. También tendrá la responsabilidad de asignar los límites de las operaciones. El gerente de riesgo reportará directamente al gerente general de la empresa, con la finalidad de que este último pueda tener una visión global del negocio, es decir le permita conocer, el "Back Office", "Middle Office" y "Front Office". A continuación, se muestra en la figura 4, la estructura organizacional básica del sistema propuesto. Gerente de Operaciones Back Office Gerente de Riesgo Middle Office Gerente de Finanzas Front Office Gerente General

Conclusiones

No tendrá cabida la improvisación en un mundo cada vez más competitivo y tecnificado.

1. Éxito de las empresas en el ámbito financiero dependerá de la capacidad de análisis de las múltiples y crecientes alternativas que ofrecen los mercados, dentro de un contexto cada vez más complejo, en el que el análisis de la interrelación dinámica de los factores de riesgo y la sistematización de los procesos de toma de decisiones jugarán un papel muy importante. Tanto los intermediarios financieros como las áreas financieras de las empresas industriales y comerciales que aspiren a ocupar los primeros lugares de rentabilidad en el mercado deberán tener acceso a sistema de gerencia de riesgo en manejo de portafolios y análisis de riesgos en su sentido más amplio, que incluye desde el manejo de fondos, hasta la estructura óptima de financiamiento y capital. A medida que avanza la Globalización será cada vez más importante la gerencia integral de riesgo. Hoy los gerentes financieros tienen una serie de herramientas, tanto analíticas como de sistemas, que permiten enfrentar estos retos. Sería prácticamente imposible que una institución financiera multinacional pudiera sobrevivir sin este tipo de enfoque sobre riesgos. Pero estas metodologías y sistemas no sólo aplican a las multinacionales financieras, sino a cualquier institución o individuo que se enfrenta a los riesgos de mercado, es por esta razón que se presenta en este artículo, un sistema de gerencia de riesgo que no requiere grandes inversiones para una empresa, pero que cumple con las necesidades básicas de las pequeñas organizaciones financieras. Adicionalmente, las autoridades regulatorias de todos los países han

comenzado a exigir en algunos países, a las entidades financieras, sistemas para la administración de riesgos, incluyendo mecanismos para el monitoreo de las posiciones y órganos de control interno especializados a todos los niveles dentro de la organización. Se ha enfatizado en el involucramiento del Consejo de Administración en la implantación de las políticas de riesgo. Los intermediarios que no incorporen en su organización sistemas de riesgo, probablemente, las autoridades regulatorias pudiesen revocarles la autorización de operar en los mercados.

16
FILOSOFÍA DE INVERSIÓN Y CÓMO INVERTIR DE MANERA INTELIGENTE

Hoy en día la gente conoce el precio de todo y el valor de nada. La gran oportunidad de negocio yace en la diferencia que existe entre el precio y valor de las cosas, especialmente cuando se trata de las compañías que cotizan en la bolsa de valores, pero esta metodología aplica para cualquier inversión en empresas o negocios. La única manera de poder generar altos rendimientos constantemente a largo plazo en la bolsa de valores u otro negocio es por medio de una estrategia enfocada al valor de dichas compañías, e invertir solo cuando exista una gran discrepancia entre valor y precio. Comprar a un precio de descuento relativo al valor aumenta el potencial de rendimiento y disminuye el riesgo de pérdida. Dicha estrategia y filosofía de inversión es llamada "Value Investing" o "Inversión de Valor." aquellos que la utilizan y logran dominarla han sido las personas que han generado los mejores rendimientos de manera sustentable a lo largo de la historia gracias a la magia del interés compuesto.

El Mercado no es del todo eficiente ya que tiene anomalías. Los inversores, por la acción humana, por sus comportamientos y sus conductas, pueden obtener mejores rentabilidades que las que ofrece el mercado. Nos adentraremos en las nociones principales de la inversión en valor, estrategia o filosofía creada por Benjamín Graham, en 1934 cuando escribió su primer libro «Security Analisys» y seguida, por su alumno Warren Buffett, a la postre, uno de los inversores más afamados de esta disciplina hoy en día, junto con otros muchos que también veremos sus aportaciones.

Para poner en práctica esta estrategia tenemos que partir de seleccionar una serie de empresas que lo podemos hacer por varios motivos, pero Peter Lynch nos ayuda en esto porque considera que "a lo largo del día, del supermercado al puesto de trabajo, nos encontramos con un sinfín de productos y servicios", con lo que podemos fijarnos a nuestro alrededor en que podemos invertir.

El lema principal de esta filosofía es «comprar buenas empresas a buenos precios» y para ello nos fijaremos en Joel Greenblatt y su fórmula mágica. Finalmente, una vez hecha la selección, podemos calcular su valor intrínseco, para lo cual muchos inversores se decantan por usar el descuento de flujos de efectivo, pero otros tantos, quizás por las numerosas variables a tener en cuenta, amén de otras predicciones a practicar, utilizan otros métodos para su cálculo. De todas formas, y ayudándonos de las herramientas Fintech y concretamente con la que vamos a usar en esta sección, podemos obtener, entre muchos datos, ese valor intrínseco de las acciones seleccionadas que comparándolo con sus cotizaciones obtendremos el margen de seguridad que nos otorgue la confianza de que tales inversiones sean rentables. Pero no solo identificaremos a las inversiones en valor desde el punto de vista cuantitativo, es decir, de sus estados contables, su análisis fundamental y sus ratios, sino que también podemos estudiar más a fondo las empresas objeto para intentar descubrir sus ventajas competitivas, lo que caracteriza al análisis cualitativo.

La inversión en bolsa a largo plazo es la mejor, a pesar de pensamientos negativos y de distintas creencias dentro del campo de la psicología del inversor. «El comportamiento de la bolsa a corto plazo refleja las emociones cambiantes de los compradores y vendedores, pero a largo plazo tiende a reflejar el valor real de las compañías". Desde un punto de vista cuantitativo, aquellas empresas que ofrezcan un margen positivo se podrán calificar como inversiones valué; pero también, podemos tener en cuenta los aspectos cualitativos porque una determinada empresa puede tener defensas, fosos, o ventajas competitivas, por tener una marca o fórmula reconocidas; por tener una buena directiva que encima invierta en su empresa; por tener una buena economía de escala que le haga tener ventaja en costes frente a sus competidores; por tener activos ocultos no del todo reflejados en la contabilidad y que puedan tener un valor muy superior; por tener presencia en mercados internacionales; por tener una buena cuota de mercado; en fin, por disponer de otras cualidades que no se registran del todo en los estados contables pero que también podemos y debemos tenerlas en cuenta para considerar dicha inversión como *value investing.*

Teoría mercado eficiente

En 1965, el premio Nobel de Economía 2013, y perteneciente a la escuela de negocios de la Universidad de Chicago, Eugene Fama, defendió la eficiencia del mercado, pasando a ser la más extendida en el mundo académico, denominándose Hipótesis de los Mercados Eficientes (o por sus siglas en inglés, EMH) con sus dos ideas principales:

(1) la competencia, que provoca que tanto los ingresos como los costes tiendan a igualarse, pero si existe un excedente en los ingresos, aparecerán nuevos competidores que quieran participar de ellos, hasta su eliminación; y

(2) el flujo de información que afectará al precio de los activos intercambiados, manteniendo que esa información es de libre acceso

para todos los participantes o que todo el mundo conoce y por tanto los precios ya reflejan completamente la información relevante.

La inversión en valor

Quizás, el primero que acuñó tal concepto fue el considerado "padre del value investing" Benjamin Graham, junto con David Dodd, en 1934 y «The inteligent investor», en 1949. Mediante la inversión en valor se busca comprar una acción a precio de ganga, comprar buenas empresas a precio justo; esto es el germen de la que actualmente es la filosofía de inversión más extendida (y quizás ahora más de moda) y en la que muchos gestores y otros tantos autores, como veremos, han ido trabajando para ir perfilando sus propias estrategias, pero todas basadas en comprar barato un negocio estupendo que a lo largo de los años se va a ir revalorizando hasta el punto de estudiar su venta. Nociones principales A partir de aquí, veremos lo primordial que todo inversor tiene que conocer para desarrollar su estrategia:

Valor intrínseco y margen de seguridad

Los inversores y analistas cuentan con herramientas para determinar sus precios de compra y venta que compararán para obtener sus valoraciones. Se distinguen dos herramientas como son el análisis técnico que se basa en el comportamiento del mercado y sus cotizaciones y para ello podemos usar gráficos sobre los que iremos marcando diversas tendencias; y por otro lado se encuentra el análisis fundamental que se basan en la contabilidad de la empresa y la manera de obtener los beneficios, así como el estudio de otras partidas obtenidas de las cuentas anuales de las empresas junto con toda la información añadida, para obtener el valor real o intrínseco de una acción. La inversión en valor (value investing) se centra más en el análisis fundamental (de la empresa, del sector...) que en el análisis técnico para comprar buenas compañías a buenos precios.

El valor intrínseco se puede determinar mediante un proceso evaluador, un estudio cuidadoso del sector, de la situación de la empresa, analizando, como hemos ya apuntado, sus estados contables presentes en los informes que tienen que presentar con cierta periodicidad a las autoridades, y las ratios que podemos ir construyendo y que nos van a servir para determinar más rápidamente cómo está esa empresa o para comparar los negocios dentro de un sector, así como sus tasas de crecimiento, sus márgenes, su rentabilidad, sus beneficios; y también para poder pronosticarlos de cara a hacer proyecciones para estudiar su valoración, que podremos hacer siguiendo diversos métodos para obtener el ansiado valor intrínseco de la acción que deseamos adquirir. Por supuesto, hay que tener cierto manejo con las normas de la contabilidad, las nacionales e internacionales, para identificar claramente las partidas que vamos a tener en cuenta.

Benjamin Graham, en su libro «Security Analysis», decía que «un análisis del Balance de Situación es como una instantánea del Activo y del Pasivo de una empresa en un determinado momento. Hay que hacer un análisis meticuloso para determinar el valor intrínseco». «La inversión en valor exige una disciplina intelectual y mucha paciencia». Ese valor (intrínseco) es el que vamos a comparar con el precio que el mercado, vía cotización en los mercados secundarios, nos ofrece cada día, para determinar nuestra operativa, teniendo en cuenta que podemos cometer errores y también que el mercado no se detiene con lo que debemos tener en cuenta un margen de funcionamiento, con lo que llegamos al segundo concepto acuñado por Benjamin Graham que es el margen de seguridad. Este margen sirve de 'colchón' para proteger la decisión de la inversión, porque cuánto más margen tengamos, estaremos más protegidos, ya que todas estas magnitudes no son fijas, sino que van adaptándose al mercado (los precios de cotización) y al estudio y revisión del valor, en función del método elegido y el transcurso del tiempo. Este margen de seguridad, según Warren Buffett, es la piedra angular de esta filosofía de inversión en valor.

Esta estrategia value investing tiene como marco conceptual, la teoría económica de la Escuela Austriaca, que desarrollo mejor en el anexo 2, pero destaco ahora a diversos autores e inversores que se centran en el hombre como el que toma las decisiones de inversión, como ya lo apuntamos cuando tratamos las finanzas conductuales. Francisco J. Paramés, apunta que «la economía y la inversión están íntimamente relacionadas porque lo esencial es comprender al hombre que actúa». Martin Krause, profesor de la Universidad de Buenos Aires (Argentina) destaca también la actuación del hombre dentro de los fundamentos de la Escuela Austriaca. Dicha escuela ha tenido desarrollos contemporáneos, entre los que destacamos la Teoría del Ciclo Económico; el value investing; la creación por diversos emprendedores de nuevas monedas como el liberty-dollar o el ahora más conocido, criptodivisas; la existencia de mercados predictivos (aquéllos que ya están comercializando con las mercancías de la siguiente cosecha que ni si quiera se ha plantado) o las economías del comportamiento. Emérito Quintana, gestor de Numantia Patrimonial, también destaca al hombre, al empresario, como el centro de actuación, a la acción humana como fundamento principal, frente al resto de escuelas económicas.

El profesor Huerta de Soto apunta que «los economistas austriacos consideran que el hombre, más que asignar medios dados a fines también dados, lo que realmente hace es buscar constantemente nuevos fines y medios, aprendiendo del pasado y usando su imaginación para descubrir y crear (mediante la acción) el futuro». Añade que «el objeto de la economía consiste en estudiar este proceso dinámico de descubrimiento y transmisión de información que es impulsado continuamente por la función empresarial y que tiende a ajustar y coordinar los planes de los seres humanos, haciendo con ello posible su vida en sociedad». Álvaro Guzmán, socio de la gestora AzValor y antes de Bestinver, apunta que «cuando invertimos en una empresa, estamos adquiriendo una parte alícuota de un negocio, renunciando a otros posibles usos alternativos del dinero, con la perspectiva de una cantidad de dinero mayor en el futuro. O, dicho en términos más "austríacos", al invertir en una empresa estamos confiando en la capacidad del equipo gestor de la empresa en cuestión para crear valor. Lo que equivale a confiar en su capacidad para anticiparse a infinidad de "acciones humanas" (las de sus competidores, clientes, proveedores, entorno regulatorio, empleados, etc.) mediante otras acciones humanas (las suyas) que acaben por incrementar el valor de su empresa. Una manera inteligente de invertir es, con paciencia y constancia, seleccionar aquellas acciones de buenas empresas a buenos precios, obteniendo su valor intrínseco, tratando de tener un buen margen de seguridad que asegure la rentabilidad a largo plazo. Pero ahí fuera tenemos cientos o miles de empresas cotizadas, de muchos países, agrupados quizás por sectores, y no podemos ponernos a evaluar todas porque no llegaríamos a nada, seguramente; tendremos que plantearnos unos criterios que nos ayuden a contemplar una preselección con la que iremos posteriormente afinando de cara a obtener su valoración (intrínseca), mediante diversos métodos. No hay ni existe una lista cerrada de criterios para delimitar nuestro mercado para seleccionar las posibles empresas que estudiaremos para valorar la inversión.

Peter Lynch, en su libro «Un paso por delante de Wall Street», apunta que "los inversores no profesionales pueden ganar a los profesionales usando simplemente la información a su alcance, dado que las oportunidades de inversión están en todas partes. A lo largo del día, desde el supermercado hasta nuestro lugar de trabajo, nos encontramos con un sinfín de productos y servicios". Muchos inversores inciden en primer lugar, o quizás no consideran primordial la situación empresarial vía ratios o resultados para fijarse en aspectos más cualitativos, para decantarse por una inversión, como veremos en los casos prácticos que he planteado para entender un poco esta estrategia de inversión. Lawrence Cunningham señala que «una estrategia de inversión en calidad se fija primero en la calidad y luego en la valoración. Los modelos de valoración clásicos como el descuento de flujos de caja están llenos de limitaciones». Planteo los criterios más comunes pero cada uno de nosotros debemos considerar los que más nos convengan a nuestra estrategia value. Deuda baja con relación al patrimonio. La deuda no es necesariamente mala porque junto con el capital propio, las empresas van a poner en marcha muchos negocios que a la postre redundarán en beneficios, en crecimiento y en valor, aunque un apalancamiento, un incremento excesivo de la deuda, puede exponer a las empresas a ciertos riesgos.

Según The Motley Fool, una regla general pasaría por contemplar aquellas empresas con un porcentaje deuda/capital de menos del 30%. Está información la encontraremos en el Balance de Situación. Bajo PER (price earnings ratio), es decir, relación precio-ganancia, entendiendo por precio, el de cotización. Es una de las ratios más comunes ya que podemos entender cómo de barata o cara está una acción en función de su poder de ganancias. Aquí hay muchos autores para todos los gustos, pero por lo general no se fijan en empresas con PER mayor de 15. Para obtener la información podemos comprobar las cotizaciones de las empresas y las ganancias en la Cuenta de Pérdidas y Ganancias, teniendo en cuenta las ganancias por acción tan solo dividiendo entre el número de acciones que posea la sociedad. Bajo P/V que no es otra que la relación entre el precio de cotización y la cifra de ventas.

El PER como hemos visto relaciona la cotización con las ganancias, pero éstas pueden ser manipuladas a gusto de la empresa, por el contrario, la cifra de ventas no lo son tanto. Se recomienda normalmente un P/V menor que 1,5 veces. Para obtener la información, buscaremos la cotización correspondiente y lo comparamos con la cifra de ventas, de la Cuenta de Pérdidas y Ganancias. Bajo P/B (price to book) que relaciona la cotización con el valor en libros de la compañía a estudiar, que es el valor de liquidación de la empresa. Una menor relación P/B puede ser interpretada como una acción infravalorada. Benjamin Graham, el padre del value investing, consideraba aquellas inversiones con un P/B inferior a 0,66 o lo que es lo mismo, comprar acciones por un máximo de 2/3 de su valor contable; comprando acciones baratas respecto a su valor real, los inversores podrán ignorar las fluctuaciones del mercado. Para obtener esta información, y como ya hemos apuntado, buscamos la cotización y lo comparamos con el valor contable que obtengamos del Balance de Situación. Aumento de ventas, beneficios y flujos de efectivo. Valorándose asimismo aquellas empresas con reservas en su tesorería. Esta información se obtendrá de los ingresos por ventas, en la Cuenta de Pérdidas y Ganancias; y los flujos de efectivo en el Estado de Flujos. También hay que tener en cuenta las principales ratios de rentabilidad (ROA, ROE, ROCE, ROC, ROIC) con sus diferencias. ROA (return on assets) o retorno sobre activos y mide el beneficio que

genera la inversión en los activos totales de una empresa (beneficios/activos totales). Esto nos proporciona una visión clara sobre la rentabilidad que la empresa es capaz de obtener de sus activos. Obviamente cuanto mayor sea el ROA mejor, porque la empresa estará ganando más dinero con menos inversión.

El ROE (return on equity) es el rendimiento del capital (beneficios/fondos propios), la rentabilidad del accionista. Mide la rentabilidad de una empresa teniendo en cuenta el beneficio que genera y se expresa en porcentaje (en adelante, %). Los inversores en valor usan este criterio para identificar cómo las empresas han trabajado a lo largo del tiempo, teniendo en consideración aquellas empresas que ofrezcan un promedio de 5 años del 15%. Hay que tener en cuenta que el ROE identifica buena rentabilidad, pero no tiene en cuenta si la empresa está endeudada y en qué términos. El ROE es útil para comparar la rentabilidad de una empresa con la de otras empresas de la misma industria. Cuanto mayor sea el rendimiento del capital, más eficientes serán las operaciones de la empresa que hagan uso de esos fondos. Para encontrar la información adecuada tenemos que fijarnos en la cifra de ingresos netos, en la cuenta de Pérdidas y Ganancias, así como en el Capital donde radican las acciones, en el Balance General.

El ROCE (return on capital employed) mide la rentabilidad de una empresa y la eficacia con la que emplea su capital. Es una medida útil para comparar la rentabilidad entre las empresas en función de la cantidad de capital que utilizan. Su cálculo: Beneficio antes de intereses e impuestos (EBIT) / Capital empleado que es la cantidad total de capital que una empresa ha utilizado para generar ganancias. Es la suma del capital de los accionistas y los pasivos de la deuda (fondos propios + deuda total). Además, se puede simplificar como activos totales menos pasivos corrientes. Es como el ROE, pero ahora se tiene en cuenta el apalancamiento de la empresa. En resumen, buscar compañías con un alto ROE (>15%) y un alto ROCE (>10%), es un indicador de empresas que poseen alguna ventaja competitiva duradera.

EV/EBIT. Este múltiplo no da una valoración directa, sino que nos servirá para determinar, por comparación con otras, que la empresa objeto está sobrevalorada o infravalorada. Por una parte, el EV es el valor total de la empresa. Representa el valor para todas las partes interesadas, incluidos los titulares de la deuda, los accionistas, los accionistas minoritarios y los accionistas preferentes. Su cálculo: Capitalización bursátil + Deuda financiera + intereses minoritarios + acciones preferentes - Efectivo y equivalentes. "El EV mide el importe de todos los compromisos que asume un comprador al adquirir una compañía", como apunta José Iván García, jefe de estrategia de Kau Markets EAFI.

El EBIT que es el resultado de explotación. Esta ratio relaciona lo que pagamos por una acción y el beneficio que obtenemos. Esto nos recuerda a la ratio PER, pero con variaciones en su cálculo, ya que en vez de usar el precio (de cotización) y el beneficio por acción, como pasa con el PER, se usa el EBIT, beneficio antes e intereses e impuestos. Este múltiplo de valoración, el EV/EBIT, será mejor cuánto más pequeño sea porque pagaremos menos por una empresa que vale más, por tener mejores beneficios. Y por tanto es más preciso su uso que el PER. Es mucho más certero en la búsqueda de empresas infravaloradas. Esta ratio tiene más versiones18 siendo la más común la de relacionar el EV con el EBITDA (en vez de con el EBIT). Algunos inversores trabajan también con el inverso, es decir, EBIT/EV, como el ya mencionado Joel Greenblatt que lo denominó Earnings Yield, es decir, rendimiento de ganancias. Ya habíamos mencionado el ideario de esta estrategia o filosofía de inversión, que no es otra que "comprar bien, buenas empresas" o dicho de otra manera "comprar buenas empresas a buen precio "La base intelectual de la conveniencia del uso de esta ratio lo vemos en autores prácticos como Tobías Carlisle, autor del libro Deep Value. Este autor e inversor nos ofrece una detallada explicación de la conveniencia y uso de esta ratio. En concreto, esta métrica nos va a identificar qué empresas profundamente devaluadas cuando el EV cotice a menos de 7 veces el EBIT.

Este múltiplo EV/EBIT tiene otras versiones como el mencionado EV/EBITDA; el EV/CFO que relaciona con Cash-flow Operativos; el EV/FCF con flujos libres de caja; el EV/Sales relacionado con la cifra de ventas; y el EV/Assets (bienes) relacionado con los activos, con los bienes, para buscar oportunidades o gangas.

Por otra parte, el cálculo del EBITDA pasa por Resultado Neto + Intereses + Impuestos + Depreciación + Amortización. Tiene sus limitaciones y detractores porque el EBITDA no tiene nada que ver con las entradas/salidas de tesorería (cash-flow, en inglés); la depreciación/Amortización traducido a flujos es lo que se denomina CAPEX de mantenimiento. Además, el EBITDA no es un resultado homogéneo reconocido por las normas internacionales de contabilidad, limitándose su uso a presentaciones e informes de gestión, por lo que muchos se decantan por usar mejor. Para identificar las 'buenas empresas' se fijó en aquellas que pudieran ofrecer ventajas competitivas, para ello confió en la ratio ROCE, que el renombró como ROIC; y para el 'buen precio' confió en la ratio EV/EBIT.

Esa fórmula mágica tenía altos ROIC y bajos EV/EBIT (recordamos que la ratio será mejor cuánto más pequeña sea porque pagaremos menos por una empresa que vale más, por tener mejores beneficios Pero, por ejemplo, Alejandro Estebaranz, asesor de TrueValue considera como criterios para seleccionar valores de calidad, el contar con: crecimiento en ventas media 10 años +9%; crecimiento de beneficio por acción (eps) +9%; un ROIC o ROI +15%; una capitalización bursátil de +30m; un margen EBIT +10%; y un ROE +15%. Si lo que queremos es seleccionar acciones 'value', considera como criterios: p/cash-flow +7x (terminología que significa 7 veces, ya que estamos ante múltiplos); ROE +10%; Margen EBIT +5%. Antonio Valderrama, un inversor value particular considera para sus inversiones los siguientes criterios: un ROE +15%; una ratio Deuda/EBITDA inferior a 2; que se tenga unos beneficios media de 5 años mayor a 10; y el múltiplo EV/EBIT por debajo de 2,5.

Esta herramienta a nuestro alcance nos ayudará a seleccionar las empresas en las que podemos mostrar interés porque cumplen alguno o varios criterios identificados anteriormente, pero también nos van a ofrecer los valores intrínsecos, entre otros muchos datos, necesarios para contemplar nuestras inversiones teniendo en cuenta sus márgenes de seguridad por comparación, como ya hemos visto, con los precios de cotización en cada momento. Estos potentes motores de búsqueda cuentan con todos los datos históricos de los estados contables de todas las empresas. Finalmente, muchos *screeners* nos ofrecen la posibilidad de hacer simulaciones (backtestings) de inversiones y hacer el seguimiento de estas.

Valoración de empresas

Todos los que siguen esta filosofía de inversión en valor o bien tienen en cuenta la valoración de sus activos o se fijan en la capacidad de generar beneficios o en las empresas con crecimiento. La capacidad para generar beneficios se materializa en el descuento de flujos de efectivo24 método más extendido dentro del value investing, que trata de ajustar el resultado contable para poder determinar la cifra que representa el dinero en efectivo que los inversores pueden extraer, y teniendo en cuenta una tasa de descuento adecuada (que aúne interés y riesgo) pero que hay muchos factores y variables a tener en cuenta que están íntimamente relacionadas con determinadas magnitudes, lo que le hace ser un método complicado ya que requiere conocimiento, formación e información y además de no considerar el crecimiento, no es muy recomendado para evaluar empresas jóvenes o de sectores cíclicos. Ese método cuenta con muchas variables y estimaciones que lo hacen inviable muchas veces, al ser su cálculo muy complejo, con mucha cantidad de datos. Esto ahora lo hacen las máquinas, ahora bien, hay que concretar que los datos sean más o menos fiables.

FCF=EBITDA-CAPEX-intereses-impuestos o Beneficio Neto
+ Amortizaciones + Gastos extraordinarios

También, dicha capacidad de generar beneficios está muy relacionada con las ventajas competitivas que una empresa pueda llegar a tener para diferenciarse de las demás y que pasan por disfrutar de licencias, monopolios, patentes, licencias, economías de escala o cuotas de mercado. Son los denominados fosos o en inglés, moats, que ya hemos comentado. Otros inversores se decantan por considerar el presente, sin caer en predicciones, y se fijan en la tesorería de las empresas; otros, se decantan por estimar su valor desde el punto de vista del crecimiento. Este crecimiento requiere inversión y por ende un incremento en la facturación y por tanto en su activo circulante. Aquí también juegan un papel importante las aludidas

moats (ventajas competitivas); y, otros inversores, contemplan múltiplos (ratios) que comparan con otras empresas y competidores. Hay muchas maneras de obtener esa valoración, cada una con sus pros y sus contras.

Finalmente, destaco otro método para llegar al valor intrínseco, como es el EPV (Earnings Power Value), también conocido por Earnings Power y que se popularizó por el inversor Bruce Greenwald. Se considera una mejor manera de analizar las acciones que el análisis de los flujos de efectivo descontados que se basa en suposiciones de crecimiento altamente especulativas muchos años en el futuro. Con este método se valora la acción con el flujo de efectivo libre actual de una empresa y no en proyecciones futuras que pueden, o no, hacerse realidad, excluyéndose el crecimiento potencial que una empresa puede tener, por lo que debe analizarse por separado. Desde el punto de vista cualitativo, el que identifica la calidad de las acciones, de las empresas, como ya hemos apuntado, también es de interés tener en

cuenta los sucesos que las rodean, lo que denominó en su día Mario Gabelli como «agente catalizador», un acontecimiento acaecido alrededor de una empresa que hace que su cotización varíe. Se pueden clasificar como específicos aquellos cambios previstos u ocurridos recientemente, como la marcha de un directivo de la empresa, o la creación de una división nueva, o un cambio en la gestión, o la muerte del fundador, las fusiones y adquisiciones, o que cierto inversor de renombre como Warren Buffett ha adquirido un paquete de acciones de tal compañía, el reconocimiento de una patente, por ejemplo, tras la aprobación de nuevos fármacos, o un descubrimiento de un yacimiento; también podemos tener los catalizadores ambientales, de contexto, como puede ser el clima social, el político, social, cambios bruscos en la tecnología, la globalización...

Desde que Benjamin Graham en 1934, puso en el mundo la estrategia de inversión del value investing distintos inversores de renombre se han ganado el calificativo de gurú. Casi todos se pueden encuadrar o clasificar por seguir la filosofía, o bien, del señor Graham, que se fijaba en buenas compañías con buenos números en sus balances para ir delimitando su valor intrínseco y cuando el precio (de cotización) se acercaba a ese valor, se vendían las acciones; o bien por acogerse a la otra corriente, encabezada por el archiconocido Warren Buffett, que también busca acciones de buenas empresas con buenos números pero no se conforma con que el precio llegue a niveles de valor intrínseco, sino que mantiene las acciones en su cartera, convencido del crecimiento de estas, de la continua creación de valor. Se basa más en el ya mencionado análisis cualitativo. En el anexo 5 destaco a unos cuantos gurús con sus aportaciones o visiones del mercado y sus estrategias de inversión. En la bibliografía aparecen sus mejores libros.

Aplicación práctica

Como ya hemos mencionado, Peter Lynch, en su libro «Un paso por delante de Wall Street», apunta que "los inversores no profesionales pueden ganar a los profesionales usando simplemente la información a su alcance» y así lo haremos, porque podemos fijarnos en nuestro ámbito geográfico o en nuestro trabajo o universidad, para crear una selección de empresas con la que trabajar. Desde el punto de vista geográfico, podemos seleccionar, por tener presencia en Valladolid a Lingotes Especiales, Michelin, Renault, el Banco Santander y Carrefour; relacionado con la universidad, las fotocopiadoras Canon, los rotuladores Edding, los bolígrafos BIC, los ordenadores IBM o Apple; para el entretenimiento, podemos contar con Netflix o los juegos de Electronic Arts.; para compras, Amazon; para el ocio, la bebida energética Monster o la empresa de marcas de camping American Outdoor Brands Corporation, o la pulsera deportiva Fitbit; y para comunicarnos, Twitter. Ahora, con UncleStock, procederemos a introducir esas empresas y pasar el filtro de la fórmula mágica de Joel Greenblatt, para identificar "buenas empresas a buenos precios". Recordamos que las buenas empresas serán aquellas con más ROCE y las que tienen buenos precios, las que tienen mayor Earning Yield. Para seleccionar las empresas, Greenblatt ordena, en primer lugar, la selección con el filtro ROCE y asigna el dígito 1 al que tenga más ROCE y así sucesivamente; posteriormente, aplica a la misma lista de empresas el filtro del Earning Yield, y asigna el dígito 1 a la empresa que tenga mayor porcentaje.

Finalmente, combina ambas listas, para identificar a las mejores, sumando los dígitos asignados a cada empresa y ordena, de nuevo, de menor a mayor. Hemos destacado las características de los mercados de valores como son su liquidez por su facilidad de intercambio entre los participantes, siendo las acciones el activo financiero más rentable a largo plazo. Hemos visto como la inversión en valor reposa en unos pilares fundamentales: en primer lugar, su perspectiva, su horizonte de inversión, siempre a largo plazo; en segundo lugar, la necesidad de contar con datos exhaustivos que nos ayuden al análisis de las inversiones futuras, que ahora, adaptándonos, podemos contar con herramientas informáticas (Fintech) que nos ayuden a identificar y seleccionar las empresas y obtener su valor intrínseco; como tercer pilar importante, tenemos el concepto de margen de seguridad; y finalmente, los conceptos básicos podemos adaptarlos para identificar nuestra propia estrategia de inversión.

Hemos comprobado que la inversión en valor se puede llevar a cabo mediante el análisis cuantitativo con los datos fundamentales y sus ratios a partir de los estados contables de las empresas; pero también, desde un punto de vista cualitativo, tratando de ver o descubrir las ventajas competitivas de una empresa porque tiene una buena marca (intangible), una ventaja en costes de producción, una buena cuota de mercado, una buena directiva que también invierte en la misma empresa, o una situación inesperada, un catalizador que puede mover la cotización de nuestra empresa elegida o seleccionada en el sentido que queremos. Y esto lo hemos comprobado con los ejemplos planteados: Lingotes Especiales, desde el punto de vista cuantitativo no ofrece unos números que nos lleven a pensar que se trata de una buena inversión en valor por arrojar un margen de seguridad negativo (-116%), pero desde el punto de vista cualitativo, si podemos ser capaces de ver una empresa que trabaja bien, bien dirigida, cuyos directivos invierten en ella y por tanto sus objetivos están identificados y alineados con los de cualquier accionista, que está invirtiendo mucho dinero para adecuarse al mercado y que mantiene su cuota de mercado. Desde este punto de vista, de la calidad, si hemos comprobado que se trata de una inversión en valor. Lo hemos visto nosotros y otros tanto inversores, reales, que tienen este tipo de empresas dentro de sus carteras de valores.

Conclusión

Buscamos empresas líderes en su sector, con productos y servicios excelentes, capacidad de crecimiento sostenible a largo plazo, un balance fuerte, bajos niveles de deuda, un buen *cash flow*, un largo historial de pago de dividendos y con una filosofía empresarial que piense en la retribución al accionista, el crecimiento a largo plazo y el control de la deuda. Pero, por buena que sea la empresa no estamos dispuestos a pagar cualquier precio por la misma. Comprar una empresa excelente está bien, pero comprar una empresa excelente a buenos precios está mejor. Comprar a precios bajos una empresa sostenible y rentable a largo plazo es la mejor manera de garantizar el principal, incrementar el margen de seguridad y mejorar la probabilidad de un buen retorno al inversor. Por lo tanto, buscamos empresas infravaloradas por el mercado que tengan un negocio rentable y sostenible en el tiempo.

Racionalidad y sensatez

El mercado de acciones fluctúa al alza y a la baja de la misma manera que lo hacen los sentimientos de los inversores que lo componen. El valor de una empresa se encuentra en algún lugar intermedio entre la euforia y el pánico que acompaña a la mayor parte de los inversores. La falta de racionalidad del mercado nos permite encontrar oportunidades de inversión en aquellos momentos en los que el pesimismo se apodera de la mente de los inversores.

- Nosotros no nos dejamos llevar por los sentimientos del mercado.

- Mantenemos la racionalidad y la sensatez firme en todo momento.

- Nos aprovechamos de la irracionalidad del mercado para encontrar buenas empresas que cotizan por debajo de su valor intrínseco.

La paciencia es nuestra mejor aliada

Nuestro mejor consejo para el inversor es tener paciencia. La paciencia es necesaria tanto para comprar buenas empresas a precios razonables como para esperar a que llegue el retorno de nuestra inversión. No intentamos predecir el futuro. No sabemos si las acciones de una determinada empresa van a subir o bajar durante los próximos meses. Lo que sí sabemos es que el inversor que compra un buen negocio a un precio razonable tarde o temprano será recompensado vía dividendos y precio de la acción.

Análisis óptimos, resultados extraordinarios

Nuestro trabajo es estudiar las empresas desde distintos puntos de vista para poder llegar a una conclusión objetiva sobre si vale o no la pena invertir en ellas.

Analizamos el sector al que pertenece, su posición en el mismo, la calidad de sus productos y servicios, su exclusividad y las posibilidades de crecimiento a largo plazo.

Nos fijamos en su filosofía empresarial, su capacidad de adaptación y su liderazgo.

Valoramos la viabilidad financiera de la empresa, su capacidad de pago de ser deuda y su cash flow.

Estudiamos sus márgenes de beneficios, la rentabilidad de sus activos y sus inversiones.

Analizamos el precio al que cotiza la acción respecto a sus fundamentales, los comparamos con su valoración histórica y extraemos distintas tasas de descuento.

Calculamos la rentabilidad anual esperada para el inversor para los próximos años a partir de los márgenes netos de la empresa, la rentabilidad que obtiene de sus activos y de su equity respecto al precio al que podemos comprar las acciones de la compañía.

Realizamos un análisis técnico del precio con una perspectiva de muy largo plazo.

17
TOMA ACCIÓN

-

Seamos honestos... No importa cuán grandes son nuestras metas, visiones o sueños, si no tomamos las acciones necesarias para llegar ahí, muy probablemente, jamás llegaremos.

Si deseo llegar a la otra orilla del río, no importa lo mucho que piense, cierre los ojos y me visualice al otro lado, cuando los abra, seguiré de pie en la misma orilla. Deberé entonces tomar acción, ya sea tomando un barco, yendo a nado o montada en un cocodrilo. No antes. Entonces; ¿por qué la mayoría de las personas nunca toman acción? ¿Por qué resulta a veces tan difícil motivarnos a nosotros mismos a pesar de desear tanto nuestras metas y sueños? ¿Por qué nos cuesta tanto tomar el barco o pegar unas brazadas? (la opción del cocodrilo queda sensatamente descartada).

Si estás en el tema de la Ley de Atracción, quizás hayas oído decir que el pensamiento es mil veces más poderoso que la acción. Y así es. El pensamiento es de hecho, la madre de la acción. Pero lo que la ley de atracción dice, -en particular Abraham Hicks-, es que no importa cuánta acción tomes para lograr algo si no te has alineado antes mentalmente con tu deseo. Es decir que, recomienda primero, encontrar ese pensamiento en la mente y la emoción que de éste deriva, en el que estás en sintonía con tu sueño porque desde ahí, invariablemente, recibirás acciones inspiradas. Tomarás las acciones adecuadas para alcanzar tu meta. Pero tomarás acciones.

Todos nuestros resultados derivan de nuestras acciones. Por tanto, no resulta extraño detectar cuando observas con detenimiento la dinámica de funcionamiento de cualquier gran realizador, donde reside la clave que marca la diferencia con respecto a la gran mayoría que apenas consigue resultados. Los grandes realizadores siempre toman acción masiva.

En contraposición, la persona promedio toma acción de manera tibia o en muchas ocasiones incluso no llega ni siquiera a tomar acción. Una de sus típicas excusas es después de haber intentado dos, tres, o a lo sumo cuatro formas diferentes de hacer algo, decir: "Lo he intentado todo y nada funciona". ¿Todo?… ¿Cuatro intentos son todo?… Todo son millones de opciones posibles. Esa es una típica excusa de perdedor para justificar la falta de resultados.

Los grandes realizadores jamás se "venden a sí mismos" esa clase de excusa. Están en movimiento de manera permanente. Si algo no funciona, reflexionan y rápidamente intentan un nuevo enfoque… Y se mantienen así hasta que encuentran la opción adecuada que funciona. Toman constantemente acción masiva. No prueban una cosa, dos o tres, ¡prueban si es necesario miles de opciones! Son conscientes en todo momento a lo largo del camino de que solo una acción masiva y poderosa los llevará hacia sus mayores sueños. Tienen como obsesión crear constantemente inercia positiva hacia sus objetivos.

Si quieres cambiar de manera dramática la clase de resultados que estás obteniendo, una de las grandes claves para lograrlo es esta: conviértete en una persona que toma acción masiva. Pasa de tomar simplemente acción a tomar acción masiva. Enfrenta cada uno de tus objetivos desde una dinámica activa, poniendo en marcha todo lo necesario para alcanzarlos. No seas tibio o perezoso en tus acciones. Emula a los grandes realizadores y pronto comenzará a descubrir todo un mundo de posibilidades que solo son reveladas a quienes ponen todo su potencial en juego.

Las grandes historias suceden cuando los personajes que intervienen toman acción. Y yo añadiría: cuando toman acción masiva.

Elimina el mañana

Recuerdo que cuando yo estaba niño tenía un amigo que su papá tenía una camioneta. La camioneta era un poco vieja, y él, mi amigo, le vivía recriminando al papá que cuando iba a arreglar la camioneta porque permanentemente se varaba. Recuerdo que en esa camioneta ellos nos llevaban al colegio, y normalmente a la hora de prenderla no prendía. Se demoraba. A veces llegamos tarde al colegio y bueno, eso tenía sus consecuencias. Mi amigo le decía al papá: ¿papá cuándo vas a hacer arreglar esta camioneta? Él le decía el lunes hijo, el lunes. Pasaba el lunes, el martes, el miércoles y volvía y le preguntaba: ¿papá cuando vas a arreglar la camioneta? el lunes hijo, el lunes.

Su respuesta por años siempre fue el lunes, el lunes, que por supuesto nunca llegó.

Rompe el ciclo

Muchas veces, nosotros tenemos esa manía o esa manera de decir mañana, mañana, el lunes, el miércoles. Y nos pasamos aplazando las cosas, en un ciclo perpetuo de esperar que las cosas sucedan. Debemos tener integridad con nuestra propia palabra. La primera persona en la que tú tienes que creer es en ti mismo. Si tú dices que vas a hacer algo el lunes, que sea entonces el lunes, y tienes que mantenerte por supuesto enfocado, y con decisión en eso que vas a hacer.

Lo que puedes hacer es apoyarte con alguien, lo que se llaman los socios de responsabilidad. Es decir, una persona que te ayuda a hacerte seguimiento, que se te vuelva entre comillas como tu policía: Te dirá algo como: "bueno, tu dijiste que esto lo ibas hacer hoy ¿lo hiciste?".

La primera de las cinco claves para entrar en acción se llama "Elimina el mañana". Deja de estar diciendo, mañana voy a hacer esto, el lunes voy a hacer esto, el miércoles voy a hacer esto. Porque llega el lunes, llega el miércoles y no lo haces. Como decimos nosotros y está en uno de nuestros posters: "lo que no se hace ya, ya no se hace". Así que secreto número uno elimina el mañana.

Abraza el fracaso

Nos enseñaron muchas veces en nuestro sistema educativo, y a través de nuestras vidas, que equivocarse era penalizado. De hecho, en los colegios y universidades, penalizan a los estudiantes cuando se equivocan.

Siempre tenemos esa presión de que si nos equivocamos vamos a ser penalizados. Y vivimos esa experiencia desde niños, desde que entramos al colegio. Y quienes pasaron por una universidad o instituto, lo siguieron viviendo. Cuando salimos a la vida profesional, al campo laboral, al campo de las relaciones, al mundo de las finanzas, tenemos esas anclas en nosotros, y por supuesto, que nos da miedo fallar. Sentimos esa falla como un fracaso. Y para no sentir esa sensación de fracaso y de ser penalizados por la sociedad, básicamente lo que hacemos es que no intentamos las cosas. Por eso, no tener una relación directa con las fallas y con el fracaso, es un error. Hay que intentarlo muchas veces, así fracasemos.

El "fracaso" en el deporte

Este ejemplo lo vemos muy claro en el deporte. Cuando iniciamos una actividad deportiva nos equivocamos muchas veces. Y si es un deporte en conjunto, tiene el adicional que hacemos perder a nuestros compañeros. Al principio no tenemos mucha experiencia, cometemos muchos errores, etc.

Pero no importa, sigues intentando, intentando, intentando. Un tiempo después seguirás cometiendo errores, pero ya no te sientes culpable. Simplemente dices: listo, cometí un error. ¿Qué aprendí y cómo sigo adelante?

Y aprendemos a ver el error como un aprendizaje (obviamente no te vas a quedar cometiendo los mismos errores toda la vida). Simplemente si tú cometes un error, dices ok. ¿Por qué me pasó esto, qué aprendí y qué voy a hacer distinto la próxima vez? ¿Qué aprendí y qué voy a hacer distinto la próxima vez?

Así que, cuando te llegué un error o un fracaso, di: Ok, acepto este error, acepto este fracaso. Voy a ver que aprendo de aquí. Me comprometo a cambiar la manera de hacerlo. Cambias algo, para que por supuesto no lo vuelvas hacer. De esa manera, y en la medida en que lo haces muchas veces, esa tasa de error, por supuesto va a disminuir. No se trata de evitar hacer las cosas porque vamos a cometer errores. Se trata de cometer errores, para volvernos expertos en hacer las cosas. Así que, el segundo de los cinco secretos es: Abraza el fracaso, abraza el error.

Mantén claro tu propósito

Muchas veces nosotros no entramos en acción, simplemente porque no sabemos para qué, y como dice un dicho popular "el que no sabe para dónde va, cualquier bus le sirve".

Lo que tenemos que hacer es tener muy claro por qué y para qué estamos haciendo lo que estamos haciendo. Y cuando tenemos esa claridad y ese deseo ardiente, eso nos da energía, eso nos da combustible para entrar en acción. Mantén ese combustible. ¿Cuál es tu combustible? Tu propósito. Ese propósito puede ser impactar la vida de muchas personas; impactar la vida de tu familia, viajar, mejorar en tu vida personal, mejorar en tus relaciones, entregarle tu mensaje al mundo.

Simplemente es dejar las excusas a un lado, quemar los botes, quemar los barcos, y mantenerte energizado con ese propósito.

Así que, mantén esa gasolina que es tu propósito, que es el ¿por qué y el para qué? estás haciendo las cosas. Con pasión, con energía. Y así, cuando estés sin ganas, no quieres entrar en acción, recuerda para qué lo estás haciendo.

El tercero de los cinco secretos es energízate, mantén el combustible de tu propósito.

Pégate a un buen sistema

Un sistema correcto, un sistema que tú lo puedas crear, o un sistema que pueda estar ya inventado, y que tú puedes seguir. Una de las claves en la toma de acción es tener indicadores. Mediciones de acuerdo a los objetivos que tú tengas y que tú puedas saber cómo está tu avance.

Si tú tienes una meta financiera, y dices "Yo quiero disminuir mi deuda de diez mil dólares, a mil dólares en el año 2019". Vas a entrar en acción, entonces tienes claro ese indicador y lo vas midiendo mes a mes. Eso te anima en la medida en que vas avanzando y vas viendo los logros. Te anima a seguir tomando acciones. Pero cuando uno no tiene un sistema para hacer las cosas, cuando uno no tiene indicadores, cuando uno no tiene metas, cuando uno no tiene objetivos, pues uno simplemente, va como un barco a la deriva, para donde las olas lo lleven.

Al final te dará pereza, y no querrás hacer las cosas. Dices, "ahí pues yo no sé si me estoy ahorrando los diez mil dólares, o no me los estoy ahorrando, no sé cuánto estoy ahorrando". No tienes una meta, no tienes un indicador claro, no sabes para dónde vas, no tienes un sistema. Por supuesto que te va a dar pereza, nos vas a querer tomar acción.

Metas claras, acciones claras

Mientras que cuando tienes claro tus objetivos, tus metas, tus indicadores, sabes para dónde vas. Estás midiendo permanentemente el crecimiento, los resultados. Tienes un sistema alrededor que te permite hacerle un seguimiento y por supuesto estar tomando acción permanentemente. Y en la medida que tú avanzas, vas viendo los resultados que vas teniendo o los resultados que no vas teniendo. Pero inmediatamente puedes corregir y seguir adelante y eso te ayuda a entrar en acción.

En conclusión, debes tener un sistema o adaptar un sistema, en el cual tú puedas hacer seguimiento a tus objetivos.

Invierte en educación

Lo hemos hablado en los episodios anteriores. Hay muchas maneras de educarse. Existe mucha información en Internet, capacitaciones, entrenamientos, mentores, coach, libros. También existen programas en línea, como un sin fin de mentores y entidades que se dedican a la educación. Yo mismo doy capacitaciones, entrenamientos a empresarios o emprendedores que quieran levantar una empresa o invertir de la manera correcta.

Las personas que ya han tenido los resultados, que te puedan "mentorear", son una de las mejores maneras de invertir en educación.

Porque ellos ya lo hicieron, porque ellos ya lo lograron, y te pueden mostrar el camino. Y ellos ya saben por dónde pisar y por donde no pisar, y te van a decir "por ahí no pase que por ahí se va a caer, mejor por aquí".

Recuerda que los mentores son las personas que ya tuvieron los resultados que tu estas buscando.

También puedes invertir en un coach, una persona con la que hablas permanentemente; El coach no necesariamente ha tenido los resultados, pero es una persona que sabe hacer las preguntas correctas, para que tu descubras las respuestas

Recuerda que también puedes invertir en un Mastermind (Grupo de Mentes Maestras). Es un grupo de personas que se reúnen, en busca de un objetivo común, en busca de resultados comunes y se comparten informaciones, experiencias y conocimientos. Puede ser online, puede ser en vivo, puede ser cada 15 días, cada mes, busca un grupo de personas cuatro, cinco, diez personas, con las que tú te puedas reunir a hablar de las cosas que tú estás buscando. Ellos también tendrán sus metas, y tendrán sus objetivos, no necesariamente en el mismo campo, pero, muchas de esas cosas te pueden servir.

Pasa del estado de no educarte, a un estado de educarte. Hay muchos libros, lo hemos compartido en numerosas ocasiones. Tenemos un artículo sobre los libros que deberías leer, así que, invierte en educación.

EPÍLOGO

Llegar a donde estoy no ha sido un camino fácil, y en muchas ocasiones me he enfrentado a la adversidad, al miedo y a la incertidumbre. Sin embargo, cada desafío ha sido una lección, y cada error, una oportunidad de aprendizaje. Este libro no es solo una guía de estrategias financieras; es un mapa para transformar tu mentalidad, tus hábitos y tu vida.

Si algo he aprendido en todos estos años es que la riqueza no solo se mide en dinero, sino en el conocimiento que adquieres, las decisiones que tomas y la forma en que construyes tu futuro. No importa cuán grande sea el reto que enfrentes hoy, ni cuán lejos te sientas de alcanzar tus sueños, siempre hay una forma de avanzar. El primer paso es creer en ti mismo y en tu capacidad para crear un futuro distinto.

Mi viaje no ha terminado; sigue evolucionando y aprendiendo. Cada día es una nueva oportunidad para crecer, para hacer lo que amas y, sobre todo, para contribuir a un mundo más libre y próspero. Si has llegado hasta aquí, estás listo para tomar el control de tu vida financiera y empezar a aplicar los principios de *La fórmula de la riqueza*.

Recuerda: no se trata de alcanzar una meta final, sino de disfrutar y aprender en el camino hacia el éxito. La verdadera riqueza está en el viaje, en las decisiones que tomamos todos los días, en la persistencia y en la capacidad de adaptarnos a un mundo en constante cambio.

Te agradezco por permitirme compartir mis experiencias contigo. Ahora te toca a ti tomar las riendas de tu futuro. La fórmula está en tus manos. Que comiences hoy a construir la vida que siempre has soñado.

18
REFLEXIÓN FINAL

-

Me hubiera encantado poner este libro en tus manos mucho antes. Algunos podrían pensar que es tarde para adquirir todo el conocimiento que comparto aquí, pero la verdad es que **nunca es tarde para aprender y aplicar lo que hemos descubierto**. Vivimos en una era en la que la tecnología nos da acceso inmediato a una cantidad infinita de información. Estoy convencido de que estás en el momento perfecto para iniciar un nuevo camino o complementar el que ya estás recorriendo con todo lo que aprenderás en estas páginas.

No existe una fórmula secreta para el éxito. La verdadera fórmula se construye con aprendizaje, experiencia, dedicación y la **perseverancia** para alcanzar nuestros sueños. **Nunca dejes de soñar.** Antes de comenzar a trabajar en tu mente y en las demás áreas de tu vida, es crucial retomar esos sueños que tal vez quedaron olvidados o incompletos.

Si ya estás caminando hacia tus metas, lo que comparto contigo acelerará tu éxito. Sin importar cuál sea tu sueño, los vehículos que te ofrezco están diseñados para brindarte la libertad y la oportunidad de dedicarte a lo que más anhelas.

Nada me llenaría de mayor felicidad que saber que te has convertido en un inversionista exitoso, en un emprendedor destacado, o que estás trabajando con todo lo que tienes para lograr tus sueños. Ese fue el propósito con el que creé *La fórmula de la riqueza*: ayudarte a alcanzar tus metas a través de diversos vehículos que te permitan obtener la riqueza que deseas y construir la vida que mereces.

Nunca te limites. Nunca permitas que alguien te diga que no estás destinado a ser una persona extraordinaria. La verdadera fórmula del éxito reside en la mente y en el corazón. La pasión, la voluntad inquebrantable, la creatividad y la perseverancia son las claves para **nunca rendirse.** Debes levantarte una y otra vez, sin importar los obstáculos que se presenten.

La vida no siempre es justa y no te debe nada. Pero **tú tienes el poder** de construir tu futuro. Si el destino parece oponerse, enfréntalo con determinación hasta alcanzar tus sueños. **Piensa en grande**, tan grande que otros puedan considerarlo una locura. No te conformes, porque la mente humana tiene una capacidad imaginativa infinita.

Avanza paso a paso. Comienza con pequeños movimientos, pero sigue avanzando sin retroceder. El progreso constante, aunque lento, te llevará cada vez más cerca de tu meta. **No temas a los desafíos**, porque en las adversidades se forjan los verdaderos triunfadores. Recuerda que eres capaz de lograr todo lo que te propongas, solo necesitas creer en ti mismo y en tu capacidad para alcanzar la grandeza.

La vida es efímera, y debemos aprovecharla al máximo. Es crucial buscar constantemente oportunidades de crecimiento y aprendizaje. Leer, asistir a seminarios, participar en talleres y eventos sociales, son solo algunas maneras de expandir nuestros horizontes y establecer conexiones significativas con personas afines.

Construir una red de contactos sólida y mejorar nuestras bases de datos nos permitirá expandir nuestras posibilidades y abrir puertas a nuevas oportunidades. Es el momento de dar vida a nuestros proyectos, reunir capital y comenzar nuestra propia historia. Nunca permitas que alguien te diga que no eres lo suficientemente bueno para lograrlo, porque si eso fuera cierto, este libro nunca habría sido escrito.

La clave está en **invertir en ti mismo y en tus metas.** Comprar acciones, invertir en bienes raíces o crear tu propio negocio son pasos cruciales en el camino hacia el éxito. Los errores son oportunidades de aprendizaje valiosas, y debemos abrazarlos para crecer.

La fórmula para alcanzar nuestros sueños está dentro de nosotros, esperando ser liberada. Nunca te desanimes, porque trabajar por tus sueños es más valioso que trabajar por los sueños de otra persona. Traza un plan, dedica tiempo a lo que realmente deseas y comienza a actuar.

Si alguna vez te sientes perdido o inseguro, no dudes en contactarme. Estaré encantado de brindarte mi apoyo. Cada hora que dediqué a escribir e investigar para ti valdrá la pena si logras alcanzar tus objetivos y cumplir tus aspiraciones. La vida es un lienzo en blanco, y tú tienes el poder de pintar tu propia obra maestra.

¡Empieza hoy mismo a forjar tu camino hacia el éxito y la realización personal!

La búsqueda de la riqueza ha sido un objetivo perseguido por la humanidad desde tiempos inmemoriales. Muchos han intentado descifrar la fórmula secreta, pero pocos han tenido éxito. En este libro, *La fórmula de la riqueza*, exploramos los principios y estrategias que han ayudado a personas exitosas a construir fortunas y lograr la libertad financiera.

A través de historias inspiradoras, ejemplos prácticos y consejos útiles, descubrirás los factores clave que influyen en la creación de riqueza: desde la mentalidad y los hábitos de éxito hasta la gestión de recursos y la inversión estratégica. Aprenderemos cómo maximizar nuestros ingresos, reducir gastos y hacer crecer nuestro patrimonio de manera constante y sostenible.

Este libro no es una fórmula mágica para hacerse rico de la noche a la mañana, sino una guía práctica para aquellos que buscan construir su riqueza de manera inteligente y disciplinada. Si estás dispuesto a aplicar los principios que aquí se presentan, estarás en el camino correcto para lograr la libertad financiera y alcanzar tus metas más ambiciosas.

Ahora, **terminamos.** Cierra este libro, porque el trabajo verdadero comienza ahora. Y espera una segunda parte…

¡Gracias por acompañarme en este viaje!

Gerardo Verdugo es un emprendedor y experto en finanzas, con más de 10 años de experiencia en la bolsa de valores, inversiones y creación de empresas. A lo largo de su carrera, ha trabajado en instituciones financieras de renombre, fundado una exitosa empresa de asesoría en inversiones y enfrentado retos que lo llevaron a reinventarse durante la pandemia de COVID-19. Hoy, es dueño de diversas empresas y un fondo de inversión de alto crecimiento. A través de La fórmula de la riqueza, comparte sus conocimientos y experiencias para ayudar a otros a alcanzar la libertad financiera.

Made in the USA
Monee, IL
05 November 2026

68030317R00236